KB155737

마르틴 부버

만남의 교육철학

강선보

Martin Buber

박영story

　현대사회가 앓고 있는 가장 큰 질병은 아마도 비인간화 현상일 것이다. 이러한 진단은 전문가뿐만 아니라 비전문가도 내릴 수 있는 너무도 명백히 표출된 질병이다. 바로 이러한 현대사회의 비인간화에 교육이 편승하고 있음은 더 큰 비극이라고 할 수 있다. 따라서 비인간화 교육을 인간화 교육으로 방향전환하는 것이 현대교육이 당면한 가장 큰 과제라고 본다.

　오늘날 우리 나라의 사회 및 학교도 예외가 아니다. 즉, 우리 나라 사회의 불안정성과 비인간화로 인해 OECD 국가들 중 2005년 이래 지금까지 세계 최고의 자살률을 기록하고 있으며, 청소년들의 행복지수도 세계 최하위권이다. 또한 우리의 학교교육이 현재 전인교육을 하고 있다고 믿는 사람은 아무도 없다. 가장 튼튼해야 할 가정교육마저도 가정붕괴로 인하여 그 교육적 기능이 약화될 대로 약화되었다. 이러한 가정붕괴는 필연적으로 학교붕괴를 초래하고 있다. 가정과 학교와 사회의 본래적 교육기능이 상실된 오늘날 우리의 교육은 과연 어디로 방향전환을 해야 할 것인가? 이 물음에 대한 해답의 실마리를 우리는 마르틴 부버의 「만남」의 철학에서 발견할 수 있을 것이다. 왜냐하면 부버철학의 핵심은 인간성의 회복, 즉 「나－그것」의 비인격적 관계로부터 「나－너」의 인격적 관계로의 회복이기 때문이다.

　과중한 공부 및 입시 스트레스로 인해 3일에 한 명꼴로 학생들 스스로가 단 하나밖에 없는 목숨을 끊는 나라! 이것이 우리 나라 교육의 현주소이다. 교육제도와 학교교육의 비인간화가 가져다주는 비극은 이처럼 비참하기 그지없다. 날이 갈수록 인간화 교육의 중요성이 더욱더 가슴 깊숙히 와 닿는 이유는 바로 이러한 데에 있을 것이다. 비록 제4차 산업혁명의 시대가 도래하였다 하더라도 인간화 교육은 더욱더 절실해질 것이다. 인조인간 등과 같은 기계성이 기승을 부리는 인공지능 사회에서 인간의 독특성과 인성은 더욱더 돋보이고 강화되어야 할 부분이기 때문이다.

이러한 시대적 소명에 따라 이 책은 인간성 회복이라는 문제의식 하에서 집필되었다. 이 책의 모태는 1992년에 발간된 바 있는『마르틴 부버의「만남」의 교육』(양서원)이며, 여기에다가 그 동안 발표된 부버관련 연구물을 첨가하고 기존의 내용을 수정 · 보완하여 2003년에 개정판을 출간한 후, 다시 이번에 부분적인 수정 · 보완을 하여 출간을 하게 되었다.

이 책의 편제는 모두 7장으로 구성되었다. 1장에서는 현대사회 및 교육의 문제가 비인간화 현상에 있음을 지적하고 이의 극복을 위해 현대교육에서 부버의「만남」의 철학이 적극적으로 수용 · 원용되어야 함을 강조하였다. 2장에서는 부버의 철학을 보다 더 잘 이해하는 데 배경요인이 되는 부버의 생애를 비교적 자세히 소개하였다. 3장에서는 부버철학의 모태가 되는 하시디즘을 역시 비교적 자세히 소개하였다. 4장에서는 부버의「만남」의 철학을 분석 · 정리하였으며, 아울러 그의 독특한 연구방법론을 고찰하여 보았다. 5장에서는「만남」의 실존적 배경을 실존적 교육관과 관련하여 조명한 후, 부버의 철학과 교육론을 바탕으로 그의 교육철학을 여섯 영역으로 나누어 분석하였다. 6장에서는 부버철학의 교육적 원용사례를 소개함으로써「만남」의 철학의 교육실제화에 대한 관심을 촉구하고자 하였다. 7장에서는 부버의 교육철학적 입장을 분석 · 정리한 후 그것이 현대교육에 주는 시사점들을 제시하였다.

이 하찮은 책을 내는 데 있어서 필자에게 은혜를 준 분들의 사랑을 잊을 수 없다. 필자를 학문의 세계로 이끌어 주시고 항상 애정어린 관심을 보여주시는 고려대학교의 김정환 명예교수님, 필자의 박사학위 논문을 지도해 주시고, 따스한 마음으로 계속 격려해 주시는 인하대의 김선양 명예교수님과 연세대의 오인탁 명예교수님께 머리 숙여 감사드린다. 이스라엘 벤 구리온 대학교(Ben Gurion University)의 고오든 박사(Dr. Haim Gordon)는 필자가 연구교수로 그 대학에 머무는 동안 많은 시간을 대화에 할애하여 주었을 뿐만 아니라, 부버에 관한 많은 자료들을 선물로 주신 은혜 또한 잊을 수 없다.

끝으로 이 책의 출판을 흔쾌히 맡아서 고생해 주신 박영스토리의 안상준 대표님과 노현 이사님 그리고 배근하 선생께 감사드린다.

2018년 2월
고려대학교 연구실에서
강 선 보

| 차 례 |

CHAPTER 01

현대교육의 당면과제와 「만남」

Martin Buber's Philosophy of Meeting

1

현대교육의 당면과제와 「만남」

현대사회는 만물의 영장인 인간을 비인간화하고 있다. 인간이 비인간화되었을 때 인간은 이미 만물의 영장이 아닌 것이다. 그럼에도 불구하고 현대의 과학문명과 제도화된 사회체제는 인간 특유의 자유, 개성, 창조력 그리고 인권 등을 마비시킴으로써 인간의 존엄성을 파괴하고 있음은 크나큰 적신호라 아니할 수 없다. 이러한 현대사회의 병적 현상을 지적하는 용어들이 계속 쏟아져 나오고 있음이 이를 입증한다. 예컨대 규격화, 기계화, 기능화, 조직화, 관료화, 집단화, 비인간화 등등의 수많은 용어들이 현대 문명사회의 부정적 측면을 함축하고 있다.

쉰(Shin, 1981: 26)은 인간을 황폐화시키는 사건들의 목록으로 양차 대전, 원자폭탄의 비축, 비생태학적 도시화, 대중전달, 가스실, 냉전, 사회공학, 주입식 교육, 민주주의의 타락 등을 열거하고 빠른 속도로 사회가 점점 더 비인간화되어 왔음을 지적하면서 새로운 휴머니즘이 요청된다고 주장하였다.

마르크스(Karl Marx)도 현대의 산업구조가 인간을 자신의 육체로부터 소외시키고, 외적 자연과 정신생활과 인간적 생활로부터 소외시키기 때문에 비인간적인 세력이 모든 것을 지배한다고 지적하면서 전체로서의 인간성 해방을 추구하였다(Shin, 1981: 139).

구아르디니(Romano Guardini)는 근대정신을 떠받쳐 오던 세 가지 요소 — 즉, 인간과 일체감을 갖던 '자연', 행위 주체로서의 '인격성으로서의 주관' 그리고 '문화' — 가 제 1차 세계대전 이후 각각 '비자연적인 자연', '비인간적인 인간', '비문화적인 문화'로 변질되었음을 개탄하고, 이러한 현대사회의 위기상황 속에서 삶의 목표를 잃고 방랑하는 현대인의 인간성 회복을 역설하였다(김용자, 1990: 96-97).

또한 양차대전의 비극을 겪으면서 인간성의 타락을 목격한 실존주의자들도 인간성의 회복이 무엇보다도 절실한 과제임을 자각하였다. 그 중에서도 부버(Martin Buber, 1878-1965)는 인간성 회복의 문제에 각별한 관심을 가지고 그 해결을 위해 혼신의 노력을 경주한 실존주의자로 높이 평가되고 있다.[1]

오늘날의 과학시대의 경향은 검증 가능한 개념에 대해서만 그 타당성을 인정하며 믿음과 신념에 대해서는 확언을 회피한다. 게다가 파쇼 및 공산정권의 전체주의, 사회의 대중화와 산업화는 인간들을 집단주의로 몰아부쳤으며, 기계문명의 급격한 발달속도는 인간의 실존적 두려움을 가중시킴과 동시에 무의미감과 불안감을 안겨주었다. 이러한 비극적 상황에 대해 부버(1954a: 110-111)는 현대인이 과격한 개인주의와 집단주의 사이에서 우왕좌왕하면서 인간으로서의 가치와 존엄을 상실하는 무방향성(無方向性)의 딜레마에 빠져 있음을 지적하였다. 동시에

---

1 부버가 종교적 세계관을 갖게 된 것은 양차대전의 비극 때문이었다. 그는 인간의 비극적 실존을 체험하면서 실존주의적 사고를 심화시켰다(Buber, 1958a: 23f; Goodman, 1978: 70). 즉, 그는 1차대전의 비극적 상황 이후, 인간의 실존에 대해 관심을 가지고 존재와의 대화가능성으로서의 인간의 삶에 관해 생각하게 되었다.

그는 현대의 시대적 상황을 '병든 시대'로 표현하면서(1958b: 53) 오늘날의 현대인, 즉 병든 인간을 정상적 인간 혹은 일반적 인간이라고 우리가 여기는 한, 우리는 현대인을 치유하지 못할 것이라고 경고하였다(1954a: 198). 프로이드(Sigmund Freud)도 현대인을 병든 인간으로 보고 자신의 심리학의 대상으로 받아들였으며, 쉘러(Max Scheler)도 역시 같은 관점에서 병든 현대인을 자신의 인간학의 대상으로 받아들였다(Buber, 1954a: 198).

부버(1954a: 126)는 인간의 정신사(精神史)를 '집있는 시대'와 '집없는 시대'로 구분한다. 전자의 경우, 인간은 집에서 사는 것처럼 세계 속에서 살며, 후자의 경우, 인간은 허허벌판에서 야숙(野宿)하는 것처럼 세계 속에서 살 뿐만 아니라 때로는 천막을 칠 네 개의 기둥조차도 없는 경우를 말한다. 전자가 분명하고도 안정된 시대임에 반하여 후자는 과도기적이며 소외된 시대라고 볼 수 있다.

우주 속의 인간은 결코 외롭지 않다고 보는 부버의 사상을 볼 때 그는 낙관주의자이다. 우리는 우리와 더불어 사는 인간존재들을 긍정하며, 이러한 긍정은 대화적 상황 속에서 표현된다. 대화적 상황은 인간과 인간, 인간과 자연, 인간과 정신적 존재 사이에서 이루어지므로 부버의 사상은 우주론적 낙관주의이다. 대화적 상황은 전체 우주 속에 거주하는 소우주이다. 그것은 개별적 인간의 삶과 우주 간을 중재한다. 다시 말해 그것은 처음부터 인간의 고독을 극복한다.

부버는 '우주적 집없음'과 '사회적 집없음' 간의 내적 관계를 갈파했다(Rotenstriech, 1959: 173-174). 그는 대화를 통한 '사회적 집없음'의 극복은 '우주적 집없음'의 극복으로 인도하며, 역으로 신과 인간 간의 대화적 상황 속에서의 '우주적 집없음'에 대한 극복은 인간과 인간 간의 대화적 상황 속에서 '사회적 집없음'에 대한 극복으로 인도해 준다고 생각했다. 이러한 부버의 극복관을 통해 우리는 그의 낙관주의를 보게 된다. 다시 말해 현대인의 '집없음'의 극복은 원래의 인간 상황이며, 이러한 현대인의 '집없음'은 원래 상황으로부터 일탈된 것으로서 다시 정립되어야 한다는 것이다.

부버 및 상호작용주의자들은 오늘날의 시대를 '집없는 시대'로 본다(Lapp · Bender · Hilary · Ellenwood · John, 1975: 204). 프랭클(Frankl, 1963: 204)도 집없는 상태를 '실존적 공허(existential vacuum)'라고 표현한다. 이러한 현대사회의 분위기 속에서는 인간의 기본적인 정서적 · 인격적 · 정신적 욕구가 실현되기 어렵다. 그러므로 현대인들은 무방향의 방황을 하고 있는 것이다. 그래서 그들은 '영혼의 양식(soul food)'을 갈구하고 있다. 바로 이러한 시각에서 인간의 정신적 본질을 추구하고, 황폐한 현대인의 삶을 부흥시키기 위해 많은 사람들이 노력했다. 그 중에서도 대표적인 사람이 부버이다(Goodman, 1978: 70).

현대인은 극도의 소외로 괴로워한다. 키에르케고르(S. Kierkegaard)와 니체(F. Nietzsche)는 100년 전에 이 문제에 대해 '인간의 기본적 토대가 흔들리는 것'으로 보았으며, 마르크스와 프로이드도 소외문제를 나름대로 분석한 바 있다(Bender, 1974: 25). 즉, 마르크스는 인간과 외부 세계 간의 경제적 소외로 보았으며, 프로이드는 인간과 내적 자아 간의 심리적 소외로 보았다. 그러나 부버는 근본적이지 못한 이러한 분석들은 문제의 핵심을 짚어내지 못했다고 보았다. 인간의 병은 성(聖)과 속(俗)의 철저한 분리, 즉 '세계'와 '신성(神性)'의 철저한 분리에 있다고 파악한 것이다. 다시 말해 우리 세계의 비참함은 우리의 삶 속으로 '신성'이 들어오는 것을 우리 자신이 거역하는 데에 있다는 것이다. 따라서 세계는 개인의 전인격과 만나지 않는다. 바로 이것이 부버가 진단한 현대의 위기이다. 그리하여 현대인의 비극적 상황 속에서 잃어버린 인간의 본래적 모습을 인간과 인간 간의 참된 관계형성, 즉 「만남」(encounter)을 통해 회복하고자 부버는 노력했다. 바로 이것이 그의 유명한 「만남」의 철학이다.

그는 오늘날 현대문명 속의 인간관계가 한 인간이 다른 인간을 인격적 주체인 「너」(Thou)로 보지 않고 도구적 존재·수단적 존재·사물적 존재인 「그것」(It)으로 보는 「나-그것」의 관계(I-It relation)로 타락하고 있다고 경고하면서 인간과 인간의 인격적 만남인 「나-너」의 관계 (I-Thou relation)의 회복을 역설하였다. 이처럼 부버는 관계의 개념으로 인간의 위치 및 본질을 파악하고자 한다.

하지만 문제의 소재는 현대사회의 비인간화 현상에 교육이 편승하고 있다는 사실이다. 교육의 본래적 사명이 사람임(Menschsein)을 사람 됨(Menschwerden)으로 이끄는 일이라고 본다면, 이러한 교육현상은 미래사회를 더욱 더 불투명하게 하는 촉진 요인이 될 것이다. 그러기에 많은 학자들이 학교교육의 비인간화 현상에 극심한 우려를 표명한 나머지, 학교교육의 유해성(有害性)과 무용성(無用性)을 역설하였다(Silberman, 1970; Illich, 1970; Freire, 1970; Reimer, 1971; Rich, 1971; etc.). 따라서 인간성 회복의 문제는 여러 각도에서 밀도 있게 다루어져야 할 현대교육의 당면과제로 부각되었다. 바로 이러한 점에서 부버의 철학과 교육론은 현대교육의 본래적 기능을 회복하는 데 많은 시사점을 주고 있다.

교육은 어느 한편에서의 일방적인 의도나 노력만으로 이루어지는 것이 아니며, 참다운 인간관계 속에서 인격 대 인격의 상호작용이 이루어졌을 때 성립될 수 있다. 또한 참된 가치는 서술된 문장 속에서나 객관화된 추상 속에서보다는 구체적인 삶 속에서 발견될 수 있으며, 인간의 본래성은 인격과 인격의 「만남」을 통해서 이루어지기에 인간의 실존은 항상 「만남」 속에서 나타난다. 따라서 부버(1958b: 11)는 "모든 참된 삶은 「만남」"이라고 역설한다. 결국 진정한 의미의 학습은 「만남」을 통해 이루어지기 때문에 교육의 마당에서 「만남」을 중시하지 않을 수 없으며, 동시에 현대사회 및 현대교육의 위기상황을 극복하기 위해 「만남」의 교육철학을 주목하지 않을 수 없는 것이다.[2]

---

2 이러한 관점에서 부버의 「만남」의 철학을 교육학, 기독교 교육학, 체육학 등에 원용하고자 했던 국내의 연구논문들로 姜善甫(1978, 1981, 1983, 1987, 1989, 1993, 1995, 1996, 2001, 2016), 高鏞守

부버가 주장한 인격적 「만남」에 의한 인간성 회복의 문제는 사람됨의 문제이며, 이러한 사람됨의 문제는 곧 교육의 문제이기 때문에 현대의 비인간화된 교육의 마당에서 「만남」의 문제가 중시되어야 하는 것이다. 오늘날의 교육이 비난을 받는 이유도 교육이 기계문명에 편승하여 지나치게 기능화(機能化)된 교육방법에 의존함으로써 '인간'을 상실하는 데 그 원인이 있다고 본다.

따라서 현대교육의 과제는 비인간화 현상의 극복, 즉 인간화 교육의 실현이라고 말할 수 있을 것이다. 바로 이러한 과제를 푸는 하나의 열쇠를 우리는 부버의 「만남」의 철학에서 탐구하고자 한다.

(1970), 金夏子(1981), 박혜경(1980), 薛永淑(1979), 李達湧(1970), 李宣均(1979), 李壽種(1974), 李種男(1973), 李天永(1984), 장석희(1981), 鄭淳撤(1985), 鄭永澤(1979), 鄭夏容(1971), 鄭弘錫(1987), 홍영택(1983), 한차남(1995), 조동민(1996), 정경식(1999), 정석환(1999), 정찬석(2000), 하만호(2000), 최윤경(2000), 이상관(2001), 박창수(2001), 안진규(2002), 장지연(2002) 등의 논문들이 있다.

CHAPTER 02

부버의 생애

Martin Buber's Philosophy of Meeting

CHAPTER

2
부버의 생애[*]

1_____유 년

부버는 1878년 2월 8일 오스트리아의 비엔나(Vienna)에서 탄생했다. 그의 부모는 특별히 지성적이거나 종교적이지도 않은 평범한 중산층의 유대인이었다. 3세 때 부모의 이혼으로, 당시 오스트리아의 영토인 갈리시아(Galicia)주의 수도 렘베르크(Lemberg)에서 살고 있던 그의 할아버지 솔로몬 부버(Solomon Buber, 1827-1906)의 집에서 14세 때까지 살았다. 솔로몬 부버는 히브리어 학자이면서 히브리 문학(Hebrew Literature)의 특수한 장르인 미드라쉼(Midrashim)[1] - 성서해석, 잠언(箴言) 그리고

---

* 부버의 생애에 관해서는 Maurice Friedman, ed., *Meetings: Martin Buber*(Illinois: Open Court Publishing Co., 1973); Maurice Friedman. *Martin Buber's Life and Work: The Early Years* 1878-1923(N.Y.: Elsevier-Dutton Publishing Co., Inc., 1981)과 *The Middle Years 1923* -1945(N.Y.: E. P. Dutton, Inc., 1983), 그리고 *The Later Years* 1945-1965(N.Y.: E. P. Dutton, Inc., 1983): Aubrey Hodes, *Encounter with Martin Buber*(London: Allen Lane The Penguin Press, 1972); Stephen M. Panko, *Martin Buber*(Texas: Word Books, Publisher, 1976)를 주로 참조함.

1 문학적 해석과는 달리 성서 속에서 의미들을 발견해 내는 것이 미드라쉬(Midrash)이다. 미드라쉬의 어원인 '다라쉬(darash)'는 '조회하는 것(to inquire)' 혹은 '조사하는 것(to investigate)'을 의미한다. 미드라쉬에는 할라카 지향의 미드라쉬(Halachah-oriented Midrash)와 아가다 지향의 미드라쉬(Aggadah-oriented Midrash)의 두 유형이 있다. 전자는 성서로부터 율법을 추출하고자 애쓰며,

17

귀중한 전설의 독특한 혼합체-의 비판적 저서를 계속 출간할 정도로 그 방면의 권위자였다. 동시에 그는 하스칼라 운동(Haskalah Movement)[2]의 뛰어난 학자였다.

솔로몬과 그의 부인 아델라(Adela)는 손자 앞에서 그들의 사사로운 일에 관해 좀처럼 이야기하지 않았으며 부버의 부모에 관해서도 결코 이야기하는 법이 없었다. 엄격한 유대전통이 가정의 분위기를 형성하고 있었지만, 성서와 탈무드에 관한 공부 이외에 유럽 언어들에 대한 공부도 강조하였다.

부버의 조부모는 박식한 유대인이었다. 즉, 그들은 별다른 부담감 없이 늘상 토라(Torah)와 미드라쉬를 공부하는 것처럼, 칸트(Immanuel Kant), 괴테(Johann Wolfgang von Goethe), 쉴러(Johann Christoph Friedrich von Shiller) 등과 같은 독일인들의 저작들을 공부하였다. 손자인 마르틴 부버도 조부모와 마찬가지로 유대 고전뿐만 아니라 비유대인의 작품들을 고루 섭렵했다.

그리하여 마르틴 부버는 조부모 댁에서 10세가 될 때까지 학교에 가지 않고 유대 고전뿐만 아니라 하이네(Heinrich Heine), 쉴러 등과 같은 독일작가들의 시와 산문까지도 탐독하였으며, 히브리어뿐만 아니라 독일어, 프랑스어도 공부하였다. 이처럼 유년시절의 부버는 조부모를 통하여 풍부한 정신적 기반을 닦게 되었으며, 이것이 훗날 그의 사상적 기반이 되었음은 말할 나위도 없다.

부버의 조부모는 부버의 삶에 큰 영향을 미쳤다. 그의 할아버지는

후자는 윤리적·도덕적 함축을 탐색한다(Isaacson, 1979: 116). 탈무드(Talmud)와 동시대에 팔레스타인에서 집성되었다(남정길, 1977: 35).

2 히브리어 Haskalah는 '계몽(enlightenment)'이라는 뜻이다. 18세기에 유럽 중부에서 발생한 이 계몽운동은 오로지 종교적 탐구에만 빠져 있는 유대인들이 세속적 탐구를 통해 세계에 대한 지식을 넓히도록 촉진했다. 하스칼라는 유대인들이 탈무드와 성서에만 의존하여 탐구하는 것을 지양하고, 그들로 하여금 새로운 유럽식 해방의 결실을 거둘 수 있도록 힘썼다(Isaacson, 1977: 90). 이러한 세속적 계몽운동을 따르는 무리들을 마스킬림(Maskilim)이라 부른다(Bender, 1976: 22).

부버를 데리고 산책을 나가곤 했는데, 그렇게 함으로써 부버로 하여금 책뿐만 아니라 자연까지도 사랑하는 것을 학습하게 하였다. 동시에 부버의 할머니는 공부에 전념할 수 있도록 집안 분위기를 잘 관리하였다. 특히 부버로 하여금 학문에 대한 깊은 애정을 갖게 해준 분은 할머니였다.

부모보다도 조부모의 영향을 더 많이 받았던 유년기의 부버는 때때로 어머니를 그리워하기도 하였다. 부버가 기억하는 최초의 사건이 일어난 것은 세 살 때였다. 인생에는 때때로 비극적인 면도 있다는 사실을 부버에게 깨닫게 해준 것이 바로 그 사건이었다.

나의 할아버지 집에는 장방형의 큰 뜰이 있었는데, 그 뜰은 지붕에까지 연결된 목재 발코니로 둘러 쌓여 있었다. 그래서 각 층마다 집 주위를 걸어다닐 수 있게 되어 있었다.

내가 네 살 되던 어느 날, 나보다 몇 살 위인 이웃의 여자아이와 발코니의 난간에 함께 기대어 서 있었다. 내가 그 아이에게 나의 어머니에 대해 어떤 이야기를 했는지는 전혀 기억할 수 없다. 하지만 그 아이가 나에게, "아냐, 너의 엄마는 결코 돌아오지 않을거야"라고 말한 것을 지금도 여전히 듣고 있는 듯하다. 나는 당시에 침묵을 지키고 있었지만 그 말을 믿었었다. 그 말이 내 가슴에 들어와 박혀, 해가 거듭할수록 더욱더 강하게 고동질쳤다. 하지만 10여 년이 지난 후에야 나는 비로소 그것이 나에게 뿐만 아니라 모든 사람들에게도 공통된 문제임을 인식하기 시작했다.

훗날 나는 사람들 간의 참된 만남의 실패를 지칭하는 말로 '잘못 만남(mis-meeting)'이라는 용어를 만들어 냈다. 그리고 20년 후가 되었을 때, 나와 나의 처자식을 만나기 위해 멀리서부터 온 어머니를 다시 만나게 되었다. 하지만 어디에선가로부터 나에게 속삭여지는 "잘못 만남"이라는 말을 들으면서, 놀랍게도 여전히 아름다운 어머니의 눈을 응시할 수밖에 없었다.

나의 인생도정에서 내가 진실한 만남에 관하여 배웠던 모든 것은, 그 출발점이 바로 나의 유년기에 발코니에서 있었던 일이라고 생각된다(Schilpp & Friedman, eds., 1967: 3-4).

이와 같은 유년시절의 어머니와의 쓰라리고도 부정적인 체험이 부버로 하여금 '잘못 만남'이라는 용어를 만들게 한 것이다. 즉, 인간과 인간 간의 참된 만남의 상실을 겪은 부버는 후에 진정한 만남(genuine meeting)의 의미를 철학적으로 발견하게 되었다.

부버는 할아버지를 통해서 유대정신을 깊이 맛보게 되었다. 말년에 부버는 할아버지에 대하여 다음과 같이 기술했다.

할아버지의 쉴 새 없는 활동에서 드러나는 영혼의 열정은 범접하기 어려우면서도 평온한 어린이다운 순수성과 조화를 잘 이루었다…….
그는 유대교에 관계하지 않았으나, 그의 마음속에는 항상 유대교가 깃들어 있었다(Buber, 1958a: 56).

부버의 유년시절에 부친은 농사일에 관심이 많았다. 그의 부친은 할아버지 농장의 경영을 책임지고 있었는데, 부친의 진보적인 영농방법으로 인해 동부 갈리시아 지역에서는 꽤 평판이 나 있었다. 부버는 종종 아버지와 함께 농장을 방문하곤 하였다. 그는 동물들을 대하는 아버지의 태도에 감명을 받았다. 즉, 아버지는 동물들을 사람 대하듯이 하였다. 유년시절의 부버는 말에게 인사하는 아버지의 태도, 맛보기 위해 곡식알을 고르는 아버지의 조심스런 태도 등을 통해 아버지의 '자연과의 순수한 인간적 접촉'에 경탄하였다.

2_____하시디즘의
발견

부버가 아홉 살 되었을 때부터 그는 매년 여름철을 농장에서 보내게 되었다. 농장에서 여름철을 보내던 어느 해에 부버는 자신의 대화철학을 태동시킬 수 있는 소중한 체험을 하게 되었다.

할아버지 농장에서 여름철을 보내던 열한 살 때에 나는 틈이 날 때마다 마구간으로 슬그머니 들어가 나의 사랑스런 친구인, 회색 바탕에 검정무늬가 있는 얼룩말의 목을 부드럽게 두드리곤 하였다. 그것은 일상적인 기쁨이 아니라 매우 친밀하고도 감동적인 기쁨이요, 사건이었다. 지금도 여전히 기억에 또렷이 남아 있는 그때의 일을 말해야 한다면 다음과 같은 기억을 말하지 않을 수 없다. 즉, 내가 그 말과의 접촉에서 체험한 것은 타자(the Other), 곧 타자의 무한한 타자성(the immense otherness of the Other)이었다. 하지만 소나 양의 타자성처럼 낯설지는 않았으며 오히려 나로 하여금 그 말을 더 끌어당겨 안게 하였다.

내가 말의 드센 머리털을 건드려 보았을 때, 어떤 때는 믿기 어려울 정도로 부드러웠으며 또 다른 때에는 놀랄 정도로 거칠었다. 그리고 내 손 밑에서 느껴지는 생명을 감지하였을 때 마치 생명력 그 자체의 요소가 나의 살갗에 접촉하는 듯하였다. 동시에 「나」(I)가 아닌 어떤 것, 확실히 나와 동족이 아닌 어떤 것, 즉 분명히 타자임을 감지하였다. 그것은 단지 별개의 것이 아니라 참으로 타자 그 자체(the Other itself)였다. 하지만 그것은 나를 끌어당겼고, 그 자체를 나에게 맡겼으며, 나와 더불어 「나와 너」의 관계를 형성하였다. 내가 먹이를 줄 준비도 하지 않았는데도 그 말은 귀를 털썩이면서 커다란 머리를 서서히 치켜올렸다. 그리고는 공모자들끼리의 암호인 양 조용히 콧바람을 불었으며, 나는 그것을 상호승인으로 받아들였다.

그러나 언젠가 - 나는 어린이를 사로잡았던 것이 무엇인지 모르나 어쨌든 그 놀이는 어린이다운 놀이었다 - 그 말과 재미있게 놀았을 때 나는 갑자기 나의 손을 의식하게 되었다. 여느 때와 마찬가지로 그 놀이를 했지만 어떤 변화가 일어났다. 즉, 그 놀이는 여느 때와 같지가 않았던 것이다. 그 다음날 말에게 먹이를 듬뿍 준 후에 그의 머리를 툭툭 쳐보았으나 머리를 치켜들지 않았다. 몇 년이 지난 후 나는 그 사건을 회상해 보았는데, 당시에 그 말이 나의 변절을 눈치챘으리라고는 생각하지 않았다. 하지만 나는 그때 내 자신이 심판을 받고 있었던 것으로 생각했다(Buber, 1954a: 22-23).

소년시절에 아버지의 농장에서 여름 한철을 보내곤 하던 부버는 종종 아버지와 함께 부코비나(Bukovena)에 있는 조그만 하시딕 공동체 (Hasidic community)의 안식일 행사에 참석하곤 했다. 외견상, 부버는 이 마을과 사람들에 대해 '불결한 마을'의 '우매한 사람들'이라는 느낌을 받았다고 회상한다.

그럼에도 불구하고 그 공동체 속에서 우러나오는 정신적인 힘이 부버를 사로잡았다. 거기서 부버는 하시딤(Hasidim)[3]을 보았는데, 그들은 영적 완성을 위해 그들이 추종하는 사람의 주위를 둘러싸고 황홀경 속에서 몸을 흔들며 성가를 부르고 있었다. 이때의 상황을 부버(1958a)는 다음과 같이 기술하였다.

어렸을 때 나는 두 가지 사실을 비교할 수 있었다. 하나는 의무적으로 권한이 주어져 있는 마을의 우두머리와, 또 하나는 정직하면서도

---

3 하시디즘을 신봉하는 무리들로서, 하시딕 운동에 참여한 자들, 하나님과의 언약에 충실한 자들, 그리고 진정으로 경건한 자들을 하시딤이라 칭한다(Panko, 1976: 71). 히브리어 헤세드(hesed)는 '자애 (loving-kindness)'를 의미한다. 따라서 하시드(hasid)란 자애로써 세계와 삶에 접근하는 사람을 지칭하며, 자기를 둘러싸고 있는 현실을 긍정하고 신성화할 뿐 아니라 나아가 그 현실과 자기 자신을 변화시켜나가는 사람을 지칭한다(Panko, 1976: 19).

하나님을 두려워하는 '예배식을 집전하는 자'로 고용된 랍비이다. 그러나 여기에는 비교할 수 없는 또 다른 것이 있었는 바, 그것은 변조되긴 했으나 아직 손상되지 않은 살아 있는 두 겹의 핵심적인 휴머니티인데, 진정한 공동체와 진정한 리더십이 그것이다…….

랍비의 화려한 저택은 나에게 거부감을 주었다. 황홀경에 사로잡힌 예배자들과 더불어 하시딤의 기도원은 나에게 낯설어 보였다. 그러나 기다리고 있는 예배자들 사이로 랍비가 걸어가고 있는 것을 보았을 때 나는 '지도자(leader)'를 감지했으며, 토라(Torah)와 더불어 춤추는 하시딤을 보았을 때 나는 '공동체'를 감지했다. 그때 내가 느낀 것은 영혼에 대한 공통의 외경(畏敬)과 환희가 진정한 인간공동체의 기본이 된다는 것이었다(53).

그가 하시딤에게서 발견한 것은 "살아 숨쉬는 휴머니티의 배종(胚種), 진정한 공동체, 그리고 가이던스"였다고 말년에 회고했다. 부버가 체험한 것은 짜딕(Zaddik)[4]의 리더십과, 공동체와 짜딕의 강렬한 관계였다. 부버 자신이 밝힌 바와 같이 이 무렵에 그가 깨달은 것—생각으로써가 아니라 심상(image)과 느낌(feeling)으로의 깨달음—은 세계가 짜딕, 즉 완전한 자를 필요로 하고 있으며, 그 완전한 자는 단지 참된 원조자(true helper)라는 사실이었다. 즉, 부버(1958a)는 내적 체험을 통해 리더로서의 짜딕의 기능을 발견하게 되었다.

---

4 짜딕이란 '정의로운(righteous)', '입증된(proven)', '완성하게 된(completed)'의 뜻을 지닌 히브리어로 하시딕 랍비(Hasidic rabbi)를 의미한다(Buber, 1958a: 51). 성서에서는 정의(正義)에 숙달된 자로 나타난다. 카빌라(Kabbla)에서는 잠언 10장 25절(회오리 바람이 지나가면 악인은 없어져도 의인은 영원한 기초 같으니라)을 설명하면서 짜딕을 하나님과 인간의 중개자로 설명한다. 하시디즘에서는 자신의 삶과 존재로 토라(Torah)를 구현하는 자를 지칭한다(Buber, 1969: 223).

진정한 짜딕은 의문투성이의 인생을 잘 견뎌내며, 궁핍한 사람들의 요구에 대해 진정한 해답을 준다. …… 그는 국가와 민족의 운명을 결정하지 않고 단지 유한하면서도 끝이 없는 개인적 삶의 크고 작은 과정만을 결정한다. 사람들은 그에게로 와서 그의 의견과 도움을 바란다. 그리고 짜딕은 자신의 영혼과 통찰력으로 모든 것에 응할 수 있다. 짜딕이 모든 것을 위해 행한다는 것은 바로 이러한 의미 때문이다. 그는 사람들을 만족시키기 이전에 그들의 욕구를 고양시킨다. 이처럼 그는 영혼의 원조자이며, 세계의 의미를 일깨워 주는 교사이며, 신성한 불꽃(divine sparks)으로 이끄는 인도자이다. 세계는 그를 필요로 한다. 즉, 세계는 그를 기다린다. 항상 그를 기다린다(69).

그러나 세월이 흘러감에 따라 이러한 모든 것이 부버의 잠재의식 속으로 사라졌다. 나이가 들어가면서 그는 여름철을 다른 곳에서 보냈으며, 소년시절의 하시딕 추억들을 그리워하기 시작했다.

수년 후, 그는 하시딕 유대인들의 본거지인 크조르트코우(Czortkow)⁵ 근처의 아버지 농장으로 돌아와 거기서 또 다른 하시딤의 공동체와 접촉하게 되었다. 이때의 부버는 소년시절의 지각수준을 벗어나 성장한 상태였으며, 그들과는 지적 차원에서 거리가 있음을 느꼈다. 그는 그들의 세계를 전혀 통감하지 못하였으며, 심지어는 그 자신이 그들보다도 훨씬 더 합리적이라고 믿으면서 그들을 경멸하기조차 하였다. 비록 부버가 하시딤과의 이번 조우에서 소년시절에 하시딤으로부터 받은 감동보다는 훨씬 못 미치는 느낌을 가졌지만, 대신에 그는 처음으로 랍비 이스라엘 벤 엘리에저(Israel ben Elizer, 1700-1760)의 이름을 듣게 되었다. 이 사람은 바알 쉠-토브(Baal Shem-Tov)로 불렸는데, 이는 문자 그대로 '좋은 이름의 주인(Master of the Good Name)', 혹은 '신의 이름

---

5 지금의 서 우크라이나 테르노필(Ternopil) 지역에 있는 도시. 러시아는 1809년, 예전에 남 포돌리아(Podolia)로 불리던 영토를 포함한 테르노필 지역을 오스트리아 제국에 반환함.

(the name of God)'을 뜻한다. 18세기 중엽에 폴란드 지방에서 시작하여 동부유럽에 걸쳐 확산되었던 하시딕 운동(Hasidic movement)을 창시한 자가 바로 바알 쉠-토브였다.

3_____정신적 편력

이 무렵의 부버는 다양한 지식을 섭렵하면서 하시디즘에 대한 관심이 사라지고 있을 때였다. 이 당시 부버가 멀리 했던 것은 비단 하시디즘뿐만 아니라 유대교 전체에 해당되었다. 그리하여 하시디즘을 '미신적이고 퇴행적인 것' 정도로 생각하게 되었다(Buber, 1958a: 54; Bender, 1969: 21). 이 시기의 정신적 방황은 부버(1958a)의 다음과 같은 회고에서 잘 나타나고 있다.

> 내가 조부와 사는 동안 나의 뿌리는 확고해졌다. 그러나 많은 의문이 남아 있는 채 말이다. 내가 조부의 집을 떠난 이후 20여 세 때까지 나는 '혼란의 세계'에서 살았다. 나는 유대교 없는, 휴머니티 없는, 신성(神性)의 현현(現顯, presence of divine) 없는 변덕스런 정신세계 속에서 살았다(56-57).

부버는 조부모 댁의 정통적이고도 엄격한 분위기에도 불구하고, 나이가 들어가면서 조직화된 유대교에 대해 회의를 가지기 시작했다. 그가 열세 살이 되어 성인식을 행할 때, 항용 사용되는 성경귀절을 말하는 대신 쉴러(Shiller)에 대하여 이야기하였다. 그 이후로 부버는 테휘린(tefillin, 기도할 때 이마에 얹는 표식)을 하지 않았으며, 매일 행하는 기도문도 읽지 않았고, 그가 관심을 보여 왔던 여타 종교들의 예배식에 대해서도 무관심하였다. 하지만 성경과 탈무드는 계속 열심히 공부하였다.

부버가 열네 살이 되었을 때 아버지는 재혼을 하여 렘베르크(Lemberg)로 이사했다. 부버도 아버지와 함께 살기 위해 조부모 댁을 떠났다. 아버지와 함께 렘베르크에 살면서 폴란드 중등학교(Polish gymnasium)에 입학하여 1896년에 졸업했다.

그리고 열일곱 살 때 철학과 예술사를 공부하기 위해 비엔나 대학(University of Vienna)에 입학하였다. 비엔나 대학에 입학한 후 베를린 대학, 라이프치히 대학, 쮜리히 대학 등을 거치면서 철학, 문학, 미술, 심리학 등을 공부하였다. 학창시절의 부버는 공부의 방향을 뚜렷하게 설정하지 못한 상태였다. 그의 관심은 세속적인 데에 있었으며, 유대교에 관련된 공부를 등한시하였다. 그는 유명한 대학들을 다니면서 도시의 생활을 즐겼다. 비엔나 시절엔 연극을 보기 위해 극장에 가곤 했으며, 라이프치히 시절에는 음악감상을 하기 위해 성(聖) 토마스교회에 자주 가기도 했다.

대학시절의 부버는 괴테, 횔더린, 톨스토이, 입센, 도스토옙스키 등의 문학에 심취했다. 이들은 인간의 내면적 분열에 비범한 관심을 보이면서 당시의 정신적 퇴조를 공격했는데, 부버는 이에 공감하였다. 특히 괴테와 도스토옙스키로부터 사상적 영향을 많이 받았다. 부버의 주저 「나와 너」(Ich und Du)에는 괴테의 산문과 이야기가 담겨 있을 정도이다. 또한 도스토옙스키를 통해 '신비적 황홀경, 사랑 그리고 형제애적인 종교'에 대하여 큰 감명을 받았다. 부버의 문장력이 수려한 것은 하시디즘의 영향도 있지만 젊은 시절의 문학에 대한 심취에도 그 원인이 있다고 보여진다.

비엔나 대학의 초기에 부버는 전 세기(前 世紀)의 유명한 학자들의 사상을 접하게 되었다. 요들(F. Jodl) 교수를 통해, 「나-너」 관계에 대해 언급한 최초의 주요 철학가인 포이에르바하(Ludwig Feuerbach)의 저서를 소개받았다. 또한 요들 교수의 문학사 강의를 통해 톨스토이와 입센의 사회비평, 그리고 특히 도스토옙스키의 사회비평에 매료됐다.

부버는 칸트, 키에르케고르, 포이에르바하, 니체 등의 영향을 많이 받았다. 칸트와 니체는 대학시절 이전부터 부버에게 영향을 주었다. 칸트의 「프롤레고메나」(Prolegomena)와 니체의 「자라투스트라는 이렇게 말하였다」(Also sprach Zarathustra)는 청소년기의 부버로 하여금 시간과 공간에 대한 철학적 이해를 하는 데 큰 도움을 주었다. 그러면서도 칸트에게서 충족되지 못한 것은 포이에르바하를 통해 해결하였다. 포이에르바하는 자신의 연구의 출발로 전인(whole man)을 설정하였는 바, 고립된 인간이 아니라 타자들과의 관계 속에 있는 인간, 즉 공동체 속의 인간을 제시했다. 부버는 이같은 포이에르바하의 철학을 발전적으로 수용하였다. 그리고 키에르케고르와 니체로부터 인간 실존에 관한 철학을 영향받았다. 또한 니체의 사상은 베르그송을 거쳐 부버에게 전달되기도 하였다.

대학시절의 부버에게 영향을 준 두 스승은 베를린 대학의 짐멜(Georg Simmel)과 딜타이(Wilhelm Dilthey)이다. 짐멜은 삶에 있어서 종교의 역할을 탐구하였는데, 그의 사상은 부버로 하여금 신앙의 유형을 구별하게 하는 데 큰 영향을 주었다.

특히 딜타이는 부버의 연구방법론에 많은 영향을 주었다. 딜타이는 정신과학(Geist-eswissenschaft)과 자연과학(Naturwissenschaft)에 있어서 앎의 방식(way of knowing)의 차이점을 제시하였는 바, 그의 인식론적 관점은 부버철학에 큰 영향을 미쳤다(Bender, 1969: 27). 정신과학의 경우, 앎의 주체(knower)는 거리를 둔 관찰자가 될 수 없고 스스로 참여해야만 한다고 딜타이는 주장한다. 왜냐하면 그가 탐구하고 있는 인간의 삶 속에서 전형성과 독특성을 발견하는 것은 그의 참여를 통해서이기 때문이다. 반면에 자연과학의 경우, 앎의 주체는 항상 '외부로부터(from without)'의 객관적 관찰자로 남아 있게 된다. 딜타이의 이러한 학문적 입장을 부버는 그의 철학에 계승·발전시켰다.[6]

---

6 1928년의 한 논문에서 부버는 두 가지 유형의 앎(knowing)을 구분하여 논하였다. 즉, ① 어떤 것을 객체로 대하는 철학적 앎(philosophical knowing)과, ② 존재의 관계인 종교적 앎(religious

대학생활을 하는 동안 부버는 하시디즘에 관한 과거의 체험을 거의 망각한 채 정신적 편력을 계속하였다. 부버가 성장하던 시기는 유럽의 유대교가 다음과 같이 서로 상충되는 세 가지 운동의 와중에서 분열되던 때였다(Bender, 1974: 6-7).

첫째, 고도의 의식적(儀式的)인 정통파와 아주 경건한 하시딤을 결합하는 것은 유럽문화의 추세로부터 분리하자는 것으로서, 이는 유대교의 존속을 위해 순수한 전통으로 축소복귀하는 것이었다. 부버는 열네 살 때 이 운동을 포기했다.

둘째, 세속적 계몽운동(haskalah)은 전술한 게토(ghetto)식 성격으로부터 벗어나 유럽의 세속적·지적 문화와 충분히 동화하기를 원했다. 이들은 미신적이고 반지성주의적인 유대인들에 의해 배척당했다. 대체로 이 운동에 동조한 자들은 비엔나의 유대인들이었으며 부버도 대학시절에 이 운동에 가담하였다. 아이러니컬하게도 이 운동은 세속적 목적을 달성함으로써 최악의 곤경을 당하게 되었다. 그들은 개인적으로는 그들 고유의 정신적 유산을 포기했지만, 유럽인들은 여전히 그들을 유대인으로 취급하면서 반유대주의로 일관했다.

셋째, 이러한 실패를 겪으면서, 그리고 게르만 민족운동에 의해 자극받아서 시온주의(Zionism)라고 불리는 제3의 운동이 생겨났다. 그것은 그들의 영토인 이스라엘로 복귀하려는 민족주의 운동이었다. 대학말기에 부버는 세속적 소용돌이로부터 벗어나 그의 정신적 뿌리를 찾기 위해 시온주의 운동에 가담하였다.

---

knowing)이 그것이다. 여기서 부버가 말하는 '종교적(religious)'이라는 용어는 오해되지 말아야 한다. 이 용어는 다른 것들과 상이한 삶의 별개의 영역을 말하는 것이 아니고, '현실(reality)', 즉 참된 하나님의 세계 속에 있는 참된 인간의 전 실존(whole existence), 부분적인 모든 것을 '통일하는 실존'을 말한다(Bender, 1969: 27). 후자의 앎이 종교적 세계관의 기반이 된다. 이 부분에 대한 보다 구체적인 것은 부버(1967a)의 A Believing Humanism: My Testament 1902-1965의 109-112 및 130-135를 참조할 것.

헤르쯜(Theodor Herzl)이 정열적으로 주도했던 시오니즘(Zionism)에 부버가 참여했던 것이 바로 1900년으로서 라이프치히에 살고 있을 때 였다. 부버가 헤르쯜을 처음 접한 것은 1897년 '제 1차 시온주의 대회' 에 참석하였을 때이다. 이 만남이 그의 삶의 첫 번째 전환점이 되었다. 시오니즘은 부버로 하여금 유대주의를 신봉하게 하였다. 이듬해인 1901 년, 부버가 스물한 살 되던 해에 그는 시오니스트의 공식저널인 『세계 (Die Welt)』지의 편집장이 되었다. 『세계』지의 주필 중의 한 사람이었던 윙클러(Paul Winkler)는 로마 카톨릭 신자였는데, 나중에 부버의 부인이 된 후 유대교로 개종하였다. 1902년, 부버는 중앙유럽 전역에 유대민족 운동을 확산시키려는 유대인 출판사의 설립을 도왔다.

하지만 부버는 이내 헤르쯜의 정치적 프로그램에 동조하지 않았다. 헤르쯜은 팔레스타인에서의 유대민족이 부흥을 이룰 수 있는 길이 국가 적 해결임을 믿고 그것을 추구한 반면에, 부버는 시오니즘이 위대한 문 화부흥을 이룩하는 데 그 토대를 두면서 전 세계 유대인들의 영혼의 건 강과 통합을 위해 노력해야 한다고 보았다. 유대인의 실존을 일깨우고 유대인의 영혼을 재생하는 것이 영토확보만을 추구하는 정치적 국가주 의보다도 훨씬 더 중요하다고 부버는 생각했다. 부버는 시오니즘을 새 로운 민족공동체의 형성과 유대전통의 부활로 보았다. 그래서 그가 강 조하는 참된 민족주의는 민족들 간의 차이를 강조하는 것이 아니라 오 히려 각 민족 내에서의 개인적 자질을 강조하는데, 이러한 민족주의는 인간관을 확대시키면서 궁극적으로는 사회 속에서의 인간이해를 더욱 두텁게 한다. 그래서 이러한 민족주의는 휴머니티를 완성하게끔 해준다 (Manheim, 1974: 4).

시온주의 운동은 보수적 정통파 및 하시딤으로부터, 또 한편으로는 자유주의적인 하스칼라로부터 반발을 받았을 뿐만 아니라 자체 내부의 분열로도 고통받아야 했다.

프랑스에서의 드레퓌스(Dreyfus) 사건7, 러시아에서의 유대인 학살 등은 헤르쯜과 그의 추종자들로 하여금 정치·군사적 입장을 견지하도록 몰아부쳤는 바, 그것은 곧 그들로 하여금 즉각적으로 시온주의 국가를 건설하도록 한 것이었다. 이와는 반대로 와이즈만(Chaim Weizman)과 부버 등은 문화적 시온주의를 제안하였다. 이들은 비인격적 활동이 개인을 비인격성으로 몰아 넣었던 민족주의 운동과 국가들을 많이 보아 왔다. 따라서 이들이 바라는 것은 시오니즘 속에서의 유대정신의 부활과 공동체의 탄생이었으며, 그속에서 각 유대인이 자신의 영혼을 발견하기를 바랐다. 여기서 말하는 공동체란 게셀샤프트(이익사회, Gesellsch aft; 권위적 국가, authoritarian state)가 아니라 게마인샤프트(공동사회, Geme inschaft; 인격공동체, personal community)를 뜻한다.

이러한 맥락에서 부버는 최초로 '인격 사이의 관계(Das Zwische-nmenschliche)'라는 용어를 사용했다. 그는 관계의 실현이 하시딕 공동체뿐만 아니라 유대세계, 나아가 온 세계가 걸머져야 할 운명이라고 보았다.

부버는 시오니즘의 정치적 성향에 환멸을 느꼈다. 그는 1904년에 시오니즘과 결별한 후 정치적 차원보다도 차원이 더 높은 새로운 방향을 탐색하고자 하였다.

---

7 19세기 후반의 유럽은 반유대주의가 팽배하던 때였다. 프랑스는 1894년에 육군포병대위였던 유대인 드레퓌스(Alfred Dreyfus)에게 반역자라는 누명을 씌워 유죄판결을 내린 사건이다.

4_____하시디즘의
재발견

부버는 형식적인 정통 유대교(formal orthodox Judaism)에 실망했다. 수단보다 목적을 중요시했던 시오니즘에 실망했지만, 이것이 그로 하여금 유대교를 상기시키면서 재평가하게 한 계기가 되었다. 그는 지적·정서적으로 수긍할 수 있는 새로운 방향을 유대교 속에서 탐색하였다. 사람들의 인생살이에서 종종 일어나고 있는 것처럼, 이즈음의 부버는 자기자신이 전혀 예기치 않았던 방향으로 나아가고 있음을 발견했다. 즉, 자신이 하시디즘을 지향하고 있음을 발견한 것이다.

1904년 헤르쯜의 사후에 어느 날 부버는 랍비 이스라엘 벤 엘리에저(Israel ben Eliezer, 1700-1760)[8]의 「유언」(*Zevaat Ribesh, Testament*)이라는 소책자를 읽으면서 큰 감명을 받고 하시디즘에 적극적인 관심을 보이게 되었다. 그 책은 바알 쉠-토브의 가르침과 유언에 관한 책이었다. 훗날 부버(1958a)는 그 순간에 대해 다음과 같이 기술했다.

… 그의 이야기는 나를 향해 번득였다. "그는 열광적 성질을 선호한다. 그는 흥분에 휩싸인 채 잠에서 깨어난다. 왜냐하면 그는 신성하

---

8 하시디즘의 창시자이며, 그에 대한 자세한 내력은 전해지지 않는다. 어렸을 때부터 고아가 되어 포돌리아(Podolia)의 러시아 마을에서 홀로 명상생활을 하였다. 그는 계속적으로 공부를 하였으나 그것을 겉으로 드러내지 않았다. 그리고 교사의 보조자 및 교회의 머슴으로 생활하면서 생계를 꾸려나가는 등 수년 동안 무지한 유대인과도 같은 생활을 하였다. 시골의 유대인들은 그의 비범함과 상냥함 그리고 따스한 마음에 감동을 받아 그를 Good Baal Shem이라 불렀다. 얼마 후 그는 기적을 행하는 자로 알려지게 되었다(Isaacson, 1979: 24-25).
전설의 기록에 의하면, 33세가 다 끝나던 날 밤의 꿈에 그가 세상 사람들한테로 나아가야 할 때가 왔다는 소리를 들었다고 한다(Buber, 1958a: 55).
그의 원래 이름은 Israel ben Eliezer인데, 깨달음 이후 바알 쉠 토브(Baal Shem Tov)로 불리게 되었다. 이 이름은 '좋은 이름의 주인(The Master of the Good Name)'이란 뜻이다. 불교에서 싯다르타가 득도한 후 부처(Buddha: 깨달은 자)로 불리게 된 것과 같다.

게 되었고 거듭 태어났을 뿐만 아니라 창조를 능히 할 수 있으며, 하나님이 세계를 창조할 때 하나님에 의해 축복 받은 성자(the Holy One)와 같이 되었기 때문이다." 순식간에 압도당하면서 내가 하시딕 영혼(Hasidic soul)을 체험한 것은 바로 그때였다. 유랑의 암흑 속에서 방황하던 나에게 처음으로 유대정신이 열리기 시작했다. 하나님의 형상으로 창조된 인간의 존재를 나는 행위로서, 생성으로서, 과업으로서 포착하였다. 그리고 이러한 최초의 유대인의 실재는 근본적인 인간의 실재이며 인간의 종교에 담겨 있는 내용이었다. 바로 거기서 나에게 눈을 뜨게 한 것은 종교로서의 유대교, '경건'으로서의 유대교, 하시듯(Hasidut)으로서의 유대교였다. 짜딕과, 짜딕의 공동체에 관한 나의 유년기의 기억과 이미지가 떠오르면서 나를 깨우쳐 주었다. 즉, 나에게 완성된 자(the prefected man)에 대한 관념을 일깨워 주었다. 동시에 그것을 세계에 널리 알리도록 하는데 내가 부름받았음을 깨닫게 되었다(59).

부버는 엘리에저의 책을 통해 하시딕 영혼을 체험하게 되었고, 동시에 유년시절에 느꼈던 짜딕과 하시딕 공동체에 대한 기억이 소생되었다.

결국 청소년기의 부버는 서부 유럽의 유대교 계몽운동과 동부유럽의 하시딕 유대교를 다같이 접하게 되었다. 동시에 절대자를 탐구하며 정신적 편력을 하던 부버는 그 해답을 하시디즘에서 발견하게 되고, 그 이후 하시디즘의 해석가로 변신하게 되었다.

이러한 체험을 한 후부터 부버는 저술활동 및 강의를 멈추기로 하고, 향후 5년간을 은둔상태에서 하시딕 가르침에 대한 집중적인 연구를 하였다. 이 연구를 통해, 부버는 대략 1750년부터 1825년까지의 초기 하시디즘이 역사상 미증유의 창조적인 종교적 삶을 구축하였음을 확인하게 되었다. 즉, 하시디즘의 믿음에 따라 종교적 삶을 영위했던 단체를 알게 되었다. 이 단체의 특징은 그것이 세속과 격리된 수도원적인 공동체가 아니라 온갖 유형의 사람들이 한데 어우러진 평범한 유대인 마을에서 보여지는 살아 있는 현실이었다는 사실에 있다. 즉, 그것은 개인의 지혜가 아니라 공동체의 지혜였으며 세계의 일상사로부터 유리된 수도 승들의 종교적 공동체의 지혜가 아니라 세계 속에서 세계와 더불어 생활하는 가족공동체의 지혜이다. 세계 속에서, 세계와 더불어 함께 하는 삶, 이것이 하시디즘의 핵심이다.

현세의 일상성 속에서 하나님에 대한 즐거운 예배를 강조하는 하시디즘과의 만남은 부버로 하여금 유럽식 지성으로부터 벗어나 마음 깊숙한 곳에서 우러난 유대사상가로 변신하게 해 주었다. 그는 이스라엘의 예언자들을 '민족적 보편구제론자들(national-universalists)'이라고 칭하였다. 그의 전 생애는 휴머니티에 대한 열정적 관심을 표현한 것이다. 하지만 이러한 관심은 항상 이스라엘 민족과 그들의 신앙에 대한 충성으로부터 우러나온 것이다.

하시디즘과 하시딕 문헌에 대한 5년간의 집중적 연구는 결과적으로 부버로 하여금 하시드의 삶과 사상에 대해 평생과업으로 몰두하게끔 하는 계기가 되었다. 즉, 그것이 부버를 변모시켰으며, 세계에서 사라진 하시디즘을 재발견하게 하는 계기가 되었다. 스위스의 유명한 소설가이자 시인인 헤르만 헤세(Hermann Hesse)는 다음과 같이 서술했다.

내가 판단컨대 마르틴 부버는 현대사회의 몇 안되는 현자들 중의 한 사람일뿐만 아니라 일류급의 작가임에 틀림없다. 게다가 그는 현존하는 어떤 작가도 가지지 못한 참된 보물, 즉 하시딤 설화들(the Tales of the Hasidim)을 가지고 세계문학을 풍요롭게 하였다……. 부버는 … 현시대에 고통받았던 이스라엘 민족의 존경할만한 정신적 대변자이다(Panko, 1976: 20).

실제로 하시딕 운동이 서방세계에 알려지게 된 것은 부버가 고군분투한 결과였다. 그는 이 운동이 디아스포라(Diaspora, 팔레스타인으로부터 추방된 이후의 유대인의 분산)에서 나온 가장 강력하고도 독특한 현상임을 믿어 의심치 않았다.

명상과 연구로 일관한 그 5년간은 부버의 생애 중에서 가장 보람 있는 시기였다. 그는 하시딕 가르침, 믿음, 그리고 실천에 관련된 모든 것에 대하여 집중적인 탐구를 하였다. 그가 발견한 대부분의 설화들은 한 세대에서 그 다음 세대로, 그리고 하나의 위대한 랍비의 추종자들로 부터 또 다른 위대한 랍비의 추종자들에게로-주로 구전에 의하여-전수되어 왔다.

연구 초기의 부버는 하시딕 가르침의 신비적 측면을 중시했다. 즉, 드물기는 하지만 개인적 차원의 황홀한 기도를 통한 신앙이 하나님과의 결합을 가능하게 한다고 보았다. 하지만 연구가 진척됨에 따라 그는 하시디즘의 실제적인 측면이 더욱더 큰 의미를 지닌다고 보았다. 그는 신비주의가 불합리하다고 믿게 되었는데, 그 이유는 그것이 인간의 일상적 삶에 근간을 둔 종교이며 인간의 삶에 내재하는 불일치를 실존 속으로 끌어들이기 때문이다. 종교의 목적은 '일상을 신성화하는 것(hallow the everyday)'이다. 신비주의자가 하나님과의 통일을 체득할 수 있다고 주장할 때 그는 착각하고 있는 것이다. 왜냐하면 분리된 자아(the separated self)가 계속 실존하기 때문이다.

하지만 부버의 초기사상에 있어서 신비주의는 중요한 역할을 했다. 금세기로 전환할 무렵에 신비주의의 부활이 있었다. 그것은 동양 종교들과 신화에 대한 관심으로부터 야기되었다. 또한 그것은 지식의 전문화와 결정론에 저항한 하나의 반동이었으며, 독일 낭만주의(German Romanticism)의 신비적 경향의 부분적인 연속이었다. 부버의 초기사상은 힌두교 및 불교뿐만 아니라 이러한 모든 운동들에 의해 강하게 영향을 받았다. 이보다 늦게 영향을 받은 도교(Taoism)도 그의 사상을 성숙시키는 데 일조를 하였다. 독일의 신비주의자들인 마이스터 엑크하르트(Meister Eckhart)와 야콥 뵈메(Jacob Boehme) 등도 또한 이 시기의 부버의 사고에 영향을 미쳤다. 사실 부버는 엑크하르트를 "서구 신비주의의 가장 위대한 사상가"라고 평가하였다.

부버가 신비주의에 이끌린 이유 중의 하나는 그것이 흔치 않은 황홀경의 순간들을 강조한 데 있었다. 황홀경의 체험은 인간의 삶의 에너지들을 응집시키며, 창조적 생명력을 불러일으킨다고 믿었다. 그러나 키에르케고르의 책을 읽으면서 부버는 하시디즘의 신비적 측면에 대한 그의 관심을 바꾸었다. 즉, '영원의 숨소리'로 일상생활을 충만하게 하는 하시디즘의 또 다른 측면에 매료되었다.

신비주의에 대한 부버의 초기사상은 후에 실존주의로 발전하였으며, 최종적으로 대화철학으로 귀결되었다. 비록 부버의 생애의 각 단계에 형성된 그의 사상이 어떤 면에서 보면 1925년에 그의 가장 유명한 저서인 「나와 너」가 출판될 때까지 그의 철학적 발전 속으로 흡수되긴 하지만, 신비주의는 그의 사상으로부터 사라지게 되었다.

"우리에게 보다 더 중요한 것은 존재에 직면하게 나타나는 모든 불가사의한 거미줄이라기보다 오히려 단풍나무 가지 위에 비치는 햇살과 영원한 너를 예감하게 하는 현세의 일상적인 시간의 중심적 현실인 것이다."라고 부버는 기술했다. 그가 하시디즘에서 발견한 것은 바로 이것이었다. 즉, 신비적 통일이 아니라 일상적 삶의 모든 것들에 대한 환희와 경이였다.

부버가 이해한 하시디즘의 정신은 이삭 뢰프 페레츠(Isaac Loeb Peretz)가 쓴 '평범함'이라는 제목의 아름다운 이야기 속에 잘 예시되어 있다.

한 랍비가 속죄일(Day of Atonement) 때마다 몇 시간 동안 예배당(synagogue)에서 사라지곤 했다. 그의 신도 중의 한 사람이 랍비가 하나님을 혼자서 은밀히 만나고 있는 게 아닐까 하는 의구심이 들어 랍비를 미행하였다. 그는 랍비가 좋은 옷을 벗어버리고 허름한 농부 옷으로 갈아입는 것을 목격하였다. 그는 랍비가 병든 여인이 살고 있는 농가로 들어가 그녀를 간호하고, 방 청소를 해 주며, 식사를 준비해 주는 것을 목격하였다. 그 신도가 시나고그로 돌아오자 다른 사람들이 "랍비가 하늘로 올라 갔었소?"라고 묻자, 그는 "전혀 그렇지 않소"라고 대답하였다.

하나님을 즐거운 마음으로 경배하고 이웃에 대한 사랑의 실천을 통해 하나님을 만나는 것, 바로 이것이 부버가 이해한 하시디즘의 정신이었다.

어느 날 정오 무렵에 미지의 젊은 청년이 부버를 방문하였다. 부버는 친절하고 정중했으며, 허심탄회하게 그 젊은이와 이야기를 나누었다. 그 후 얼마 되지 않아서 부버는 그 젊은이가 죽었다는 것을 듣게 되었다. 그때 부버는 비로소 그 젊은이가 자기에게 한 질문들이 범상하지 않았음을 깨달았다. 그 젊은이는 잡담을 하러 온 것이 아니라 결단을 하러 온 것이었다. 그는 절망적인 상태에 있었고 도움을 필요로 했었다. 그 젊은이와 단지 자상한 이야기를 나눌 것이 아니라 그의 삶에 의미를 부여했었어야만 했음을 부버는 깨달았다.

그 순간부터 부버는 종교 자체에 대한 탐구를 단념했다. 대신 그는 종교라고 하는 것을 단지 기쁨(exaltation) 혹은 황홀경(ecstasy)으로서 파악하였다. 그가 소유한 모든 것은 매일 매일의 일상임을 믿게 되었다. 삶의 시비는 명백히 노출되지도 않거니와 설사 노출된다 하더라도 그것은 인간의 일상생활 속에서 발견된다는 것을 부버는 알게 되었다. 그는 살아 있는 매시간 속에 실존하는 충만함을 알게 되었다. 그는 삶이 그에게 무엇인가 요구하고 있음을 느꼈다. 그래서 그것이 정확히 무엇인지는 모르지만, 누군가가 그에게 말을 걸고 무엇인가를 요구하면 응답해야 할 책임이 있다는 것을 깨달았다.

부버는 그가 더 이상의 많은 것을 알고 있지 못하다고 생각했다. 만약 그것이 종교라고 한다면, 그는 종교가 모든 것―대화의 가능성을 지닌, 살아 있는 모든 것 - 을 포함한다고 생각했다.

이러한 경험을 통해서 부버는 인간의 책임과 운명이 현세에 있다는 것을 자신의 목소리로 개념화하여 주장할 수 있었다. 실제로 바로 이것이 부버가 우리에게 제공하는 통찰력인 것이다. 즉, 인간은 일상생활을 영위하고 있는 타자들과의 참된 관계(genuine relationship)에 의해서만 자신의 진정한 휴머니티 - 하나님과 관계하는 세계 속에서의 인간의 참된 위치 - 를 성취할 수 있다는 것이다. 부버는 이것을 여러 가지 방법으로 여러 곳에서 말하고 있지만, 이것은 우리를 각성시키는 위대한 진리이다.

부버는 폴란드 동부의 여러 마을에서 하시딕 설화(Hasidic tales)들을 수집하여 독일어로 번역하기 시작했다. 번역되어 출판된 최초의 설화책 - 「랍비 나흐만의 설화들」(The Tales of Rabbi Nachman, 1906) - 은 그를 실망시켰다. 그는 발굴된 이야기들을 정확히 번역하려고 노력하였으나, 그것들이 세대를 거쳐 이야기되며 전수되는 과정에서 원문의 메시지와 순수성이 상실되었다.

따라서 부버는 다른 접근방법으로 번역을 시도하였다. 즉, 글자 뜻 그대로 설화들을 번역하는 것을 지양하고 자기 자신의 독특한 방식으로 그것들을 재해석하였다. 마치 훌륭한 곡의 악보를 가진 오케스트라의 지휘자가 작곡자의 의도대로 그 곡이 연주될 수 있도록 악보를 해석하려고 노력하는 것처럼 말이다. 일단 부버가 설화들을 원래대로 이야기되는 것처럼 재생시켰을 때, 그것들은 때로는 동화처럼, 때로는 우화처럼 살아 움직이기 시작했다.

부버는 그러한 설화들을 최초로 이야기했던 랍비들과 정신적 통일을 느끼기 시작했다. 그는 랍비들의 제자들에 의해 전수되어 온 해석들보다도 훨씬 더 정확하고, 원래 의도에 훨씬 더 근접한 설화들을 이야기할 수 있는 방법을 발견하였다.

부버의 하시디즘에 대한 연구결과들이 출판되기 시작했는데, 「바알 쉠의 전설」(*The Legend of the Baal-Shem*, 1908), 「위대한 매기드」(*The Great Maggid*, 1922), 「비밀의 빛」(*The Hidden Light*, 1924) 등이 그것이다. 그 후 수년간에 걸쳐 수집·정리한 하시딕 문학의 진수라고 할 수 있는 「하시딤의 설화들」(*Tales of the Hasidim*, 1928)을 출판하였다.[9]

하시딕 설화를 전설적 실재(legendary reality)라고 보는 부버는 그것을 서방세계에 알리고자 노력했다. 전 세계에 분산된 유대인들이 종교적 신앙과 원리들을 토대로 하여 진정하고도 공명정대한 공동체를 확립하고자 노력해야 할 위대한 과업 중의 하나가 곧 하시디즘이 되어야 한다고 부버는 믿어 의심치 않았다. 하지만 비록 200년 전에, 하시디즘이 시나그그의 형식적·기계적인 예배에 반대했을지라도 수세기 동안 너무 의식적(儀式的)이고 침체되어 있었다. 그러나 부버가 수집해 둔 설화들은 여전히 가장 위대한 성취를 할 수 있는 시대를 포착할 수 있었다. 부버의 노력으로 인하여 유대교의 소수 종파에서 향유되어 오던 시적이고도 종교적인 문학이 세계에 알려지게 되었다.

부버의 삶에서 발견할 수 있는 크나큰 아이러니들 중의 하나는 비록 그가 가장 위대한 하시디즘의 해석자임에도 불구하고 그를 하시드(Hasid)로 생각하는 사람들이 없었다는 점이다. 그는 교회에도 거의 나가지 않았으며 종교적 의식을 지키지도 않았다. 예루살렘에 있는 부버의 집 근처에는 하시드들이 모이는 집회장소가 많이 있었지만 그 어느 곳에도 참석하지 않았을 뿐만 아니라 그것을 원하지도 않았다. 어쨌든 부버는 20대 후반부터 거의 50여 년을 하시디즘 연구에 몰두했다. 그럼에도 불구하고 하시디즘에 대한 이해의 어려움을 호소하는 겸손함을 보이기도 하였다(Buber, 1958a: 21).

부버는 「만남」의 철학으로도 유명하지만, 하시디즘의 재창조로도

---

9 하시디즘 해석에 관한 부버의 두 책은 *Hasidism and Modern Man*(1958)과 *The Origin and Meaning of Hasidism*(1960)이다. 이 책 속의 내용들은 부버가 1957년까지 발표한 하시디즘 논문들을 미국의 부버연구 전문가인 프리드만(Maurice Friedman)이 편집·번역한 것이다.

유명하다. 부버의 하시디즘의 발견은 유대인들에게 있어서도 획기적인 일이었다. 하시딕 저서들을 통해 부버는 유대인 운동에 의미심장한 영향을 끼쳤으며, 유대적 배경이 부족한 수많은 유대인들을 유대문화의 영역 속으로 이끌어들였다. 부버는 거의 혼자 힘으로, 서구 문화에 의해 무시되고 멸시되어 거의 알려져 있지도 않은 하시디즘을 현대인의 시각으로 변화시켜 세계적인 위대한 신비적 운동(mystical movement)으로 바꾸어 놓았다.[10] 이처럼 하시디즘을 빼놓고는 유대교의 부흥을 생각할 수 없다고 웰치(Robert Weltsch)는 말한다(Buber, 1958a: 11). 바로 이 역할을 부버가 하시디즘을 통해 수행한 것이다.

5_____사상의 완숙과 사회활동

부버가 공적 활동을 멈추고 하시디즘에 대한 연구를 하다가, 다시 공적인 장소에 처음으로 모습을 드러낸 것은 수년이 지난 후인 1909년 1월이었다. 그는 프라하 대학교의 유대학생회에서 유대교에 관해서 연설했다. 그날 청강한 학생 중에는 카프카(Franz Kafka)도 있었다. 부버의 사상과 카프카의 작품 간의 유사성과 대조성은 흥미 있는 연구거리가 될 것이다. 왜냐하면 그러한 면들이 카프카의 작품들 속에 명료하게 드러나 있기 때문이다.

한편 청소년기와 대학시절을 거치는 오랜 사상의 편력 끝에 최초의 주요 철학서라고 볼 수 있는 「다니엘」(*Daniel: Gesprache vonder Verwirkli-*

---

10 헤세(Herman Hesse)가 1949년에 부버를 노벨 문학상 후보로 추천했을 때 지적했던 부분은 바로 부버의 하시디즘에 대한 재창조였다. 즉, "부버는 하시디즘 설화(*Tales of the Hasidism*)로 세계 문학을 풍요롭게 했다"는 것이다(Buber, 1958a: 12).

chung, 1913)이 출간되었다. 이 책에서는 인식론적 관심사를 다루고 있으며, 여전히 니체와 키에르케고르의 영향을 받고 있다.

1916년에 부버는 「선민」(選民: Der Jude)이라고 하는 잡지의 편집자가 되었다. 이 잡지는 유대교의 정신적·문화적 측면을 강조하기 위하여 부버가 창간하였는데, 그는 바로 이러한 측면이 시오니즘의 정치적 포부의 초석이 되어야 한다고 믿었다. 그는 이러한 자신의 견해를 관철시키고, 시오니즘이 완전히 정치화되는 것을 막기 위해 많은 글들을 잡지에 투고했다. 1924년에 부버가 「선민」의 편집자직을 사임했을 때, 「선민」은 독일에서 유대사상을 대변하는 가장 대표적인 정기 간행물이 되어 있었다.

1923년, 부버는 프랑크푸르트 대학교(Frankfurt University)에서 마련해 준 '유대종교 및 윤리사(Jewish History of Religion and Ethics)' 담당의 교수직을 수락하였다. 그 당시 독일에서의 그의 학문적 위치는 독보적이었으며, 세계적으로 그의 위치를 확고히 하였다. 후에 그의 주요 관심 영역 중의 하나였던 종교사 강의도 맡게 되어 그의 영역은 더욱 확대되었다.

1920년대 초에 유대연구의 부활이 독일에서 일어났다. 부버를 비롯해서 유대인 신학자들인 프란쯔 로젠쯔바이크(Franz Rosenzweig)와 에른스트 시몬(Ernst Simon)은 프랑크푸르트에서 유대인 성인교육에 관한 독특한 실험을 하였다. 1920년에 로젠쯔바이크에 의해 설립된 「유대인 개방학교」(Freies Judisches Lehrhaus)는 그 당시 독일에 거주하고 있는 유대인들의 삶에 큰 영향을 미쳤다. 이들 세 사람은 유대정신으로부터 점차 멀어져 가고 있는 독일거주 유대 성인들에게 유대전통을 다룬 핵심 교재들을 소개하고 가르치기 시작했다. 이 학교는 유대종교, 역사, 신학, 성경, 히브리어 및 문학 등의 과목을 개설한 유일한 학교였다. 프랑크푸르트는 유대인들이 밀집해 있는 곳으로서 유대인들에게 유대문화를 계승·발전시키는 유일한 장소로 기여했다. 대부분의 학생들이 모국

어를 모르기 때문에 히브리어나 아람어[11]로 강의하는 것이 무의미했다. 그래서 학생들의 공부는 번역 정도로 제한될 수밖에 없었다.

로젠쯔바이크와 부버는 구약성서의 독일어판을 공급해야 할 필요를 공감하고 히브리어 성경을 독일어로 공동 번역할 것을 결심하였다. 마르틴 루터(Martin Luther)의 번역 이래로 가장 훌륭하다고 평판 받는 성경번역을 1925년에 시작하였다. 이 작업에서 두 사람은 이전 번역판들의 과장된 언어 및 '성스러운(holy)' 어조를 피하면서 구약을 해석하고자 노력했다. 또한 그들은 히브리어 원전의 까다로운 의미, 구조, 그리고 운문을 가능한 한 정확하게 반영하고자 하였다. 그들의 작업은 훌륭한 성공작으로 평가받았다.

고통받는 하나님의 종을 언급하고 있는 '이사야 장'을 번역하던 중에 로젠쯔바이크가 1929년에 타계하였다. 부버는 홀로 번역작업을 계속하여, 그가 훗날 예루살렘에 살고 있을 때인 1961년에 그것을 완성하였다.

그의 번역활동도 중요하지만 그에 못지 않게 중요한 것은 성서 해석과 관련된 그의 많은 저서들이다. 성경에 대한 그의 깊은 관심으로 인해 번역작업을 하는 동안 그는 성경의 역사 및 신학에 관한 논문과 책들을 많이 썼다. 이러한 활동을 통해 그는 유대교권뿐만 아니라 기독교권으로부터도 20세기가 낳은 가장 최고의 성서 해석가로 평가받게 되었다.

한때 뉴욕의 유니온 신학교(Union Theological Seminary)에서 구약을 강의했던 제임스 뮐렌버그(James Muilenburg)—그 자신 또한 성서연구에 30년 이상을 헌신했다—는 부버가 고대 히브리어와 생생한 만남을 이루었다고 믿어 의심치 않았다. 이는 당대의 어떤 학자도 이루지 못한 일이라는 것이 그의 평가이다. 부버가 성경 속의 말에 대하여 비범할

---

11 아람어(Aramic): 성경 히브리어와 가장 밀접한 셈족 계통의 언어. 일명 '수리아어'. 게마라와 미드라쉬 문학의 여러 부분도 아람어로 쓰였다.

정도로 생동감 있고 활력 있는 이해를 할 수 있었던 것은 그의 인간 이해가, 경청하고 말을 거는 존재로 인간을 이해할 뿐 아니라 말을 듣고 말을 거는 행위에 참여할 때 인간의 삶의 독특성이 보장된다고 이해하는 데서 연유된다고 밀렌버그는 풀이했다.

밀렌버그는 부버를 당대의 가장 훌륭한 유대사상가로 평가했으며, 히브리식 삶과 사고방식의 진정한 전형적 대표자로 평가하였다. 하지만 그는 또한 부버를 기독교인들에 대한 으뜸가는 유대인 교사(敎師)로 보았다. 여타의 유대작가들 이상으로 부버는 구약이 무엇을 말하고 있으며 무엇을 말하고 있지 않은지를 기독교인들에게 말할 수 있으며, 또한 기독교인들이 구약을 읽을 때 무엇을 알아야 하고 보아야만 하는가를 말해 줄 수 있다.

하지만 부버는 위대한 성서학자 그 이상으로 평가된다. 그의 철학은 완전히 성서적 신앙의 이해 속에 그 토대를 두고 있다. 20세기의 종교 및 철학사상에 대한 공헌들 중의 하나는 부버가 히브리 성서(Hebrew Bible)의 본질을 전체로서 지각하고 그것을 주요 연구주제로 삼았다는 점이다.

1923년에 부버는 그의 가장 유명한 저서인 「나와 너」(Ich und Du)를 출판하였다. 이 책은 유대인과 기독교인을 포함해서 서양사상에 엄청난 영향을 미쳤다. 사실 그때까지 부버는 종교적 신비주의에 관해서는 거의 생각하지 않았었다. 이 얇은 책에서 그는 자신의 성숙한 대화철학의 면모를 보여주었다. 이 책의 메시지는 '모든 참된 삶은 만남이다'라는 것이다. 부버의 주요 관심사는 이 세계에서의 인간의 전체적 상황이다. 인간은 여러 수많은 유형의 관계들에 대해 어떻게 직면해야 될지를 몰라 종종 당황하게 된다. 부버는 「나와 너」에서 이러한 관계들에 대해 어떻게 직면해야 할지를 제시하고 있다.

「다니엘」(Daniel)과 부버의 주저라 할 수 있는 「나와 너」(I and Thou, 1923)가 출판되는 10년 동안 부버사상은 세 가지 면에서 발전적 변화를 한다(Bender, 1969: 62). 즉, ① 관계의 인식론적 형태로부터 존재론적 형태로의 이동, ② 주관-객관의 관계로부터 주관 상호간의 관계로의 이동, 그리고 ③ 현재 속에서 완전히 실현된 통일로부터 예측할 수 없는 미래의 어느 때인가에 완성될 궁극적 통일에로의 이동이 그것이다. 이 세 가지의 발전적 변화를 근간으로 부버는 그의 철학사상을 재정립하여 출판하게 되는데, 이것이 곧 그의 주저인 「나와 너」이다.

부버의 사상이 성장되고 발전됨에 따라 그의 철학은 미숙한 실현의 철학(Philosophy of Realization; *Daniel*)으로부터 성숙한 대화철학(Dialogical Philosophy; *I and Thou*)으로 이동하였으며, 나아가 계속적인 탐구와 확충으로 인간학적 철학(Anthropological Philosophy; *Between Man and Man*과 *Knowledge of Man*)을 낳게 되었다(Bender, 1969: 65).

1926년부터 1930년까지 부버는 대학강의도 하면서 「피조물」(*Die Kreatur*)이라고 하는 저널을 발간했다. 부버와 함께 공동으로 이 저널을 발간한 사람들은 카톨릭 신학자인 요셉 비티히(Joseph Wittig)와 개신교 의사이면서 심리요법가인 빅터 폰 바이재커(Viktor von Weisacher)였다. 이 정기간행물은 세 유형의 종교에 공통되는 교육 및 사회문제를 다루었다.

6_____나치하의
　　　　　　활동

1933년에 나치정권이 들어서면서부터 독일의 모든 대학들은 유대학생들에 대해 문호를 폐쇄하였다. 부버도 나치정권에 의해 교수직에서 해고되었다. 그때부터 1938년에 그가 독일을 떠날 때까지 베르크 가(Bergstrasse)의 헤펜하임(Heppenheim)이라는 조그만 마을에서 생활했다. 그는 독일에 있는 유대인들을 위해 그들을 원조하고 격려하는 일을 끊임없이 계속했다. 그는 또한 「유대 성인들을 위한 중앙교육국」(Central Office for Jewish Adult Education)의 국장으로 봉사했다. 유대학생들이 독일학교에 등교하는 것을 나치가 금지시켰기 때문에 그들을 위해 새로운 학교들을 설립해야만 했다. 그는 나치즘에 저항하여 정신적인 전쟁을 수행했다.

박해받는 유대공동체의 내면적인 정신적 자산을 굳건히 하고 그것을 잘 지켜나가기 위한 시도로 부버는 두려움 없이 저술하고 연설하였다. 1933년 봄에 부버는 유대민족을 위해 문화기구를 설립할 것을 독일 유대인들의 대표적인 단체에 제안하였다. 그것은 영속적인 조직이어야 하며, 그것의 실존적 기반으로 히브리 성서를 채택하여야 한다고 보았다. 그해가 다 가기 전에 프랑크푸르트에서 부버와 랍비 바엑크(Leo Baeck)는 1929년 로렌쯔바이크 사후에 문을 닫았던 '유대인 개방학교'를 다시 재건하였다. 부버와 바엑크 등은 유대교육체제를 전반적으로 재건해야 하는 거대한 과업을 떠맡았다. 젊은 학생들에게 공부를 가르치는 것도 중요하지만 더욱 중요한 것은 유대 성인들이 망각한 유대정신을 되찾게 하는 것이라고 부버는 보았다. 수십년 동안 유대인들은 계몽주의 속에서 유대교와 문화적 정체성을 멀리해 왔으나, 이제 와서야 그들이 잘 알지도 못하는 유대종교 때문에 박해받는 자신들을 발견하게 되었다.

개방학교에 이어 두 번째 학교가 쉬투트가르트(Stuttgart)에서 설립되었다.

1934년 5월에 부버는 유대교육에 관한 회의를 소집하였다. 울름(Ulm) 근처의 헤르링겐(Herrlingen)에서 개최된 이 회의에서 부버는 개막연설을 하였다. 이 시기의 부버는 좌절과 암흑 속에 있는 독일의 유대민족에게 성서 메시지를 전달하기 위해 교육활동에 전념하였다.

1966년 텔아비브에서 열린 유대-아랍 이해(Jewish-Arab Understanding)에 관한 부버 추도세미나(Buber Memorial Seminar)의 연설에서 에

른스트 시몬(Ernst Simon)은 그 당시의 부버의 활동에 대해 "그때의 부버를 보지 않은 자는 진정한 시민의 용기를 보았다고 할 수 없다"라고 언급하였다. 하지만 '시민의 용기'의 정도가 어떤 정도인지를 유추하는 것은 가능하다. 1933년 말경에 부버는 독일과 스위스의 3개 대학에서 '단독자에 대한 물음(The Question to the Single One)'이라는 제목으로 학생들에게 연설하였다. 1936년 독일에서 출판된 이 연설은 키에르케고르를 다루면서 전체주의적 삶을 공박하였다. 후에 부버는 "그것이 무사히 출판될 수 있었던 사실은 분명히 관계당국이 그것을 이해할 수 없었던 것으로 설명될 수밖에 없다"라고 피력하였다.

1934년 가을에 부버는 '정신의 힘(The Power of the Spirit)'이라는 제목으로 프랑크푸르트의 「유대인 개방학교」에서 또 다른 연설을 하였다. 그는 성욕과 성의 원초적인 힘(elemental powers), 그리고 권력에의 의지에 대한 이교도의 찬양을 솔직히 비판하였다. 그는 이러한 원초적인 힘들을 정복하고 통제하려는 기독교의 시도에 관하여 언급하였다. 그리고 끝으로 그것들을 신성화하고 축성함으로써, 궁극적으로 그것들을 변화시키려고 하는 유대교의 시도에 관해 언급하였다. 유대교가 "서양세계사 속에서 이러한 세 번째 관계의 가장 대표적인 본보기"라고 하는 것이 그의 믿음이었다.

그는 1935년 베를린 음악회에서 '권력과 정신(The Power and the Spirit)'이라는 제목으로 용기 있는 연설을 되풀이하였는데, 여기서 유대교의 정신과 새롭게 등장한 우상숭배의 권력을 비교·논하였다. 청중들 속에는 약 200명의 나치스 독일 친위대가 잠복해 있었음을 부버 또한 잘 알고 있었다. 부버(1963)는 자신의 주장을 천명함으로써 도전하였다.

이교(異敎)는 원초적인 힘들을 찬양한다. 즉, 이러한 힘들이 신성한 것으로 간주되고 찬양되지만 변화되지는 않는다. … 이러한 찬양, 즉 이러한 힘들에 대해 부여된 지위는 지속될 수가 없다. 왜냐하면 그러한 힘들에 권능을 부여한 정신은 무진장의 깊이를 지닌 그 무엇을 유발할 수 없기 때문이다. … 결국 이교는 필연적으로 세계와 걸맞지 않는 정신, 그리고 정신과 걸맞지 않는 세계로 제각기 깨뜨려지게 된다 (177).

이와 대비시켜 부버(1963)는 다음과 같이 그의 견해를 피력하였다.

유대교의 '현실체계'(reality system) 속에서 원초적 힘들은 태고로 부터 통일된 신성 속에 살아 있는 신앙과 관계되어 있다. 이처럼 피와 흙은 아브라함(Abraham)과의 약속에서 신성화된다. 왜냐하면 그것들 은 '축복'(창세기 12: 2)명령에 열중하고 있기 때문이다. '자손'과 '땅'이 약속되었다. 하지만 - 여러 나라 백성으로 나뉘어서 각기 방언과 종족과 나라대로 분열된 가운데(창세기 10: 5) - 단지 새로운 민족이 그들의 영토에서 "하나님의 길을 따라 의(義)와 공도(公道)를 행하 고(창세기 18: 19)" 휴머니티를 구축하게 하기 위해서만 약속된 것이 다(181).

말할 필요도 없이 나치의 즉각적인 반응이 있었다. 부버는 공식적 발언이 금지되었고 유대인 조직들의 각종 모임에의 참여도 금지되었다. 그러나 프랑크푸르트의 퀘이커교도는 비유대인 기구들의 유휴시간에 부버가 강의할 수 있도록 원조하는 위험을 감수하였고, 부버는 이를 통 해 강의를 계속하였다.

부버는, 아돌프 히틀러(Adolph Hitler)를 자신의 존재성과 당위성 간 의 긴장 상태를 상실한 자로 보았다. 히틀러의 힘은 '억제력의 완전한, 근본적인 결여'로부터 나온다. 그는 양심이 없는 사람이었다. 부버는 그 를 야콥 프랑크(Jacob Frank)에 비유했는데, 프랭크는 18세기에 자칭 메 시아를 선언했던 자였다. 이들 둘 다 공히 자신의 권력 이외에 어떤 것 도 믿지 않았다. 그러나 "절대자에 의해 권한을 부여받거나 임명받지 않는 한", 인간은 본래 이러한 믿음을 가질 수 없다고 부버는 결론짓는다.

부버는 '절대적으로' 구원받을 수 없는 사람은 없다고 생각했다. 그래서 만약 악마가 존재하더라도 하나님이 그를 구원할 수도 있고 구원할 것이라고 믿었다. 그러나 인간은 구원 활동에 공동참여해야 한다. 이것을 고려한다면, 한 사람은 다른 사람과의 관계에 있어서 그 관계가 갖는 경험적 성격을 생각해야만 한다. 그러한 맥락 속에서 볼 때 히틀러가 타자의 말을 경청할 능력이 없는 자라고 지칭할 수는 없다.

언젠가 부버는 라디오에서 흘러나오는 히틀러의 연설을 들은 적이 있었다. 그가 들었던 히틀러의 목소리는 부버 자신을 포함해 무수한 사람들을 전멸시킬 수 있었다. 하지만 부버는 '권력 있는 불쌍한 악마'를 대화적으로 다루는 것이 쉽지 않음을 알았다. 그는 반응해야만 했지만 바로 그 사람에게 하지 못했다. 오히려 그는 그 사람이 하나의 부분(part)이라는 상황에 직면해야만 했다.

나치 독일 치하에서 생활하는 동안 부버는 혹독한 곤경을 당하고 있는 유대민족을 보고 번민에 사로잡혔다. 즉, 이전까지는 다정했던 친구들, 급우들, 교사들이 유대아이들을 조롱과 멸시로 대하는 것을 보는 혹독한 고통뿐만 아니라 포로수용소의 설립을 지켜보는 공포까지 감내해야만 했다. 하지만 그의 믿음은 결코 변하지 않았다. 그는 지금 일어난 일이 이스라엘 운명의 일부라는 것을 알았다. 그는 유대동족들에게 "이스라엘 사람에게 있어서 은혜란 이러한 고난 속에서 최초의 언약(시나이산에서의 언약)을 항상 새롭게 하는 섯"임을 상기시켰다.

나치 포로수용소에 대해 잘 알고 있거나 혹은 그곳에서 살아남은 생존자들의 가슴 아픈 체험을 상기하면서 부버는 다음과 같은 물음을 던진다.

이 처참한 시대에 하나님과 함께 하는 삶이 어떻게 가능한가? 하나님은 더욱더 베일에 감추어지고 우리로부터 멀어져 갔다. 그러한 일들이 일어나도록 허용한 하나님을 우리는 여전히 "믿을 수" 있다. 하지만 우리가 여전히 하나님에게 말을 걸 수 있을까? 여전히 하나님의 말씀을 들을 수 있을까? 여전히 하나님과 대화적 관계를 지속할 수 있을까? … 가스실의 참화를 무시한 채 감히 다음과 같이 말할 수 있겠는가? "하나님에게 말을 걸어라. 왜냐하면 하나님은 자상하시며 그의 자비는 영원하기 때문에?(Panko, 1976: 33-34에서 재인용)"

부버는 자문자답하였다. 즉, 유대인이 자신의 뿌리로부터 이탈하지 않는 한 유대인은 완전하다는 것이다. 유대인에게 온갖 일들이 일어날 수 있지만 그것들이 유대인들에게 어떤 영향을 미칠 수 없다. 하나님이 스스로를 감추고 계시기 때문에 유대인이 '하나님의 날개 밑 은신처'로 숨을 수는 없을지라도 유대인은 여전히 자기가 안전하다는 것을 알 수 있다. 왜냐하면 유대인은 하나님이 스스로를 감추고 계시다는 것을 알고 있기 때문이다. 암울한 현세에서 유대인이 안전을 유지하는 본질이 바로 여기에 있다. 이러한 삶의 체험들은 의심하는 자를 의심하게 하고, 믿는 자를 믿게 한다. "낮에는 어느 누구도 별을 볼 수 없다"고 부버는 말한다. 그러나 별은 존재한다. 하나님도 마찬가지이다. 그래서 유대인은 안전하다는 것이다.

1938년까지 부버는 나치에 의해 침묵을 강요당했다. 당시의 상황이 최악이어서 프랑크푸르트 개방학교가 폐교되었다. 그 무렵에 부버는 예루살렘으로 와달라는 요청을 받았다. 그로서는 어려운 결단을 요하는 요청이었다. 그래서 출발을 지연시켰다. 그는 언제라도 필요하면 되돌아 올 수 있도록 영구이주가 아닌 한시적 관광비자로 예루살렘을 여행하기를 원했다. 하지만 예루살렘으로부터의 간곡한 간청에 못이겨 60세의 고령으로 새로운 삶을 위해 독일을 떠났다.

7 _____ 말년

그는 1938년 히브리 대학의 사회철학 담당 교수직을 수락하였다. 그의 히브리 대학 생활의 시작은 유대정통파들과 시온주의자들의 저항을 불러일으켰다. 즉, 전자는 계율을 경시했던 부버를 좋지 않게 보았고, 후자는 정치적 시온니즘을 반대한 부버를 좋지 않게 기억하고 있었기 때문이다. 그래서 마그네스(Judah Magnes) 총장은 부버를 위해 종교학과 신학강의 대신 사회철학 교수직을 열어 주었다.

생애 후반기를 맞이한 부버는 다소 둔화된 듯 보였다. 즉, 그가 안전하고도 안락한 곳으로 찾아들었기 때문에 시간을 느슨하게 보냈는지도 모른다. 그러나 실제로는 대부분의 사람들이 일손을 놓게 될 그 나이에 부버는 가장 빛나는 지적 활동을 전개하였다.

1940년에 부버는 하시딕 연대기인 「고그와 마고그」(*Gog und Magog*, 영문판 「하나님의 나라를 위하여」 *For the Sake of Heaven*으로 번역됨), 1942년에 히브리어로 「예언자의 가르침」(영문판 「예언자의 신앙」 *The Prophetic Faith*로 번역됨), 그리고 1944년에 「모세」(*Moses*)를 저술하였다.

곧이어 부버는 중요한 저작들을 출간했다. 즉, 「선과 악의 이미지」 (*Images of Good and Evil*)는 아담신화에 대한 그의 비판적 해석이었으며, 「정의와 불의, 시편에 대한 해석」(*Right and Wrong, an Interpretation of Some Psalms*)은 개인적 생존에 대한 그의 견해를 피력한 것이다.

1948년 이스라엘 국가의 독립선언 이전까지, 부버는 이훗 협회(Ihud Association)의 동료인 헨리에타 스졸드(Henrietta Szold), 유다 레온 마그네스(Judah Leon Magnes) 등과 함께 매우 활동적으로 일했다. 그들은 팔레스타인에서 아랍과 유대인 공동체 간의 위대한 협력을 주창했다. 그들의 궁극적 목적은 유대-아랍의 이원 집정형태의 정부수립이었다. 말할 필요도 없이 당시에 긴장이 고조된 나라에서 이러한 그들의 입장은 인기가 없었다. 특히 계속되는 팔레스타인에로의 유대인 이주민에 대한 아랍인의 확고한 반대입장을 고려할 때 더욱더 그러했다. 부버를 포함해 부버의 뜻에 동조했던 동료들은 때때로 공격과 비웃음을 받곤 했다. 그럼에도 불구하고 그의 주장이 다수에 의해 수용되지는 않았지만, 충심에서 우러나는 그의 성실성과 도덕적 열정은 많은 사람들의 존경의 대상이 되었다.

부버가 「두 유형의 신앙」(*Two Types of Faith*)을 완성한 것이 바로 이 시기였다. 이 책에서 그는 유대교를 위해 신약과 예수를 연구·검토하였다. 동시에 이 시기에 하시딕 격언 선집인 「열 개의 사다리 계단」(*Ten Rungs*)과 「하시딤 설화」(*Tales of the Hasidim*)가 출간되었다.

1951년, 73세의 나이로 히브리 대학에서 은퇴하여 히브리 성서를 독일어로 완역하기 위해 예루살렘에 정착하였으며, 이 작업을 최우선 과제로 삼았다. 은퇴할 때 정부는 그에게 「성인교육원」(Adult Education Institute)를 맡아 줄 것을 요청하였는데, 그 기관은 2년 전에 부버 자신이 창설한 기관이었다. 이 기관의 목적은 이스라엘로 이주해온 삶의 배경이 서로 다른 이주민들을 가르치는 교사들을 훈련시키는 것이었다. 여기서 부버는 자신의 교육이론을 적용하였다. 즉, 이질적인 배경 및 세계관을 지닌 사람들과의 대화적 교육을 통해 그들의 삶의 스타일을 변하시키고자 하였다.

1952년, 부버는 함부르크 대학에서 한자동맹의 괴테상(the Han-seatic Goethe Prize)을 수상했다. 이듬해에는 프랑크푸르트에서 독일출판협회(German Book Trade)가 수여하는 평화상-독일 최고의 문학상-을 수상했다. 1951년에 부버가 괴테상 수상을 수락했을 때, 아랍인들에 대한 부버의 우호적 협력관 때문에 몇몇 집단의 격렬한 반대와 비판이 있었다. 왜냐하면 나치 독일의 유대박해에 협력했던 그들을 부버가 너무 관대하게 용서해 주고 있다고 느꼈기 때문이었다. 부버가 평화상을 수상하기 위해 프랑크푸르트로 갔을 때 특히 격렬한 반대와 비판에 부딪혔다. 만약 부버의 비판자들이 프랑크푸르트에서 행해질 부버의 연설을 들었더라면 그들은 부버가 충분히 정신적 능력이 있는 사람임을 깨달았을 것이다.

1953년 9월 27일 부버는 로젠쯔바이크(Franz Rosenzweig), 시몬(Ernst Simon)과 함께 개방학교(Lehrhaus)를 운영했던 도시, 즉 프랑크푸르트의 바울교회(Paulskirche)에 있었다. 그가 그곳을 떠난 지 15년이 되던 해였다.

수많은 독일인들이 지난 10년간 '조직적·계획적'으로 수백만 명의 유대인들을 학살했다는 사실에 대해 부버는 언급했다. 역사상 전무후무한 잔혹성을 생각하면서, 그리고 살아남은 한 사람으로서 그는 그러한 학살에 무의미하게 참여했던 사람들과 더불어 휴머니티를 공유할 수밖에 없었다. 그는 그들이 더 이상 휴머니티의 한 부분이 될 수 없으며, 상상을 초월한 '극악무도한 비인간성'을 그들이 드러냈다고 믿었다. 그럼에도 불구하고 그는 그들을 증오할 수 없었으며, 그가 그들을 용서한다는 것이 주제넘은 일인 것 같이 여겨지기도 했다.

그는 포로수용소의 대학살에 직접적으로 참여하지 않은 독일인에게도 계속해서 연설했다.

우선 학살사건을 알면서 그것에 반대하지 않은 사람들의 나약성을 잘 알고 있다고 언급했다. 하지만 그는 그들이 순교하지 않은 데 대해 비난할 수 없었다. 그러나 무슨 일이 일어나고 있는지도 모르고, 소문의 배후에 있는 진실을 기꺼이 알려고 하지 않는 사람들도 있다. 이러한 사람들도 그는 또한 용서할 수 있다. 왜냐하면 불안한 사람이 그가 마주할 수 없는 진실에 부닥쳤을 때 어떻게 행동하는지를 알고 있기 때문이다. 그러나 '판단이나 행동이나 발언으로 볼 때 나와 교분이 두터우면서 친숙한 친구들로 여겨지는' 그러한 독일인들도 있다. 그러한 사람들은 어떠한 일이 일어나고 있는지를 발견하고, 명령에 불복종하였으며, 처형당하거나 자살하였다. 부버는 이러한 사람들에 대해 특별한 친교를 느꼈다. 그래서 "이런 독일인들에 대한 존경심과 사랑이 지금 나의 가슴을 가득 채우고 있다"고 피력하였다.

부버는 계속해서 독일의 젊은이들에 대한 관심을 표명했는 바, 그들은 대학살 사건의 이후에 성장한 세대로서 유대민족의 대학살에 어떠한 참여도 하지 않았던 세대이다. 그는 이 젊은이들이 내적 투쟁에 직면해 있음을 느꼈다. 즉, 세계 도처의 젊은이들이 직면하고 있는 것과 동일한 투쟁인, '반인간성에 저항하는 인간성의 투쟁'에 직면해 있음을 느꼈다. 부버가 지적한 바와 같이, 현대인의 문제는 한 인간이 타인들에게 말을 걸 수 없다는 데에 있다. 신뢰가 존재하지 않으면 커뮤니케이션이 깨진다.

인간이 위기에 부닥쳤을 때 그는 자신의 문제를 해결하기 위해 대화에 참여하지 않을 것이다. 왜냐하면 대화가 성립하기 위해서는 신뢰가 있어야 하기 때문이다. 그런데 위기상황하에서는 신뢰가 존재하지 않는다. 냉전이 극복되어야 할 인류의 과제라고 부버가 생각하는 이유가 바로 여기에 있다. 역사적으로 볼 때 평화의 시기에는 인간들이 그들의 적개심을 버리고 서로 말을 걸었으며, 그렇게 함으로써 전쟁을 피했다. 커뮤니케이션은 전쟁이 없는 동안에는 생명이 없다. 정치가들 간의 토론은 대화를 목표로 하지 않고 오히려 '얼굴 없는 대중'을 목표로 한다. 심지어는 상호 이해를 발전시키기 위해 소집된 회담에서조차도 진정한 커뮤니케이션은 일어나지 않는다. 실제로 일어나는 것은 일반적으로 일어나는 것일 뿐이다. 즉, 사람들은 서로가 직접적으로 말할 수 없거나 말하지 않을 것이다. 왜냐하면 그들은 서로를 신뢰하지 않기 때문이다.

부버는 "감금된 말(言)을 해방시켜라!"라고 사람들에게 촉구하면서 그의 연설을 끝냈다. 그것이 바로 그의 삶의 메시지였다. 결국 부버의 위대한 공헌은 독일이나 이스라엘에서의 교수활동에 있지 않음이 확인된 셈이다. 또한 그의 공헌은 그의 저서에서조차 있지 않았다. 그의 위대한 공헌은 대학의 울타리를 벗어나 개개 사람들의 삶 속으로 파고들어 행한 가르침에서 찾아볼 수 있다.

8_____함마슐드와의
    친교

1957년에 「길의 교시(敎示)」(*Pointing the Way*)를 출간했다. 1909년
에서 1959년 사이에 쓰여진 자신의 에세이들의 선집인 이 책은 냉전을
포함한 정치·사회적인 문제들을 주로 다루었다. 이듬해 초, 당시 유엔
사무총장인 함마슐드(Dag Hammarskjöld)가 이 책을 읽었는데, 그 책은
그에게 큰 영향을 미쳤다. 즉, 부버의 사상은 그의 사상에 큰 힘을 불어
넣어 주었던 것이다.

이들의 관계에 관해 첨언하면, 부버가 프린스톤 대학교(Princeton
University)에 일련의 초청강연을 요청 받아 갔을 때 사무총장인 그는 부
버에게 편지를 보내 자기가 「길의 교시」를 읽었다는 사실을 강연 속에
포함시켜 줄 것을 희망했다고 했다. 그는 편지에서 "나는 당신이 우리
시대의 불신에 관해 쓴 것에 대해, 그리고 당신의 철학에서 발견한 놀
라운 통찰력에 대해 얼마나 큰 감명을 받았는지 당신에게 말하고 싶다"
고 썼다.

결국 나중에 이들 두 사람은 유엔에서 만나게 되었으며, 둘 다 진
정으로 동일한 관심을 갖고 있음을 발견했다. '국제적으로 가장 큰 책임
을 지고 있는 사람'과 '고독하게 정신적 망루를 지키고 있는 사람'인 이
들 두 사람 모두, 유엔에서 각국 대표자들이 중구난방으로 발언하는 데
대해 실망했다. 자신들의 임무에 충실한 각국의 대표자들이 서로 진정
한 대화를 나누기를 두 사람은 희망했다. 그들은 인류에게 두 가지의
가능성만이 있다고 느꼈다. 즉, 모든 인간의 공통된 이해의 실현이거나
아니면 문화의 파괴가 그것이다. 파괴를 막을 수 있는 길은 인간들이나
국가가 서로 협력적으로 활동함으로써 진정하게 상호관계 할 때만이 가
능해질 수 있다. 그런데 이것은 단순한 공존 이상을 의미하기 때문에
단순한 공존만으로는 충분하지 않다.

이때가 1958년 5월 1일이었다. 이들 두 사람의 따스한 만남은 2시간 동안 지속됐다. 그들은 철학과 신앙에 관해 이야기하였다. 이들은 어떻게 하면 모든 인간이 상호신뢰와 대화에 의해 참된 공동체를 이룰 수 있을까에 관해 공통의 관심사를 나누었다.

수주일 후에 함마슐드는 캠브리지 대학에서 명예박사 학위를 수여받게 되었다. 학위 수여식 연설에서 그는 인간들 사이에 실존하는 불신에 관해 언급하였다. '불신의 벽들'이라는 제목하의 연설에서 그는 부버가 미국순회강연 중 마지막으로 뉴욕의 카네기 홀(Carnegie Hall)에서 행한 연설의 일부를 인용했다. 실제로 자신이 생각하기 어려운 것들을 부버가 표현했기 때문에 부버의 말을 인용하였다고 함마슐드는 고백했다.

1958년 9월과 1959년 1월에 함마슐드는 예루살렘에 있었으며, 이때 그는 부버의 집을 방문했었다. 이때의 만남에 대해 부버(1967: 58)는 "우리가 대화하는 중에, 내가 살아오면서 항상 생각했던 문제가 또 다시 등장하였는 바, 그것은 역사상 정신적 인간(spiritual man)의 실패에 관한 것이었다. 나는 우리에게 잘 알려진 가장 대표적인 실례로 그것을 입증했다. 즉, 플라톤이 시실리(Sicily)에다가 정의국가를 건설하려다 실패한 실례가 그것이다"라고 회상했다.

함마슐드는 복잡한 정치적 문제들을 해결하고자 끊임없이 노력했던 신비주의자였다. 그러나 그의 신념은 부버의 신념과 거의 유사했다. 즉, 그는 "우리 시대에 있어서 신성함에 이르는 길은 행동 없이는 불가능하다"라고 말했다. 이러한 말들은 하시딤에 의해 말해지는 것들이지만 함마슐드도 언급한 것이다. 그러기에 정신적 연대감 속에서 국제적 외교가와 조용한 학자가 결속될 수 있었던 것이다.

부버는 함마슐드가 따스한 인간성을 지니고 있으며 이해심이 많은 사람이라고 평가했다. 함마슐드는 엑크하르트(Meister Eckhart)의 저서들과 중세 독일 신비주의자의 저서들 그리고 구약의 시편을 두루 섭렵한 인물이었다.

1959년 1월의 부버와의 만남 이후로는, 함마슐드가 부버를 다시 만날 수 있는 기회가 오지 않았다. 하지만 그가 1961년 9월 17일 불의의 사고로 요절할 때까지 줄곧 부버의 사상에 의해 영향을 받았었다.

예루살렘에서 뉴욕으로 돌아온 이후에 함마슐드는 기자회견을 가진 적이 있는데, 이때 그는 만약 시간적 여유가 주어진다면 부버의 저서인 「길의 교시」 중에서 에세이 서너 편을 스웨덴어로 번역하고 싶다고 진술하였다. 물론 그들 두 사람의 사고에는 다소의 차이점도 있었지만 여러 가지 면에서 일치하는 점이 많았다고 함마슐드는 밝혔다. 그는 부버가 크나큰 공헌을 했다고 느꼈으며, 동시에 부버의 사상을 널리 알릴 것을 희망했다. 부버는 그의 제안에 만족해하였다.

1959년 6월, 함마슐드는 스웨덴의 노벨상 위원회에 노벨 평화상의 후보로 부버를 추천하는 서한을 보냈다. 1500자로 된 이 진술에서 그는 부버의 저서와 사상 그리고 국제적인 문제들에 대한 부버의 관심들에 관해 사무총장으로서의 높은 경외감을 표현했다. 그의 진술은 긍정적인 것이었으나 위원회는 부버에게 노벨상을 수여할 수 없다고 하는 부정적이고도 애매모호한 통보를 해 왔다. 함마슐드는 부버가 유대의 귀중한 문화를 잘 해석한 위대한 사람으로 평가받아야 한다고 진술했었다. 그는 부버가 문학상을 받을 자격이 있지만 그럼에도 불구하고 평화상 후보로 추천했다. 왜냐하면, 그는 부버가 문학상을 수여받는 것보다 평화상을 받는 것이 더 타당하다고 생각했기 때문이었다.

함마슐드의 추천은 수많은 저명인사들의 지지를 받았으며, 노르웨이 국회에서도 이 문제를 논의하게 되었다. 그런데 부버가 이스라엘인이라는 사실이 어려운 문제로 등장되었다. 평화상 판정 담당자들은 유대인이나 아랍인 그 어느 누구에게도 평화상을 수여한다고 하는 것이 현명하지 못한 일이라고 생각했다. 중동지역의 긴장은 그 지역의 어느 누군가에게 평화상을 수여 받게 할 수 있는 상황이기는 했으나 만약 수여될 경우 공동수상이 절대 필요한 상황이었다. 하지만 아랍세계에서는 평화옹호 활동에 관한 한 부버에 필적할 만한 인물이 없었기 때문에, 부버의 후보지명은 더 이상 거론되지 않게 되었다. 그리하여 1959년의 노벨 평화상은 영국의 작가인 필립 노엘-베이커(Philip Noel-Baker)에게로 돌아갔는데, 그는 군비축소의 주장과 함께 세계평화를 위해 지속적으로 활동했던 사람이었다.

물론 이보다 10년 전에 스위스의 소설가이자 시인인, 1946년도의 노벨 문학상 수상자인 헤르만 헤세(Hermann Hesse)가 1949년에 부버를 문학상 후보로 지명한 적이 있었다. 그 당시 헤세는 부버의 지혜, 부버의 작가적 능력, 그리고 하시딕 전통에서 발견되는 신앙과 설화들의 해석을 통해 세계문학을 풍요롭게 하는 데 기여한 점들을 높이 평가하였다.

부버에 대한 평화상 수여문제가 정치적인 이유로 인해 거부된 것은 공정하지가 못한 것 같았다. 부버에 필적할 만한 아랍인이 공동수상자로 선정될 때가 온다 하더라도 부버의 연령을 고려해 볼 때 이미 수상의 기회를 상실한 것이나 다름없는 것이었다.

하지만 노벨상을 제외한 여타의 수상들이 부버에게 주어졌는데, 그것은 이스라엘에서 가장 권위 있는 상인 비알릭 문학상(the Bialik Prize for Literature)의 수상과 유럽문화에 공헌한 공로로 주어진 에라스무스상(the Erasmus Prize)의 수상이었다.

부버와 함마슐드가 서로 접촉하지 못한 채 2년이 지났다. 그러다가 1961년 8월 17일에 함마슐드는 부버에게 서한을 보냈다. 그 내용은 최근에 그가 부버의 책들을 몇 권 읽었는데 이것이 그로 하여금 편지를 쓰게끔 부추겼다는 것이었다. 그는 부버 책의 번역에 여전히 관심을 가지고 있기는 하지만 부버의 독일어 표현에 대한 뉘앙스와 더불어 함축된 의미의 심오함으로 인해 피상적인 번역밖에 될 수 없음을 느낀다고 피력하였다.

함마슐드로부터 소식을 전해들은 부버는 매우 기뻤으며, 그들 간의 관계가 다시 무르익었다. 8월 23일에 부버는 함마슐드에게 손수 편지를 써서 보냈는데, 그 내용은 자신의 저작 중에서 「나와 너」는 이해하기가 가장 어려운 책 중의 하나이긴 하지만 독자들에게 대화의 개념을 소개하는 데는 가장 최선의 책이라는 것을 역설하면서 번역을 제안한 것이었다.

함마슐드는 부버의 제안을 수락하는 서한을 8월 26일에 보냈다. 함마슐드가 「나와 너」를 번역하기 위해 접촉한 스웨덴의 출판사들은 엄청난 관심을 표명하였으며, 이에 따라 함마슐드는 번역작업에 착수하기로 결심하였다. 그는 9월 12일에 뉴욕을 떠나 아프리카로 갔는데, 이때 그는 두 권의 책을 가지고 갔다. 한 권은 성서 다음으로 널리 읽혔다는, 독일의 성직자이자 신비주의자인 켐피스(Thomas a Kempis: 1380~1471년)의 「그리스도를 본받아」(*Imitation of Christ*)였고, 또다른 한 권은 부버의 「나와 너」였다. 내란 문제의 해결을 위해 콩고(Congo)의 레오폴드빌 (Leopoldville)에 머무는 동안, 그는 번역활동을 하였다. 9월 17일에 번역 중인 원고를 방에 놓아둔 채 북 로데시아(Northern Rhodesia)로 여행을 떠났는데 그가 탄 비행기가 정글로 추락하여 비행기에 탄 모든 승객이 사망한 사건이 일어났다. 함마슐드는 「나와 너」의 첫 부분인 12페이지까지의 번역원고를 그의 방에 놓아둔 채 작고하고 말았다.

부버는 예루살렘의 라디오 방송을 통해 그의 사망 소식을 알게 되었다. 사망뉴스 한 시간 후에 부버는 함마슐드가 9월 12일에 뉴욕에서 직접 써 보낸 편지를 받았다. 이 편지에서 그는 자신이 스웨덴 출판업자들에게 「나와 너」의 번역제의를 했을 때 그들이 매우 기뻐하였으며, 이에 따라 즉시 번역작업에 착수할 것이라고 했다.

9_____임 종

1963년 2월 8일, 부버는 85세의 나이가 되었다. 부버에 대한 젊은 이들의 사랑은 그의 나이 85세 되던 해의 생일에서 엿볼 수 있다. 그때 300여 명의 히브리 대학생들은 횃불행진으로 부버집까지 와서 그들의 존경심을 표했고, 그리고 부버의 이야기를 경청했다. 그는 여전히 건강 하였으며 낙관적이었고 원기왕성했다. 시온가의 산책로에 위치한 자신 의 작은 집으로 자신을 찾아오는 수많은 젊은이들을 대하며 부버는 즐 거워했다. 그해 7월에 에라스무스상을 받기 위해 암스테르담으로 여행 했는데, 그 상은 유럽 사회의 정신적 통일에 기여한 자에게 수여하는 상이었다.

별일 없이 잘 지내던 부버가 1965년 4월에 침대에서 미끄러져 다 리가 부러지게 되었다. 병원에서 수술을 받고 그곳에서 한 달간 건강회 복을 한 후 집으로 돌아왔으나 당분간 병상생활을 계속해야 했다. 그의 건강은 쇠약해졌고, 주기적으로 의식을 잃기 시작했다. 임종이 다가왔 음이 거의 확실했다. 1965년 6월 13일, 일요일 오전 10시 45분에 그는 눈을 감았다. 부버의 아들과 딸, 손자 손녀들, 그리고 8명의 증손자녀들 이 그의 임종을 지켜보았다.

이스라엘의 대통령, 히브리 대학교 총장, 그리고 수많은 과거의 동 료들과 제자들이 조문을 왔다. 장례식은 그 다음날인 6월 14일 월요일 에 거행되었다. 부버의 오랜 친구인 베르그만(Hugo Bergmann)과 에쉬콜 (Levi Eshkol) 수상이 송덕문(頌德文)을 읽는 가운데 히브리 대학장으로 장례가 치루어졌다. 그의 시신은 처음에 히브리 대학교의 캠퍼스에 안 장되었다가, 그 후 대학교 교수들을 위해 예루살렘에 마련해 둔 공동묘 지의 한 구역에 안장되었다. 그의 묘비에는 시편 제 3권 73편의 "내가 항상 주와 함께 하나니"라는 구절이 새겨져 있다.

그가 임종하기 몇 주전, 가족들은 그의 서류뭉치 속에서 독일어로

된 자작시 한 수를 발견했다. 그것은 현세에 대한 그의 마지막 고별사인 것처럼 보였다. 그 시의 제목은 '바이올린 연주자(The Fiddler)'였다.

> 이 시간 세계의 가장자리인 여기에
> 나는 놀랄 정도로 나의 삶을 안정시킨다.
> 끝없는 원이 내 뒤에 펼쳐져 있고
> 모든 것이 '침묵'하는데, 바이올린 연주자만이 바이올린을 켠다.
> 베일에 싸인 그대여, 나는 이미 당신과의 언약으로,
> 당신의 곡조를 들을 준비가 되어 있으면서도
> 나는 그것을 알아차리지 못한 채 죄를 범했다.
> 내멋대로 행동하고 환상에 사로잡혔던
> 그 고통을 건전한 영혼 앞에
> 드러나게 하고, 내가 그것을 느끼게 하라
> 성스러운 연주자여, 그때까지 연주를 멈추지 말아다오!(Buber,
> 1967a: 229).

부버는 자신의 죽음을 직면하고 수용할 수 있었다. 모든 것은 '침묵'했고, 그는 '놀랄 정도로 안정'되었다. 그의 임종 직후인 6월 14일자 뉴욕타임즈(New York Times)의 사설은 다음과 같이 그의 생애를 평가하였다(Bender, 1974: 15; Panko, 1976: 44)

> 부버가 거듭 강조한 사랑은 실존적 신비에 이르는 열쇠이며 신성(神性)에 이르는 길이다. 우리는 "모든 낱낱의 너를 통해 영원한 너를 접할 수 있다." 인간은 서로의 존재를 통해 신을 발견하게 되며, 그 이외의 방법은 있을 수 없다.

> 마르틴 부버는 유대인으로서 우리 시대의 가장 훌륭한 종교 사상가였으며 세계적으로 가장 영향력 있는 철학자들 중의 한 사람이었다. …

마르틴 부버의 삶으로 인해 그가 없었던 것보다 더 많은 사랑이 이 세계에 존재한다. 그것이 우리에게 준 무엇보다도 값진 선물이었다.

부버의 업적을 기리기 위한 부버 기념관이 히브리 대학에 설립되어 있을 정도로 그의 사상은 세계적으로 반향을 불러일으켰다. 특히 수십 년에 걸쳐 완성한 구약성서의 독일어 번역·출판은 그의 그칠 줄 모르는 학문의 열정을 입증한다.

이상에서 부버철학의 성립배경이 되는 사상적 편력을 그의 생애와 더불어 고찰하였다. 현대문명의 위기를 진단하고 이를 극복할 수 있는 방향제시를 하였다는 점에서 그의 철학은 높이 평가받으며, 동시대 및 후대의 많은 사람들에게 심오한 영향을 미쳤다.[12]

---

12 부버사상의 영향을 받은 거장의 신학자들로 John Baillie, Karl Barth, Nicholas Berdyaev, Emil Brunner, Father M. C. D'Arcy, Hebert H. Farmer, J. E. Fisor., Friedrich Gogarten, Karl Heim, Rauel Howe, Hermann von Keyserling, Ernst Michel, Reinhold Niebuhr, H. Richard Niebuhr, J. H. Oldham, Theodore Steinbuchel, Paul Tillich 등이 있다(Friedman, 1976: 268). 이외에도 Gabriel Marcel, Theodor Litt, Karl Löwith, Eberhard Grisebach, Karl Jaspers, Romano Guardini 등 수많은 철학자, 신학자, 교육학자, 심리학자들에게 영향을 주었다(南正吉, 1977: 76-77).
부버의 철학적 입장은 Max Scheler와 Martin Heidegger 등의 사회철학적 전통과 Paul Tillich, Reinhold Niebuhr, Jacques Maritain 등의 종교적 실존주의와 유사하다. 또한 '사회성'과 '정치성'의 별개화를 최초로 주장했던 Lorenz von Stein 등과 같은 독일 사회학자들, 그리고 사회개혁의 힘들을 추구했던 Saint-Simon, Proudhon, Landauer, Eduard Heimann 등과 같은 유토피아적·종교적인 사상가들의 입장과 유사했다(Sills, 1980: 161)

CHAPTER 03

하시디즘

Martin Buber's Philosophy of Meeting

3
하시디즘

1_____하시디즘의
발생

부버의 사상을 이해하는 데 필수적인 두 기둥은 하시디즘과 「만남」의 철학이다. 그런데 「만남」의 철학은 하시디즘을 발판으로 생성된 것이기 때문에 "하시디즘을 모르고는 부버를 이해할 수 없다"(Smith, 1975: 12; Panko, 1976: 71; Goodman, 1978: 70)고 한 표현은 매우 적절하다. 즉, 하시디즘의 가르침과 전설들이 부버의 스타일과 실체를 형성하는 데 결정적인 역할을 했던 것이다. 그리하여 부버는 평생과업의 하나로 현대인들에게 하시디즘의 삶과 가르침을 소개하고자 하였다.

하시디즘은 18세기에 이른바 '바알 쉠 토브(Baal Shem Tov)'라고 불리는 '이스라엘 벤 엘리에저(Israel ben Eliezer)'에 의해 동유럽의 폴란드에서 생겨난 유대교의 경건주의적 신비운동이다.

하시디즘은 히브리어의 하시드(hasid: 복수형 hasidim)에서 나온 말이다. 성서에서 헤세드(hesed)는 하나님의 창조에 대한 하나님의 자애(慈愛)뿐만 아니라 하나님과 이웃에 대한 인간의 헌신적이고도 개방적인 사랑을 의미한다. 이러한 모든 것을 고려할 때 하시드는 '경건한 자(pious man)'를 의미한다고 볼 수 있다. 맥카비(Maccabee)는 기록하기를,

가르침에 충실하고 또한 그것을 위해 싸우는 무리가 하시딤이라고 하였다. 그리고 미쉬나(Mishna)에 의하면, 나의 것이 그대의 것이고 그대의 것이 나의 것이라고 말하는 자, 즉 자기 자신을 위해 어떠한 것도 소유하지 않은 자가 하시드라고 하였다(Buber, 1958a: 47).

유대역사 이래로 하시딤을 자칭하는 무리들이 계속 있어 왔다. 그들은 공통적으로 지상에서 그들의 경건한 신앙의 실현 및 신과의 관계를 갈구했다. 이러한 노력은 바알 쉠에 의해 창시된 '하시딕 운동'에서 명백히 나타난다(Buber, 1969: 214).

하시딕 운동(Hasidic movement)은 동유럽 카파치안(Carpathian)산맥 북부의 외딴 삼림마을에서 하류계층이면서 제대로 교육받지 못한 유대인들 사이에서 생겨났다. 하시디즘은 배운 자의 자만과 유산 계급에의 동경을 거부하고, 보통사람들에 대한 존엄성과 단순한 미덕들을 중시하였다. 그것은 그들의 삶을 새로운 환희와 따스한 온정으로 채워 주었으며, 동시에 하나님과 인간 사이에 새로운 차원의 친밀하고도 직접적인 관계를 확립하게 해 주었다(Kohn, 1938: 174).

하시딕 운동은 당시 유럽인의 혹심한 유대박해에도 불구하고 급속도로 확산되어 동부유럽 유대인들의 거의 반 정도가 참여하게 되었다. 따라서 하시디즘의 생성배경에는 유대인에 대한 서구인의 탄압이 주요 요인으로 자리잡고 있으므로 이에 대한 과정을 살펴봄이 중요하다.

14세기에 유럽을 휩쓴 흑사병 이후, 유대인들은 점차 박해받기 시작했는데, 특히 독일에서 심하게 박해받았다. 그리하여 점차 동부지역으로 이주하였다. 카시미르 대제(Casimir the Great)에 의해 환대 받았던 유대인들은 폴란드와 그 주변의 슬라브 지역에 정착하여, 폴란드 카톨릭 지주와 우크라이나 정교(政敎)의 농노들 사이에 위치하여 대체로 중류계층의 경영인으로 자리잡았다. 카시미르 대제는 유대인들로부터 폴란드의 경제생활의 촉진을 기대했던 것이다. 폴란드에서의 생활이 전혀 박해가 없는 것은 아니었으나 다른 나라에 비해서는 천국과 같았다. 따라서 폴란드의 유대인구가 수십만 명으로 증가하였다. 하지만 1648년부터 시작된 폴란드의 유대인들에 대한 박해는 유대인의 박해역사 중 가장 혹독한 박해 중의 하나로 기록된다. 이 해에 크미엘니트키(Bogdan Chmielnitki)라고 불리는 한 코사크(Cossack)가 폴란드 지주들에게 저항하기 위해 농민 무장봉기를 주도했다. 이 농민 군대는 그들의 목적달성을 위해 토지를 소유한 귀족계급뿐만 아니라 지주들의 집사로 종사했던 무고한 도회지 유대인들도 공격하였다. 1658년까지 10년 동안 유대공동체는 황폐화되고 파괴되었다. 이 기간 동안 10만 명 이상의 유대인들이 학살된 것으로 추산되었다(Panko, 1976: 72). 이 대학살은 유대인들이 17세기와 20세기 사이에 겪은 최악의 공포였다. 특히 포돌리아(Podolia)와 볼히니아(Volhynia)지역에서 가혹했는데, 기록에 의하면 10명 중에 1명이 살아남기 힘들 정도였다고 한다(Bender, 1969: 90; Bender, 1974: 20).

이러한 암흑시기 속에서 유대인들은 메시아(Messiah)가 나타날 것이라고 믿었다. 바로 이때 등장한 자가 17세기의 메시아 사바타이 쯔비(Sabbatai Zevi)[1]와 18세기에 등장한 또 다른 메시아 야콥 프랑크(Jacob Frank)[2]이다. 즉, 이 시대의 공포가 유대인들로 하여금 메시아주의(messianism)로 들끓게 한 것이다. 자칭 메시아임을 선언한 사바타이는 자신의 예언을 이행하고자 콘스탄티노플로 향했으나, 터키의 일부 유대인들이 폭동과 보복이 두려워 술탄(Sultan) 왕에게 그를 밀고함으로써 즉각 체포·투옥되었다. 1666년 9월 14일 모하메드 4세(Mohammed Ⅳ)는 사바타

---

1 Sabbatai Zevi(1626－1676)는 1626년에 터어키의 수미르나(Smyrna)공동체에서 태어났다. 그는 탈무드(Talmud)와 카발라(Kabbalah)를 집중적으로 공부하였으며, 지성적이고 온후하며 믿음직한 성격을 지녀 메시아로 불릴 것이라고 인식했다. 그리하여 1665년 정월 초하루에 자기 자신을 메시아라고 선포했으며, 이는 전 세계의 유대인들에 의해 인정됐다(Bender, 1969: 91－92).

2 Jacob Frank(1726－1792)는 자칭 메시아임을 선언하였다. 한때는 수많은 신도들이 그를 추종하였는데 특히 폴란드에서 그러했다. 그는 유대교와의 격렬한 논쟁 끝에 세례를 받고 기독교로 개종하였으며, 개종 후에도 하나의 교파로서 활동하였으나 프랑크의 사후(死後)에 곧 와해되었다(Buber, 1969: 214－215).

이를 소환하여 배교(背敎)와 죽음 중 양자택일을 시켰다. 이때 사바타이는 주저하지 않고 배교를 선택한 후 이슬람교로 귀의하여 추종자들을 실망시켰다.

말할 필요도 없이 그의 개종으로 인해 신도들이 흩어지기 시작했다. 하지만 동유럽의 일부 지역들, 특히 폴란드에서는 그의 운동이 여전히 존속하였다. 그의 충량한 신도들은 메시아에 대한 희망이 실현되기 위해서는 유대교의 전통적인 관례들이 무시되어야 한다고 역설하였다. 그래서 사바타이 쯔비가 이슬람교도로 개종함으로써 만인에게 모범을 보이고 있다는 것이다. 이런 분위기 속에서 사바타이 주의가 계속되었지만 주로 지하운동을 통해서였는데, 그 이유는 기존 유대교의 저항 때문이었다.

이로부터 거의 한 세기 후에 프랑크가 나타나 자기 자신을 사바타이의 화신(化身)이라고 하면서 수많은 신도들을 거느리게 되었다. 그는 신도들에게 새로운 신비주의와 도덕률 폐기론(antinomianism)을 혼합하여 제시하면서 다음과 같이 주장하였다.

> 나는 모든 율법과 법령으로부터 세계를 해방시키기 위해 왔다. 나
> 는 그것들을 모두 분쇄해야만 한다. 그러면 선한 하나님께서 당신 자
> 신을 드러내실 것이다(Bender, 1969: 94).

이처럼 그는 랍비의 엄격한 율법과 탈무드를 거부했다. 그의 추종자들을 카발라(Kabbalah)³의 가르침을 추종하는 자들이라고 불렀는데 이

---

3 '전통' 혹은 '수여받음'의 의미를 지니고 있는 히브리어 Kabbalah는 유대신비주의(Jewish mysticism)를 통칭한다. 이 용어는 13세기 이전까지는 단지 예언자와 구전율법만을 지칭했으나, 13세기 이후로는 신비주의를 의미하게 되었다. 까발리스트(Kabbalists)들은 신성(神性)을 순수하고 무한한 정신적 빛으로 여기며, 그 빛의 발산으로 모든 창조를 설명한다. 그들은 인간의 영혼이 '천상(天上)'에서 형성되며, 영혼의 목표는 근원적인 신성으로 보다 더 접근하는 데 있다고 주장한다. 유대신비주의자들은 신성, 형제애, 그리고 통일의 상태 속에 사는 것이 유대인의 의무라고 믿는다. 그들은 신

들을 조하리스트(Zoharist)라고도 한다. 유대교와 대립하던 프랑크는 교회의 반유대주의를 이용하기 위해 기독교로 개종하였으나 자신이 메시아임을 끝내 포기하지 않았으므로 교회는 정부로 하여금 그를 투옥하도록 했다. 그는 정교회(Orthodox Church)와 결합하여 처벌로부터 벗어나고자 했으나 결국 독일로 추방되어 거기서 사망하게 되었다.

사바타이와 야곱 외에도 시류에 편승해서 메시아주의를 들고 나선 사람들이 많이 있었다. 이러한 메시아주의의 특징들을 요약하면, ① 랍비의 엄격한 율법을 파기하고, ② 시골 유대인들에게 난해하며, ③ 신비적 카발라(mysterious kabbalah)를 대신했다(Bender, 1974: 21).

거짓 메시아가 들끓는 이같은 시대적 상황 속에서 악마의 세계를 지배할 수 있는 힘을 지닌 정신적 지도자들 중의 한 사람으로 등장한 인물이 엘리에저, 곧 바알 쉠 토브(Baal Shem Tov, 약칭 'Besht')였다. 그는 사람을 끄는 강력한 힘과 강렬한 종교적 열정, 그리고 슬기로운 인간적 통찰력을 지닌 자로서 특유의 온화한 성품과 다정함으로 유대인들의 마음을 사로잡았다. 그는 카발라의 가르침들을 이해할 수 있었으며, 사바타이의 메시아주의가 제기한 도전에 성공적으로 대응할 수 있는 대중적인 종교운동을 형성할 수 있었다. 그는 카발라에서 발견되는 신비사상을 이해할 수 있었으며, 그것을 윤리적 기반으로 다질 수 있었다. 다시 말해 그 시대의 종교적 격변을 이용할 수 있는 능력이 그에게 있었다.

그에 의해 주도된 하시디즘은 사람들의 메시아에 대한 열정을 충족시켜 줄 수 있었다. 하지만 그것은 사람들의 관심을 미래에 대한 관심으로부터 현재의 신과 인간에 대한 관심으로 돌려 놓는다. 하시디즘이 가르치는 바에 따르면, 구원은 현재 속에 있다는 것이다. 이러한 하시디즘은 카발라의 교리들을 취하면서 그것들을 삶과 실존을 위한 새롭

비적 가르침이 시나이산에서 모세(Moses)에게 주어졌고, 그것이 토라와 구전율법 속에 감추어져 있다고 믿었다. 신비주의 운동은 15세기 및 16세기에 번성하였으며 그 중심지는 팔레스타인의 사페드시였다. 이 운동은 하시딕운동에 영향을 주었다(Isaacson, 1979: 100).

고도 따스한 감정으로 우려내었다. 하시디즘은 그 강조점을 사색으로부터 개인의 영혼 및 그것의 정화에 대한 관심으로 바꾸었다. 즉, 그것은 일상생활의 매 순간에 있어서 신에 대한 충실함과 선행의 필요성을 강조하였다.

바알 쉠은 카발라로부터 추론한 하나의 기본적인 메시지를 유대민족에게 전달하기 위한 시도를 하였는데, 그 메시지는 '모든 개개 실존은 그 내부에 신성한 불꽃을 지닌다'는 것이다. 즉, 모든 실존은 잠재적 신성으로 가득 차 있으며 그러한 잠재성을 현실화하고 실현하는 것은 모든 인간의 책임이라고 본다(Panko, 1976: 73).

그의 가르침은 형식적 개혁이나 의식적(儀式的) 개혁에 있는 것이 아니라 보다 심오한 심리적 개혁에 있었다. 그 목표는 믿음을 변화시키는 것이 아니라 믿는 자를 변화시키는 것이었다. 그가 강조한 것은 랍비들의 형식주의와는 달리 삶에 대한 환희와 이웃에 대한 사랑이었다(Bender, 1969: 28; Bender, 1974: 21). 예수와 마찬가지로 그의 모든 가르침은 문서가 아니라 구두(口頭)였으며, 광대하고도 비교적(秘敎的)인 교리에 의해서보다는 그의 인격을 통해 전달되었다. 그의 추종자들은 '하시드(Hasids)', 즉 '경건한 자들'로 불렸다. 그런데 이들의 단순하고도 민주적인 정신은 많은 사람들에게 정신적 공감을 불러일으켜 급속히 확산되었다.

하시딕 운동의 위력과 초기 50년간의 눈부신 성장의 근본원인은 하시딕 공동체의 정신적 지도자인 짜딕에 기인했다. 짜딕의 카리스마와 신앙은 그의 추종자들인 하시딤을 매혹하고 결속시켰다. 하나의 특정한 짜딕에 속한 하시딕 공동체는 강력한 역동적 집단을 형성한다. 짜딕은 기도와 가르침으로 추종자들을 결속시킨다. 그가 기도할 때 공동체가 그의 출발점이 된다. 그는 그들의 대변자로서 그들을 위해 기도하지 않고, 그들의 신앙의 중심으로 행동한다. 그리하여 공동체의 영혼과 그의 영혼은 일체가 된다.

19세기경에 하시딕 추종자들은 동유럽 유대인들의 반수 이상을 점유했다. 그러나 바알 쉠과 훌륭한 전도사들이 사라짐에 따라 하시디즘은 점차 쇠퇴하기 시작했다.

하시딕 운동에 대한 저항 또한 만만하지 않았다. 유럽 북서지역의 유대중심지는 빌나(Vilna)⁴였는데, 이 도시의 유명한 랍비인 솔로몬(Elijah ben Solomon)은 하시딕 운동에 대해 놀라움을 금치 못하며 이에 대한 반대기수가 되었다. 그의 비판은 주로 ① 변형된 종교의식, ② 하시딕 의식(儀式)에 있어서 술의 부적절한 사용, ③ 토라의 지식에 대한 신앙의 강조, ④ 유죄선고를 받은 사바타이와 프랑크의 가르침과 유사함, 그리고 ⑤ 짜딕과 랍비 간의 국부적인 갈등문제 등이었다(Bender, 1969: 102-103).

1771년 빌나지역에 수백 명의 아이들이 목숨을 잃은 전염병이 돌았다. 이때 몇몇 유대인들은 이 비극의 원인을 캐기 위한 1772년의 위원회에서 그 원인이 하시디즘에 대한 신의 분노에 있다고 결정했다. 이에 따라 하시디즘의 추종자들은 많은 박해를 받게 되었다. 하시디즘과 빌나지역의 반대파들 간의 불협화음은 또 다른 반대파인 하스칼라가 등장할 때까지 수십 년간 계속되었다.

19세기 중엽부터 현재에 이르기까지 하시디즘은 질적 및 양적인 면에서 쇠퇴해 왔다. 하시디즘의 쇠퇴에 큰 몫을 한 것은 '짜디키즘(Zaddikism)'이었다(Bender, 1969: 107). 아이러니컬하게도 하시디즘을 강하게 만들었던 요인이 결국 하시디즘을 약하게 만드는 요인이 되었다. 사실 짜딕들은 위대한 정신적 인간들이었다. 하지만 시간이 흐름에 따라 그들은 큰 힘을 가지게 되었고, 이것이 그들로 하여금 귀족의식을 갖게 하였다. 결국 짜딕은 호사스런 사치에 빠져 살게 되었고, 그의 리더십을 인정하고 따르는 순진한 유대신도들의 믿음을 이용하였다.

---

4 현재의 리투아니아의 수도인 빌뉴스(Vilnius)이며, 옛 이름이 빌나이다.

히틀러에 의한 유대인 6백만 학살은 하시딕 운동을 거의 제거한 것이나 다름 없었다. 유대인 박해는 특히 하시디즘의 중심지인 폴란드 게토(ghetto)에 집중되었다. 따라서 하시디즘은 세계 도처에 흩어지게 되었다. 오늘날 하시딕 공동체는 미국, 이스라엘, 라틴아메리카, 서유럽 등지에 남아 있다.

2_____하시디즘의
성속관聖俗觀

하시디즘이 여타의 기성종교와 다른 차이점을 보이는 것 중의 하나가 성속(聖俗)에 대한 관점이다. 부버는 하시디즘에 관한 그의 주저『하시디즘과 현대인』(*Hasidism and Modern Man*, 1958a: 27-43)에서 이 문제를 잘 분석하고 있다. 여기서는 부버의 분석을 중심으로 하시디즘의 성속관을 살펴보기로 한다.

하시디즘에 있어서 가장 중요한 것은 개인적 실존뿐만 아니라 공동체적 실존을 유지하면서 신성한 것과 세속적인 것 간의 분리를 근본적으로 기피한다는 것이다. 반면에 대부분의 여타 종교에서는 성(聖)과 속(俗)을 근본적으로 분리하여 보고 있다. 대부분의 국가나 사회에서 종교가 확고한 성역으로 보장받는 이유가 바로 성속분리의 이중성에 기인한다.

메시아의 세계에서는 모든 것이 신성할 것이다. 하시디즘에서는 이러한 경향이 확연하다. 따라서 세속적인 것은 단지 성스러운 것의 예비 단계로 여겨질 뿐이다. 다시 말해 그것은 아직 신성화되지 않은 것이다. 그러나 인간의 삶은 본래 신성화되도록 되어 있다. 즉, 창조의 구조상 신성화되도록 되어 있다는 것이다. 하시딕 격언에서는 "인간이 하나님을 영접하는 곳에 하나님은 내재한다"라고 말한다. 인간의 신성화는 인간이 그것을 수용함에 달려 있다는 것이다. 우리 세계에 있어서 속이라고 하는 것은 초월성에 대해 폐쇄적인 것을 의미하며, 성은 초월성에 대해 개방적인 것을 의미한다. 따라서 신성화는 개방의 결과일 뿐이다.

유대교에 있어서 인간의 행위와 하나님의 은혜 간의 관계는 신비로서 보호된다. 말하자면 인간은 그 자신을 신성화하기 위하여 그 자신을 지배할 수 없다고 본다. 즉, 은혜의 현실을 망각한 채 자기 신성화나 자기 구원을 추구할 수 없다는 것이다. 하지만 인간이 피조물로서 보유해 왔던 어떤 것, 그가 몰두해야 할 어떤 것, 그로부터 기대되어야 할 어떤 것이 있는데, 그것은 '시작(the beginning)'이라고 불린다. 이런 관점에서 유대교는 히브리 성서의 첫 말(b'reshit)을 '태초에(In the beginning)'라고 설명한다. 즉, 세계는 '시작'을 위해 창조되었고, '시작'을 만들기 위해 창조되었으며, 계속적인 인간의 새로운 시작을 위해 창조되었다. 창조의 사실은 항상 새로운 선택적 상황을 의미한다. 그리고 신성화는 인간의 심연에서 시작되는 사건이며, 거기에서 선택, 결단, 시작이 일어난다. 이렇게 시작한 인간은 신성화된다. 그러나 인간은 초인간적 신성을 가장하지 않고 단지 인간으로서 시작할 때만이 이것을 할 수 있다. 따라서 삶에 있어서 성(聖)과 속(俗)의 공간 사이, 성(聖)과 속(俗)의 시간 사이, 성(聖)과 속(俗)의 행위 사이, 성(聖)과 속(俗)의 대화 사이에는 어떠한 근본적인 구분이 없다고 하시디즘은 본다. 그렇기 때문에 어떠한 장소, 어떠한 시간, 어떠한 행위, 어떠한 말에서도 신성함은 피어날 수 있다고 본다.

하시디즘은 반금욕적 성격을 지닌다. 즉, 어떠한 금욕도 요구하지 않는데, 그 이유는 모든 자연스러운 삶은 신성화될 수 있기 때문이다. 인간은 신성한 지향(holy intention)을 지니고 그러한 삶을 살 수 있다.

하시딕 가르침은 이러한 지향을 카발라 신화의 신성한 불꽃과 관련하여 설명한다. 즉, '세계-용기(世界-容器, world-vessels)들의 난파'

와 함께, 창조 이전의 시대에 창조의 범람을 견딜 수 없었기에 불꽃들 (sparks)은 만물들 속으로 빠져들었다. 그래서 이제는 인간이 만물을 신성하게 사용할 때까지, 그리고 만물 속에 감추어져 있는 불꽃들을 자유롭게 할 때까지 그것들은 만물 속에 갇혀 있다.

하시디즘의 창시자인 바알 쉠은 "인간이 소유하고 있는 모든 것은 불꽃을 감추고 있는데, 이 불꽃들은 인간의 영혼의 심연에 속해 있으며, 인간에 의해 그것들의 근원으로 복귀되기를 바란다. 그러므로 인간은 그의 도구들 및 그가 소유한 모든 것들에 대해 자비를 베풀어야 한다. 즉, 인간은 신성한 불꽃들에 대해 자비를 베풀어야 한다"고 하였다. 예컨대 먹는 음식에조차 신성한 불꽃들이 내재하고 있다. 그래서 먹는 것이 단식하는 것보다도 더 성스러울 수 있다. 다시 말해 단식은 단지 신성화를 위한 준비일 뿐이며, 먹는 것은 신성화 그 자체가 될 수 있다. 이에 관해 남정길(1977)은 다음과 같이 설명한다.

여기서 말하는 쉐키나(Shekina), 혹은 신의 불꽃(holy sparks)은 세계 속에 멎어 있으면서 세계를 위하여 고통을 당하는 참 신이다. 이와 같이 세계를 거룩하게 보는 것은 바로 세계가 신의 몸뚱이의 일부 또는 세계 속에 신이 들어 있다고 보는 관점에서이다. 그러나 세계가 신이라는 말은 결코 아니다. 신 자신이 세계를 창조한 한에 있어서 신 자신이 세계에 포함되어 살게 되는 것이다. 신 자신이 쉐키나로서 세계의 운명을 진다. 그러기에 하시디즘에 의하면 참으로 신을 동경한 사람은 세상의 모든 사물 속에서 사는 창조주의 능력과 자랑스러움만을 보게 된다. 이런 깊은 통찰과 이해가 없는 한, 신과 사물세계를 우리는 분리시켜 볼 수밖에 없을 것이다(51).

이처럼 세계 속에 신이 들어 있다고 보기 때문에 하시디즘에서는 성속의 분리가 어려워진다. 동시에 인간이 행하여야 할 위대한 과업이 확연히 드러난다. 즉, 모든 것은 인간을 통해 신성화된다는 것이다. 이런 의미에서 인간은 신과의 공조자이며, 세계와 신을 연결하는 중재자의 역할을 맡고 있다. 인간은 만물들과의 신성한 접촉을 통해 그것들속의 신성한 실재를 일깨워 주는 우주의 중재자로 위임받은 것이다.

세계의 신성화는 신을 맞이할 수 있는 인간의 태도에 달려 있다. 어떤 사람이 짜딕에게 인간의 비참함에 대해 이야기하자 슬픔에 잠겨 들고 있던 짜딕이 "신을 세계 속으로 끌어내자! 그러면 모든 것이 평온해질 것이다"라고 외쳤다. 우리는 이것을 거만한 행동주의적 표현으로 오해해서는 안된다. 이것은, '신은 신을 영접하는 곳에 머문다'라는 의미이다. 신은 세계가 신을 받아들이고자 할 때만 세계 속에 내재하고자 한다. 그래서 하시딕 랍비는 "신을 위해 신이 들어오고자 하는 거처를 준비하자"고 말한다. 우리가 그것을 준비할 때 우리는 신을 영접할 수 있다. 그러므로 세계의 신성화란 이러한 영접을 뜻한다.

이상에서 살펴본 것처럼 하시디즘에서는 여타의 종교들과 달리 성속에 대한 구분을 하지 않는다. 종교성을 강조한 인도사상은 윤리성이 약하며, 윤리성을 강조한 공맹사상(孔孟思想)은 종교성이 약하다. 하지만 하시디즘에서는 종교와 윤리가 완전 일치를 보여준다(남정길, 1977: 61). 세속적인 일상사 속에서 사랑으로 봉사하면 모든 것이 신성화된다. 그래서 하시디즘에서는 성속의 구분이 의미가 없다.

하시디즘의 성속관에 근거하여, 부버는 현대인의 위기가 성과 속의 철저한 분리에 있다고 보았다. 예컨대 현대인에게 있어서 성이라고 하는 것은 현실성이 없는 개념, 역사적·인종학적 의미가 없는 개념으로 도외시되어 왔다. 하지만 하시디즘에서는, 우리 세계의 비극이란 우리의 삶 속으로 신성함을 받아들이지 않는 데 근거한다고 하는 간단한 진리를 설정한다. 영혼은 머릿속에서 짜내어지는 것이 아니다. 즉, 그것은 영원히 존재하는 것이며, 우리의 삶은 그것을 인간의 현실 속으로 받아들일 수 있다. 인간은 인간성을 초월해서는 신성에 도달할 수 없다. 즉, 인간은 인간답게 됨으로써 신에게 접근할 수 있다. 인간답게 된다는 것은 인간이 창조되어졌다는 것이다. 바로 이것이 하시딕 삶과 하시딕 가르침의 영구불멸한 핵심인 것이다.

3_____하시디즘의
　　　　　종교적 삶

하시디즘의 종교적 삶은 구조적인 면에서 세 가지의 독특한 성격을 지니는데, 그것은 ① 지도자인 짜딕(Zaddik), ② 지도자와 공동체(Community)와의 관계, ③ 종교적 의식인 식사(Meal)이다(Bender, 1969: 100f).

첫째, 짜딕은 자신의 삶과 존재로 토라(Torah)를 구현하는 자이다.

하시디즘에서는 조직적인 체계보다는 지도자의 인격, 즉 짜딕의 인격을 중시한다. 때때로 렙베(Rebbe)라고도 불리는 하시드의 지도자로서의 짜딕은 하나님의 신비로움에 관계하는 성자(聖者)이면서 동시에 민중의 한 사람으로 민중의 고난 속에서 그들을 북돋아 주는 인격을 지닌 자이다. 그는 하나님의 신성 속에 살면서 이미 산의 정상까지 올라간 성자이면서 동시에 자신의 신비주의를 에토스(ethos)로 변화시켜 그것을 계곡 아래의 공동체로 가져오는 민중적 인간이다. 엄밀히 말해서 짜딕은 지도자라기보다 안내자이다(Panko, 1976: 75).

둘째, 이러한 짜딕의 인격이 공동체를 창조했다. 이것 또한 독특하다. 즉, 합법적으로 설립되지도 않고 지리적으로 국한되어 있지도 않은데, 하시딕 공동체는 정치적·지리적·교육적·경제적으로 다양한 배경과 이해관계를 지닌 사람들을 포용했다. 이들 각각은 짜딕에 의해 자유롭게 이끌려졌으며, 공동체의 선(善)을 위해 서로 자유롭게 상호관계하였다. 이러한 공동체에서의 관계의 성격은 형식적·도구적이라기보다는 비형식적·표현적이었다.

셋째, 하시드의 종교적 의식(儀式)인 '세번째 식사(Third Meal)'는 안식일의 마지막 식사이다.

하시드는 공동체적 체험 속에서 하나님께 가장 가까이 접근함을 느끼는데, 특히 짜딕의 식탁 주변에 모여 앉았을 때가 그러하다.[5] 가족과 친지들이 식탁에 둘러앉고 나머지 사람들은 방 주위에 둘러선다. 식사를 하면서 짜딕은 토라를 얘기한다. 즉, 각종 일화, 전설, 탈무드와 하시드의 가르침을 제시한다. 그리하여 그가 말하며 의도한 정신이 그들의 삶 속으로 들어가고, 마치 연못 속에 던진 조약돌 하나가 일으킨 원의 물결이 동심원적으로 계속 번질 수 있도록 가르침의 방향을 제시한다. 짜딕이 그의 신앙을 밝힐 때 하시딕 환희(Hasidic joy)의 실현과 구현이 공동체 속에서 저절로 느껴지며, 모든 사람은 이러한 환희의 표현으로 노래하고 춤추기 시작한다. 여기서 공동체 의식(儀式)은 절정에 달한다. 이것은 두 가지 면에서 이루어진다고 볼 수 있는데 첫째, 짜딕에 대한 카리스마적 이해를 통해서와 둘째, 공동체의 감응 속에서 의식적인 환희의 표현을 통해서이다. 이처럼 카리스마적 존재로 보이던 짜딕은 공동체의 환희의 표현과 더불어 융합된다. 즉, '두 개의 아치(arches)가 하나의 충만한 동아리(circle)로 결합된다'(Bender, 1974: 23). 이들의 노래와 춤은 유흥의 오락이 아니라 그들의 성스러운 날인 안식일 의식의 본질적 부분이며, 형제애와 하나님에 대한 갈망의 표현인 것이다. 이러한 모든 것의 결과에 대해 루빈(Rubin)은 다음과 같이 해석한다.

> 불안과 각종 문제가 논의되고, 풀어지며, 믿음이 다시 새로워지고,
> 그리하여 하시드는 평범한 세계를 다시 직면할 수 있다. … 그는 혼자

---

5 식탁이 갖는 의미는 중요하다. 즉 환희, 형제애, 그리고 공동예배를 강조하는 하시드는 하나님 속에서 공동의 체험을 즐긴다. 동시에 하나님에게로 더 가까이 다가가고자 애쓴다. 짜딕의 식탁은 경외로써 접근하는 제단으로 간주된다(Bender, 1969: 101).

가 아니다. … 그는 특히 공동체를 지니고 있으며, 그에게 힘을 주는 아버지와도 같은 짜딕의 눈길을 지니고 있다. 어쨌든 그는 난국을 극복할 수 있는 바, 그 이유는 친교와 안정의 체험 때문이다(Bender, 1969: 102에서 재인용).

이상과 같이 세 가지의 독특한 성격을 지니고 있는 것이 하시디즘이다. 이제 하시디즘의 본질에 보다 더 접근하기 위해 하시디즘의 삶과 가르침을 고찰하기로 한다.

하시드의 종교적 삶은 크게 네 가지로 요약되는데, 그것은 히틀라하부트(Hitlahavut: Ecstasy, 황홀경), 아보다(Avoda: Service, 봉사), 카바나(Kavana: Intention, 지향), 그리고 쉬프루트(Shiflut: Humility, 겸손)이다.[6]

1) 히틀라하부트(Hitlahavut)

이것은 '불타오름(inflaming)', 즉 열정적 황홀경이다. 또한 이것은 은혜의 술잔이며, 영원한 열쇠이다. 히틀라하부트로 이르는 길은 개방되어 있으며, 이 앞에서 모든 제약은 사라진다. 이때 세계는 더 이상 히틀라하부트의 장소가 아니며, 히틀라하부트가 세계의 장소이다.

히틀라하부트는 삶의 의미를 열어 놓는다. 그렇지 않고서는 천국조차도 아무런 의미나 존재가치가 없다. 만약 어떤 사람이 모든 가르침과 계율을 이행했지만 환희와 불타오름을 가져보지 못했다면, 그가 죽어서 천국에 가더라도 현세에서 황홀경을 느껴보지 못했기 때문에 천국에서도 역시 그것을 느끼지 못한다. 즉, 지상에서 황홀경을 못느낀 자는 천상에서도 그것을 못느낀다는 것이니만큼 지상에서의 황홀경이 중요함을 강조한 것이다.

---

6 이 부분에 대한 설명은 Buber(1958a)의 *Hasidism and Modern Man*의 pp. 74−125와 Buber(1969)의 *The Legend of the Baal−Shem*의 pp. 17−50을 참조함.

히틀라하부트는 모든 장소 및 시간에서 나타날 수 있다. 매 시간은 그것의 발판이며, 각 행위는 그것의 옥좌(玉座)이다. 어떠한 것도 그것에 대항하여 맞설 수 없으며, 어떠한 것도 그것을 억누를 수 없다. 즉, 어떠한 것도 그것의 힘에 맞서 그 자신을 방어할 수 없으며, 그 힘은 모든 물질적인 것을 정신적인 것으로 고양시킨다. 그 속에 있는 자는 신성(神性) 속에 있는 것이다. "그는 그의 입으로 하찮은 말을 할 수 있다. 하지만 하나님의 가르침이 이때 그의 심장 속에 있다; 그는 낮은 소리로 기도할 수 있지만 그의 심장은 그의 가슴 속에서 외친다; 그는 사람들의 공동체 속에 앉아 있을 수 있지만 하나님과 함께 걷고 있다; 세계로부터 고립된 피조물들과 교제하면서 말이다." 이처럼 각각의 사물과 행위는 신성화된다. 인간이 하나님에게 애착을 가질 때 그는 그의 입이 말하고자 하는 바를 말하도록 허락할 수 있으며, 그의 귀가 듣고자 하는 바를 듣도록 허락할 수 있으며, 사물들을 그것들의 보다 근본적인 핵심과 결합시킬 것이다. 그러므로 만약 누군가가 진실로 말하고, 진실로 수용한다면, 한 마디의 말로 충분히 전 세계를 고양시키고 전 세계를 죄악으로부터 정화시킬 수 있다고 본다.

황홀경 속에 있는 자에게는 습관적이고 일상적인 것도 항상 새롭게 보인다. 예컨대 한 짜딕이 이른 아침 햇살을 받으며 창가에 서서 전율하며 외쳤다. "몇 시간 전에 밤이었으나 이제는 낮이다. 하나님이 밤을 밝히신 것이다!" 그는 또한 말하기를, "모든 피조물은 조물주 앞에서 부끄러워해야 한다; 만약 그가 완전하다면 그는 매 시간, 매 순간마다 피조물의 부활로 인해 놀라고, 깨어나고, 불타 올라야 할 것이다." 이처럼 우리는 한 계단 한 계단 하나님에게로 나아가야 한다. 그러므로 하나님을 발견한다는 것은 끝이 없는 길을 발견한다는 것이다.

하시딤은 이러한 이미지의 길 속에서 '도래(到來)할 세계'를 보았으며, 그러한 세계를 결코 내세(혹은 저승)라고 부르지 않았다. 즉, 오늘의 천국은 내일의 현세라고 보았기에 각 세계가 전보다도 더욱더 순수하고 아름다우며 의미심장하게 보이는 것이다.

자연, 시간, 사상을 초월한 자가 곧 황홀경에 있는 자이다. 황홀경의 인간은 삶을 지배한다. 그리고 그의 영역 속으로 침투하는 어떠한 외적 사건도 그의 영감을 흐트러뜨릴 수 없다. 황홀경에 있어서 과거와 미래의 모든 것은 현재에 접근한다. 그리고 성스러운 인간의 수중에서 존재는 베일이 벗겨지며, 갈망하는 자의 영혼은 외면을 넘어서 내면을 본다. 따라서 진실로 하나님을 갈망하고 받드는 자는 세계의 모든 것 속에서 살아 숨쉬는 창조주의 권능과 긍지만을 보게 된다. 그러나 이러한 계단 위에 서 있지 않은 자는 모든 것을 하나님으로부터 분리된 것으로 본다.

이처럼 히틀라하부트는 모든 제약을 초월한 지상의 삶이다. 그것은 영혼을 모든 것에로 확대한다. 또한 그것은 모든 것을 무(無)에 이르기까지 좁힌다. 하시딕 성자는 그것에 대해 "천상과 지상의 창조는 무(無)로부터 유(有)의 표명이며, 고차원적인 것의 저차원적인 것으로의 하강이다. 그러나 존재로부터 자기 자신을 분리시키고 항상 신에게 충실하는 신성한 인간들은 창조 이전의 무(無)에서처럼 진실로 신을 보고, 이해한다. 그들은 유를 무로 되돌린다. 그런데 아래에 있는 것을 고양시키는 것은 더욱더 경이롭다. 그리고 최후의 경이는 최초의 경이보다도 더 위대하다"고 말한다.

2) 아보다(Avoda)

히틀라하부트는 시간과 공간을 초월한 하나님의 포장지이며, 아보다는 시간과 공간 속에서의 하나님에 대한 봉사(섬김)이다. 즉, 전자는 신비로운 식사(mystic meal)이며, 후자는 신비로운 봉납(mystic offering)이다. 이 둘은 신성한 인간의 삶이 진동하는 양극단이다. 전자는 하나님의 심장에 놓여 있기 때문에 침묵하지만, 후자는 "나는 무엇이며, 나의 피와 정열을 봉납하려는 나의 삶은 무엇인가?"라고 말한다. 하나님의 발견은 하나님의 추구로부터 흘러나오듯이 히틀라하부트는 아보다로부터 흘러나온다. 따라서 하나님은 추구되기를 원하기 때문에 발견되기를 원할 수밖에 없다.

세계의 초기에 카오스를 다스리듯이 하나님은 인간을 다스린다. 세계가 열리기 시작했을 때처럼 세계가 제각기 제멋대로 움직인다면 그것은 더 이상 근원으로 귀향할 수 없다는 것으로 판단되기에 하나님은 "이제 그만!"이라고 말씀하셨다. 즉, 고통받는 인간의 영혼이 무방향성으로 방황하고, 세계 속에서 악이 너무 강성하여 세계가 더 이상 귀향할 수 없게 될 때 하나님의 긍휼은 잠을 깨고 "이제 그만!"이라고 말씀하신다.

그런데 인간도 역시 제멋대로 움직이는 자기 내면세계에 대해 "이제 그만!"이라고 말할 수 있다. 인간이 그 자신을 가다듬어 하나가 될 때, 하나님과의 하나됨으로 접근하게 된다. 즉, 그의 하나님을 섬기게 되는데 이것이 '아보다'이다. 하나님을 위한 봉사에 어떤 특별한 행동이 있는 것이 아니다. 인간은 모든 행위─말하고, 듣고, 보고, 누워 있고, 먹고 하는 등등의 모든 행위─를 통해 하나님에게 봉사할 수 있으며, 하나님은 또한 인간이 모든 방법으로 당신을 섬기기를 바란다.

하나님을 섬기는 하나의 예를 사랑을 통해 살펴보자. 사랑의 유형에는 두 가지가 있는데, 그것은 은밀한 사랑과 개방된 사랑이다. 은밀한 사랑의 예는 부인에 대한 남편의 사랑을 들 수 있다. 이러한 사랑은 보는 사람이 없는 곳에서 은밀하게 표현되어야 한다. 왜냐하면 그것은 다른 사람들로부터 격리된 곳에서만 그 자체를 실현할 수 있기 때문이다. 반면에 개방된 사랑의 예는 형제 자매 및 자녀들에 대한 사랑을 들 수 있다. 이러한 사랑은 어떠한 은닉도 필요로 하지 않는다.

이러한 두 가지의 예와 마찬가지로 하나님에 대한 사랑에도 두 가지 유형이 있다.

첫째, 가르침과 기도 그리고 계율의 실현을 통한 사랑이다. 이러한 사랑은 사람을 영화와 자만으로 유혹하지 않도록 조용하고 은밀히 완성되어야 한다.

둘째, 인간이 피조물들과 교제할 때의 사랑으로, 이 경우 인간은 피조물들과 더불어 말하고 들으며 무엇인가를 주고받는다. 그럼에도 불구하고 인간은 하나님에게 충실하면서 하나님 생각하기를 멈추지 않는다. 그래서 이러한 사랑은 첫 번째 사랑보다도 더 높은 계단이다. 즉, 하나님에게 더 근접해 있다.

이처럼 우리는 모든 피조물들과 더불어 모든 방법으로 하나님을 섬기고 사랑할 수 있다.

하나님은, 창조된 세계와 그것의 행위로 인해 이중성에 빠지게 되었다. 즉, 하나님의 본질인 엘로힘(Elohim)은 피조물들로부터 떨어져 있으며, 하나님의 현존인 쉐키나(Shekina)는 배회하고, 방황하고, 흩어져 있는 사물들 속에 머물고 있다. 단지 구원만이 영원 속에서 이들을 다시 결합할 수 있을 것이다. 그러나 인간의 정신(human spirit)은 봉사를 통해 쉐키나를 그 근원으로 돌아가게끔 할 수 있다. 이것이 봉사의 의미이다. 이런 점에서 세계구원은 인간을 통해서 일어날 수 있다고 하시딤은 믿는다.

아보다가 히틀라하부트와 다른 것 중의 하나는 때때로 다른 사람과 더불어 하나님을 섬긴다고 하는 사실이다. 어떤 짜딕은 기도에 관해 다음과 같이 말했다. "나는 나 자신을 이스라엘 전체와 묶고 나보다도 위대한 자들과 묶음으로써 그들을 통해 나의 사고를 높이게 되며, 나보다도 못한 자들과 묶음으로써 그들을 통해 나의 사고를 높이게 되며, 나보다도 못한 자들과 묶음으로써 그들이 나를 통해 고양되게 한다." 바로 이것이 공동체의 신비이다. 즉, 낮은 것은 높은 것을 필요로 할뿐만 아니라 높은 것도 낮은 것을 필요로 한다.

여기서 황홀경의 상태와 봉사의 상태 간의 차이를 알 수 있다. 히틀라하부트는 개인적인 길이기 때문에 인간공동체가 없다. 그러나 봉사

(섬김)는 여러 영혼들의 결합에 대해 개방적이다. 영혼들은 보다 더 위대한 통일과 힘을 위해 서로 결속한다. 이처럼 단지 공동체만이 이행할 수 있는 봉사가 있다. 바알쉠의 비유를 통해 공동체가 이행할 수 있는 봉사의 예를 들어보기로 하자.

> 몇 사람이 높은 나무 밑에 서 있었다. 그런데 그들 중의 한 사람만 앞을 볼 수 있었다. 그는 나무꼭대기에 매우 아름다운 새가 한 마리 앉아 있는 것을 보았다. 하지만 다른 사람들은 그 새를 볼 수 없었다. 그는 그 새를 잡고 싶은 열망에 사로잡혔다. 그러나 나무가 너무 높았기 때문에 그것은 그의 능력 밖의 일이었다. 그렇다고 해서 주위에 사다리가 있는 것도 아니었다. 그의 강렬한 열망은 결국 하나의 방법을 발견하게 했다. 그는 사람들을 불러모아 서로의 어깨를 타고 한 사람씩 올라서게 했다. 그리고는 그들의 어깨를 타고 올라가 나무 꼭대기에 앉아 있는 새를 잡았다. 다른 사람들은 비록 그를 도와주었지만, 새를 알지도 못했고 보지도 못했다. 그러나 새를 알았고 새를 보았던 그는 그들의 도움 없이는 나무 꼭대기에 도달할 수가 없었다. 게다가 그들 중의 맨 밑에 있었던 사람이 자신의 자리를 이탈했거나 쓰러졌다면 그 위에 올라타고 있던 사람들이 모두 땅바닥으로 떨어졌을 것이다 (Buber, 1958a: 91-92).

이것은 영혼의 결속을 의미하며, 공동체만이 이행할 수 있는 봉사의 형태를 잘 보여주고 있다.

3) 카바나(Kavana)

카바나는 목표지향적인 영혼의 신비이다. 카바나는 의지(will)가 아니라 지향(intention)이다. 이처럼 카바나는 목표를 의미하는데, 이 목표는 다양한 목표가 아니라 단지 특정의 목표일 뿐이며 그 유일의 목표는 구원이다.

쉐키나가 유랑으로부터 귀향하는 것, 이것이 구원이다. 즉, 하나님의 영광으로 모든 껍데기를 벗고, 스스로를 정화시키며, 완전한 통일성 속에서 스스로를 그 주인과 결합시키는 것이다. 따라서 카바나는 개개 인간 속에 거주하는 하나님의 영광의 서광이며, 구원을 의미하는 하나님의 영광의 서광이다.

모든 인간들은 배회하는 영혼들의 거처이다. 배회하는 영혼들은 많은 피조물들 속에 거주하고 있으며, 완성을 위해 여러 형태로 노력한다. 그러나 스스로를 정화할 수 없는 영혼들은 '혼돈의 세계' 속에 갇혀 있으며, 구원의 시간을 기다리면서 그들의 집을 호수, 돌멩이, 식물, 동물 등에 짓는다. 영혼들뿐만 아니라 영혼의 불꽃들도 도처에 갇혀 있다. 어떠한 것도 불꽃들 없이 존재하지 않는다. 즉, 그것들은 존재하는 모든 것 속에 살아 있다. 그리고 그 각각의 형태는 불꽃들이 갇혀 있는 감옥이다. 그래서 피조물들 속에 웅크리고 있는 불꽃들은 자유를 바라면서 기다린다. 어떠한 자유도 이것보다 더 위대할 수 없다.

따라서 카바나의 의미와 사명은 인간들로 하여금 타락한 영혼들을 고양시키고 갇혀진 영혼들을 해방시키도록 하는 것이다. 이처럼 인간은 재림자를 기다리는 것뿐만 아니라, 세계의 구원을 위해 활동할 수 있다. 즉, 인간은 자신의 모든 행동을 통해 은닉되어 있는 하나님의 영광을 형상화할 수 있다. 신성함 속에서 행동하는 자를 통해 타락한 불꽃들 (sparks)[7]은 소생되며, 타락한 세계들이 구원되고 부활된다.[8] 예컨대, 인

---

7 Sparks: 카발라(Kabbalah)에 의하면, 우리 세계의 창조 이전에 신성한 천광(天光)이 폭발하였고, 그 '불꽃들'(sparks)이 우리 세계의 사물 빛 피조물들의 '껍데기들'을 채우면서 하층의 심연 속에서 빠져 들었다고 한다(Buber, 1947: 335; Buber, 1948: 336).
하나님이 세계를 창조할 때 모든 것을 분열시켜 놓았으나, 불꽃들은 세계의 모든 것들 속에 남게 되었다. 즉, 만물 속에 불꽃들이 내재하게 되었다(Buber, 1966c: 83).

8 하시디즘에서는 세계구원이 인간을 통해서 가능하다고 본다. 인간이 매일매일 만나는 사물과 존재로부터 '불꽃'을 정화하여 그 근원으로 되돌아가게 할 수 있다는 것이다. '불꽃'에 대한 봉사는 인간의

간은 소나 말과 같은 피조물들과 각종 도구, 음식, 논과 밭 등과 같은 대상들을 지니고 있다. 인간이 이들을 신성하게 기르고, 경작하고, 즐기는 한 그는 그것들의 영혼들을 자유롭게 하는 것이다. 이러한 이유로 인간은 그의 도구들과 그의 모든 소유물들에게 항상 자비를 베풀어야 한다.

그러나 영혼 그 자체 속에도 해방을 필요로 하는 것들이 나타난다. 이러한 것들의 대부분은 일찍이 이러한 영혼의 죄악으로 인해 타락했던 불꽃들이다. 그것들은 종종 기도하는 사람에게 다가와 사고를 혼란시키고 겉도는 것들이다. 이것 또한 인간에 의해서 소생되고 구원되기를 희구한다. 즉, 불꽃은 그에게 속해 있으며, 그것은 그의 영혼의 뿌리와 유사하다. 이 불꽃을 구원하는 것이 바로 그의 능력이다. 혼란스런 사고를 재정돈할 때, 편향적인 충동을 신성한 창조적 충동으로 전환시킬 때, 그리고 겉도는 모든 것을 신성한 자아정체성 속으로 가라앉게 할 수 있을 때, 그는 불꽃들을 구원하는 것이다.

이것은 수용적인 카바나이다. 즉, 주변의 사물들 속에 있는 불꽃들과 보이지 않는 것으로부터 접근하는 불꽃들을 인간이 구원하는 것이다. 그러나 또 다른 카바나가 있는데, 그것은 수여적인 카바나이다. 이것은 구원의 손길을 기다리는 길 잃은 영혼들과는 관계가 없다. 즉, 이것은 세계들을 결속시키며, 신비스런 것들을 통치하고, 그 자신을 무한하게 내어 준다. 이것 또한 어떤 기적적인 행위를 필요로 하지 않는다.

아보다가 하시딕 삶의 기본 원리인 히틀라하부트 속으로 흘러들어 오듯이 카바나도 역시 히틀라하부트 속으로 흘러들어 온다. 왜냐하면 창조하는 것이란 창조되는 것을 의미하기 때문이다. 즉, 신성(神性)은

일상생활에서 나타난다. 즉, 세속적인 일 속에서 그것을 달성할 수 있다. 예컨대, 우리가 입고 있는 옷, 우리가 기르고 있는 동물 등의 속−즉, 모든 것 속−에는 구원을 갈망하는 감추어진 불꽃들이 있다. 우리가 선의지(善意志), 사려 깊음, 믿음 등을 가지면 그것들을 구원할 수 있다(Buber, 1966c: 83).

우리를 움직이면서 극복하기 때문이다. 그리고 창조되는 것은 황홀경이다. 절대자의 무(the Nothing of the Absolute) 속으로 빠지는 자만이 정신을 형성하는 손길을 얻는다. 이처럼 계란이 소멸하여 병아리가 되고, 씨앗은 그것이 땅 속으로 떨어져 썩은 후에야 싹이 튼다. 이것이 곧 계시 없는 사고, 즉 지혜라는 것이다. 만약 인간이 새로운 창조가 그에게서 일어나기를 바란다면, 그는 그의 모든 잠재력을 동원하여 무(無)의 상태가 되어야만 한다. 그래야 하나님이 그에게 새로운 창조를 싹트게 한다. 그리하여 그는 고갈되지 않는 샘처럼 되며, 멈추지 않는 시냇물처럼 된다.

이와 같이 카바나의 하시딕 가르침은 이중적이다. 왜냐하면, 외적인 것의 내면화인 즐거움이 신성함 속에서 일어나야만 하며, 내적인 것의 외면화인 창조가 신성함 속에서 일어나야만 하기 때문이다. 따라서 신성한 창조와 신성한 즐거움을 통해 세계의 구원이 성취된다. 이처럼 세계의 구원을 지향하는 영혼의 신비, 바로 이것이 카바나이다.

4) 쉬프루트(Shiflut)

"하나님은 똑같은 일을 결코 두 번 하지 않는다"라고 랍비 나흐만(Nachman)은 말했다. 존재하는 것은 유일하며 단지 한 번 생겨날 뿐이다. 각 사물은 다른 시대에 다시 나타나지만, 그것은 변화된 것이다. 그 어떠한 것도 처음과 동일하게 창조될 수 없다. 왜냐하면 사물들은 단지 한 번 생겨나기 때문이다. 인간도 역시 지울 수 없는 독특성을 지닌다. 이러한 독특성은 인간에게 주어진 본질적 선(善)이다. 인간의 독특성이 더욱더 순수해지고 완성될 수 있다는 바로 이것이 복귀의 의미이다. 근원으로 복귀한 자는 새로운 삶 속에서 마음이 흐트러지지 않고 괴로움을 받지 않는 상황을 견지한다. 왜냐하면 순수한 독특성과 순수한 완성은 하나이기 때문이다. 이러한 자는 완전히 개별화된 자이며, 어떠한 타자성도 더 이상 그를 지배하지 못한다. 다시 말해 그는 이미 여행을 끝내고 구원되었으며, 하나님의 품 속에 있는 것이다.

많은 사람들이 랍비 조차이(Simeon ben Jochai)처럼 행동했으나 그 결과는 좋지 않았다. 왜냐하면 그들은 그 랍비와 꼭같은 특성을 지니지도 않았으면서 단지 그의 행동적 특성만을 보고 따라했기 때문이었다. 그러므로 자신을 완전하게 하려고 하는 자는 단지 자기 자신만의 방법을 통해서만 할 수 있을 뿐이다.

인간이 외로운 열정으로 하나님을 추구하기는 하지만, 오직 공동체만이 실현할 수 있는 고도의 봉사가 있다. 그리고 인간은 일상의 행동들을 통해 많은 일들을 수행하고 있지만, 혼자서 수행할 수 없고 세계나 사물들을 필요로 하는 일도 있다. 그래서 인간의 독특성은 타인들과의 공존적 삶 속에 있음을 우리는 알 수 있다. 사실 인간이 독특하면 독특할수록 더 많은 것을 타인들에게 줄 수 있다.

이처럼 인간이 가지는 독특성의 공존적 성격은 인간의 부분성을 밝혀 주고 있으며, 바로 이러한 것이 겸손의 신비인 것이다. 즉, 개개 인간이 타락된 세계를 구원하지만, 개인은 전체가 아니라 부분이다. 따라서 인간이 더욱더 순수해지고 완전해질수록 그만큼 더 충심으로 자기 자신이 부분임을 알게 되며 실존적 공동체를 보다 더 적극적으로 분발시킨다. 이것이 겸손의 신비이다.

모든 인간은 자신을 지배하는 빛을 지니고 있다. 그래서 두 사람의 영혼이 만날 때 그 두 빛은 서로 결합하여 하나의 빛으로 나아간다. 이것이 곧 발생(generation)이라고 불리는 것이다. 이러한 맥락에서 바다와 같은 우주의 발생(universal generation)을 느끼고 파도와 같은 자기 자신을 느끼는 것, 이것이 곧 겸손의 신비이다. 그러나 자기 자신을 너무 꺾어버리고, 인간이 자신의 말과 행동으로 세계에 대해 충만한 축복을 내릴 수 있다는 것을 망각하는 것은 겸손이 아니다. 이런 것을 순수하지 못한 겸손이라고 한다. 따라서 인간의 가장 큰 죄악은 그가 신의 아들임을 망각할 때이다. 타인을 자기 자신처럼 느끼고, 자기 자신을 타인 속에서 느끼는 자야말로 진정으로 겸손한 자이다.

반면에 교만이란 자기 자신을 타인과 비교하는 것을 의미한다. 따라서 교만한 자는 그 자신을 아는 자가 아니라 그 자신을 타인과 비교하는 자이다.[9] 자기 자신을 타자보다 더 높이 평가하는 자, 그리고 측정하고 저울질하는 자는 그렇게 한 만큼 더욱더 공허해지고 비현실적으로 된다. 교만으로 충만해 있는 자의 내부에는 하나님이 들어앉을 여지가 없다. 하지만 겸손한 자는 '끌어당기는 힘'이 있다. 어떤 사람이 자기 자신을 다른 사람들보다도 위에 있다거나 앞에 있다고 생각하는 한, 그는 한계(limit)를 지닌다. 그래서 하나님은 당신의 신성함을 그에게 쏟아 줄 수가 없다. 왜냐하면, 하나님은 무한성(without limit)이기 때문이다. 하지만 어떤 인간이 무(無) 속에 있는 것처럼 그 자신 속에 있을 때 그는 다른 것에 의해 제한받지 않는다. 즉, 그는 무한하며, 하나님은 그에게 하나님의 영광을 쏟아 준다.

　　겸손한 자는 존재들과 더불어 살아가며, 각 존재의 태도와 덕(德)을 알고 있다. 그에게 있어서는 어떠한 자도 '타인'이 아니기 때문에, 누구나 잠재된 가치를 지니고 있음을 내면으로부터 알고 있다. 즉, 각 인간은 다른 사람이 지니지 않은 매우 귀중한 보물을 저마다 지니고 있다는 것이다. 따라서 각 인간은 타인이 갖지 못한, 귀중한 숨은 가치를 저마다 가지고 있기 때문에 서로를 존중하고, 사랑하고, 도와주어야 한다. 그러기에 겸손한 자는 '사랑하는 자'이며 '도와주는 자'[10]이다. 행동의 목표를 자기 자신에게 두지 않는 자가 겸손한 자이며, 이러한 대표적 인물이 바로 모세(Moses)이다.

---

9 어느 짜딕의 비유: "만약 오늘 메시아가 나타나서 말하기를, '너는 다른 사람들보다 더 낫다'라고 말한다면, 나는 그에게 '당신은 메시아가 아니오'라고 말할 것이다"(Buber, 1958a: 114).

10 서로서로 돕는 것은 과업이 아니라 과정의 문제이며, 하시딤의 공동체적 삶이 구축되는 실재이다. 그러므로 도움(help)은 덕이 아니라 실존의 요체인 것이다(Buber, 1958a: 120).

4_____하시디즘의
         가르침

앞서 기술한 네 가지가 하시디즘의 삶을 이루는 기본 골격이 된다. 그러면 유대정신사의 주요한 부분을 형성하는 하시디즘의 가르침은 무엇인가? 이에 대한 대답에 앞서 유대정신사를 잠시 살펴볼 필요가 있다. 왜냐하면 하시디즘이 유대정신사의 주요 부분을 차지하고 있는 것은 사실이지만 그것 또한 유대정신사의 한 부류에 속하기 때문이다.

유대정신사의 근원은 성서의 오경(五經: 창세기, 출애굽기, 레위기, 민수기, 신명기)인 토라(Torah)이다. 계율에 관한 랍비의 주석들의 모음집을 탈무드(Talmud)라 한다. 보다 더 직접적인 랍비의 의견들(미쉬나, Mishina)은 행위규칙들(할라카, Halakha), 전설(하가다, Haggadah), 탈무드의 적용, 그리고 탈무드로부터 도출된 각종 결론들로 이루어진다. 그리하여 마침내 가장 나중의 랍비 주석서(게마라, Gemara)에 이른다. 이러한 흐름은 보다 직접적인 관심 영역인 유대신비전통(카발라, Kabbalah)[11] 속으로 스며든다. 하시디즘의 중심개념은 이 카발라를 배경으로 하고 있다(Bender, 1969: 109). 이것을 일목요연하게 그림으로 정리하면 다음과 같다.

---

11 부버는 그노시스(gnosis)와 하시디즘과 카발라의 차이를 구분한다(남정길, 1977: 45-46). 즉, 하시디즘은 그노시스적 이원론을 배격하기 때문에 현존재를 부패시키는 본체도 신과 화해할 수 있다고 본다. 다시 말해 반항적인 그 어떤 것도 신적인 통일성 속에 포함하는 것이 카발라이다. 하지만 카발라는 비교적(秘敎的) 특징을 지니며, 말도 안되는 것을 감추어 둔 채 그의 깊은 뜻은 특정한 학자나 비의(秘義)를 배운 자에게만 개시하는 데 반해, 하시디즘은 모든 깊은 뜻이 만인에게 타당하며, 지식인을 위해서 보유된 것, 무지한 자에게 주어지지 않는 것은 산 진리가 될 수 없다고 본다.

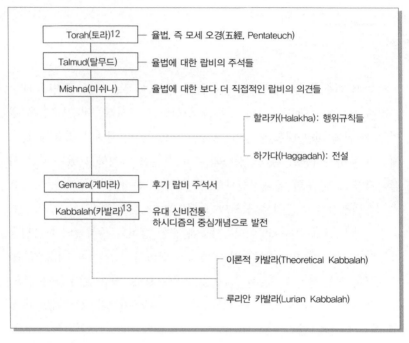

```
Torah(토라)12 ─── 율법, 즉 모세 오경(五經, Pentateuch)

Talmud(탈무드) ─── 율법에 대한 랍비의 주석들

Mishna(미쉬나) ─── 율법에 대한 보다 더 직접적인 랍비의 의견들

                              ┌── 할라카(Halakha) : 행위규칙들

                              └── 하가다(Haggadah) : 전설

Gemara(게마라) ─── 후기 랍비 주석서

Kabbalah(카발라)13 ─── 유대 신비전통
                        하시디즘의 중심개념으로 발전

                              ┌── 이론적 카발라(Theoretical Kabbalah)

                              └── 루리안 카발라(Lurian Kabbalah)
```

▲ 유대 정신사

　　이처럼 하시디즘의 정신은 율법과 카발라의 히브리 전통을 종합한 것으로, 율법의 전통인 유대교의 제의적 산물과 종교적 지식의 전통인 카발라에 그 근원을 두고 있다(南正吉, 1977: 44-45). 즉, 하시디즘의 중심개념은 중세의 이론적 카발라와 16세기 사페드(Safed)에서 전개된 루리안 카발라를 통해 도출될 수 있을 뿐만 아니라, 그것을 통해서만 이해될 수 있다(Friedman, 1976: 17).

---

12 히브리어 구약성서는 39권으로 되어 있는데 그 중에 한 단위로 취급되어야 할 것이 있다. 즉, 성서의 첫머리에 있는 책이 그것인데 이 책들은 예수 그리스도 이후 2세기부터 "펜타토이코스 비블로스(pentateuchos biblos)", 즉 다섯 두루마리를 담은 주머니인데 유대인들은 토라의 5분의 5로서 지칭하기도 했다. 이 호칭은 5경이 여러 가지 자료의 종결로써 하나의 전체가 되고 또 이 전체가 어쩌다가 용량이 거의 비슷한 다섯 부분으로 나누어지게 되었음을 익히 보여준다. 현재 있는 대로의 구분보다 덜 작위적(作爲的)인 5경의 논리적 구분은 대략 다음과 같았을 것으로 보인다(Jacob. 1979:

그러면 하시디즘의 중심개념 형성에 큰 영향을 미친 카발라의 두 전통을 살펴보기로 하자(Bender, 1969: 109-116).

1) 이론적 카발라

신비주의란 상징을 통하거나 초월한, 개인과 하나님 간의 직접적인 친교를 뜻한다. 그것은 앎이다. 하지만 하나님과의 정신적 통일로 인도하는 '체험적 앎'이다. 각각의 종교는 서로 다른 상징들을 사용하기 때문에 차이가 있지만, 기본적인 신비의 체험은 동일하다고 본다.

유대 신비주의는 카발라이다. 즉, 카발라는 유대정신 속에서 신비적 통일로 인도하는 그러한 상징들을 발전시킨다. 이론적 카발라는 신비적 직관설(gnoticism)과 신지학(theosophy)[14]의 성격을 지닌 비교적(秘敎的)인 가르침을 표명하고 있다. 하지만 그것은 또한 인간주의적이라고

42-43).

① 창세기 1-11장: 세계와 모든 민족의 기원

② 창세기 12-50장: 선조들과 이스라엘 역사의 기초

③ 출애굽기 1-18장: 이집트 체재와 탈출에 의한 그 종말

④ 출애굽기 19장-민수기 10장 10절: 이스라엘의 시나이 방황

⑤ 민수기 10장 10절-신명기 34장: 시나이로부터 약속의 땅 입구에 이르기까지의 이스라엘의 행진

13 카발라의 문자적 뜻은 'What has been received through tradition', 'Knowledge to be transmitted only by word of mouth'이며, 고대의 신비주의에서 내려온 것이기 때문에 gnosis와 같은 근원에서 성장하였으며, 결국은 유대의 신비주의 신학으로 발전하였다(6C-18C). 카발라의 원천은 옛 유대교의 내부에 있지만 실제로는 7C경에 신플라톤주의, 신피타고라스주의돌, 조로아스터교 등에 의해서 영향을 받았으며, 중요한 문서로는 13C에 스페인계의 유대인 레온(Moses de Leon, 1250-1305)에 의해서 편집된 조하르(Zohar)서와 그후에 팔레스타인의 사페드(Safed)에서 전개된 루리아(Isaak Luria, 1534-1572)에 의한 그의 해석서가 유명하다. 루리아의 해석의 특징은 메시아의 내림을 촉진하는 실천적 지침을 제시한 점이다. 그의 내면적 의미가 퇴색하여 미신적·주술적인 것으로 전락한 면이 없지 않으나 하시디즘은 특히 후기 카발라 사상의 영향을 크게 받았다(南正吉, 1977: 44에서 재인용).

14 theosophy(神知學)은 theos(God)와 sophia(wisdom)의 합성어로 '신 또는 신성한 것에 관한 지혜'를 뜻한다.

할 수 있는데, 그 이유는 그것이 인간의 세계와 그 속에서 활동하시는 하나님의 신비적 활동에 관계하기 때문이다. 동시에 그것은 모든 인간에 근본이 되는 의미를 부여하기 위해 토라의 말씀과 사건들의 심층을 탐구한다. 신비적 지식이 순수하면 순수할수록, 그리고 거의 완전하면 완전할수록 모든 인류에게 공통된 지식의 본체에 더욱더 접근하게 된다.

카발라의 가르침은 초월적 하나님(En Sof)으로부터 시작한다. 초월적 하나님은 10개의 발산물(Sefiroth)을 내뿜는다(p. 91 그림 참조). 이러한 발산물들이 하나님으로부터 빠져 나올 때, 그것들의 정교한 균형을 상실했다. 예컨대 심판이 사랑보다 더 큰 비중을 갖게 되었다. 그런데 원상회복이 되면 사랑이 심판보다 더 큰 비중을 갖게 될 것이다. 이같은 부단한 재조정은 하나님의 흡입과 발산으로 묘사된다. 이러한 균형의 상실이 세계 속에서의 악의 근본이다. 하나님의 발산물들은 우주의 정신적 측면이다. 따라서 이것들 없이는 결코 창조가 있을 수 없다고 본다. 카발라가 창조에 전념하는 이유는, 창조의 단계를 아는 것이 모든 실존의 근본으로 돌아가는 인간 자신의 복귀의 단계를 안다는 것과 동일하다고 보기 때문이다.

하나님으로부터 나온 발산물 중에서 가장 최종적인 것이 쉐키나이다. 이것은 유랑하고 있는 중이다. 우리의 삶의 목적은 발산물과 하나님과의 재통일(Yihud), 특히 쉐키나와 하나님과의 재통일에 있다. 이러한 통일이야말로 인간의 주요 과업이다. '하나님과 결합하려는 인간의 노력(devekuth)'은 내적지향(Kavana)에 의해 달성될 수 있다. 통일로 복귀하는 데 있어서 인간은 하나님과 공조자이다.

다음의 다이아그램은 신성현시(神性顯示: divine manifestation)의 10가지 영역의 상호관련된 패턴을 보여준다. 하나의 발산물은 그 다음(수직선)을 이끌어 들인다. 상실된 균형(lost balance; evil)은 맞은 편의 발산물들(수평선) 사이에서 스스로를 복귀시키고자 계속적으로 애쓴다. 대체

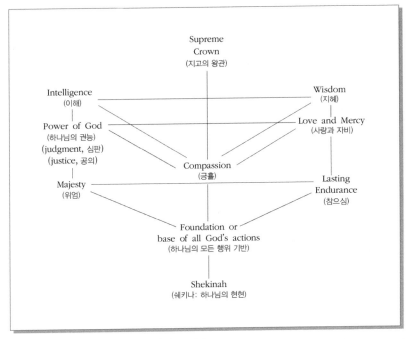

Supreme
Crown
(지고의 왕관)

Intelligence
(이해)

Power of God
(하나님의 권능)
(judgment, 심판)
(justice, 공의)

Majesty
(위엄)

Wisdom
(지혜)

Love and Mercy
(사랑과 자비)

Compassion
(긍휼)

Lasting
Endurance
(참으심)

Foundation or
base of all God's actions
(하나님의 모든 행위 기반)

Shekinah
(쉐키나: 하나님의 현현)

▲ 전통적 카발라에 따른 하나님의 발산물들

로 이러한 발산물들이 우주의 정신적 측면을 구성한다. 따라서 이것들
없이는 창조가 있을 수 없다고 본다.

2) 루리안 카발라

16세기 팔레스타인의 사페드(Safed)에서 카발릭 연구에 대한 부흥
운동이 일어났다. 이 운동의 주도자인 루리아(Isaac Luria)는 그의 활동의
근거를 이론적 카발라에 두었다. 그러나 그는 거기에다가 신플라톤적
요소와 그노시스적 요소를 가미하였다. 그는 토라의 상징인 추방과 구
원에 대한 신비적 해석을 발전시켰다. 유대박해로부터 해방되고자 염원
했던 당시의 상황에서 메시아에 대한 강조는 큰 호응을 얻었다. 그래서
루리안 카발라는 사바타이의 거짓 메시아주의의 종교적 기반이 되었다.

특히 루리안 카발라는 이론적 카발라의 체계 속에서 발견된 몇가지 기본개념을 발전시켰다. 즉, 하나님의 무한성과 하나님과 별개인 피조물의 유한성 간에 직면하게 되는 어떤 모순이 발생하면 하나님은 의도적으로 당신 자신을 움츠릴 것이라고 루리아는 생각했다. 이리하여 하나님이 움츠림으로써, 마치 태양이 빛을 발산하듯이 하나님은 공백상태의 피조물 속으로 당신의 영광을 발산한다. 이것이 움츠림(Zimzum, withdrawal), 즉 하나님의 자기 제한의 개념이며, 이러한 발산물들이 창조의 기반을 형성한다. 이미 이론적 카발라에서 설명한 것처럼, 하나님이 움츠려듦으로써 당신은 용기(容器, Kelim, vessel) 안에 있는 피조물 속으로 당신의 영광을 발산하셨다. 하지만 루리아에 의하면, 하나님의 영광이 너무나 봉쇄되어서 발산과정 중에 용기들이 터졌다(Sheviroth hakelim, vessels burst). 그리고 신성한 불꽃(divine sparks)들이 쏟아져 나와 피조물 속으로 흘러들었으며, 그것들은 물질계의 어두운 껍데기들(Kelipot, darks hells) 속에 둘러싸여 갇히게 되었다.

이리하여 조화로운 신성이 붕괴되었다. 즉, 쉐키나는 추방되었다. 따라서 구원이라고 하는 것은 본래의 통일체로의 복귀 혹은 재통합을 뜻한다. 이것이 이론적 카발라의 통일(Yihud, unification)인데, 이러한 통일로 복귀시킬 수 있는 것은 인간의 책임이라는 것을 강조한다.

루리아에 의하면, 모든 것은 인간의 내적 지향(Kavana)에 의존하는데 그 중에서 제일 중요한 것은 기도라고 본다. 신비주의자는 강렬한 내적 집중을 통해 기도말씀의 감추어진 정신에 이르고자 애쓴다. 그가 이러한 지향, 즉 카바나를 성취할 때 불꽃들은 껍데기로부터 해방되어 하나님과 재결합된다. 바로 이것을 가능하게 하는 것이 인간의 '지향'이다.

이상에서 살펴본 것처럼, 하시디즘은 카발라와 별개의 것으로 출발한 것이 아니라 윤리적 변형을 한 것이다(Bender, 1969: 116). 물론 중요한 차이도 보이긴 하지만 근본적으로 하시디즘의 교리는 카발리즘(Kabbalism)이다. 따라서 하시디즘은 성자(聖者)를 위한 종교가 아니고 보통사람을 위한 종교이다. 그렇기 때문에 하시디즘의 가르침은 단순하며, 짜딕의 삶과 우화를 통해 표현된다. 그리고 전통적인 랍비와는 달리 짜딕은 토라가 되었다. 즉, 토라는 짜딕의 지식이 아니라 짜딕의 인격에 종교적 가치를 부여하는 짜딕의 삶인 것이다. 다시 말해 짜딕은 토라의 살아 있는 화신인 것이다.

하시디즘은 이론이 아니라 내적 부흥이며, 지적 체계가 아니라 삶의 방식이다. 따라서 그 강조점은 '신지학적 – 신비적 직관설'(theosophic – gnostic)로부터 '심리학적 – 신비주의'(psychological – mysticism)로 옮겨졌다. 그러면서 인간에게 종교적 삶의 방향을 제시하는 데 그 관심을 두었다. 이에 따라 각각의 하시드는 자기 자신의 특수한 삶의 환경 속에서 하나님과 결합하고자 하며, 자기 자신 특유의 내적 길을 따른다. 그래서 하시디즘에서는 실로 다양한 가르침이 존재할 수밖에 없다.

하시디즘이 카발라의 문자적 해석으로부터 은유적 해석으로 그 양상을 바꿈에 따라 원형과는 다른 다양하고도 이질적인 가르침들이 생겨났다. 하나님의 움츠림에 대한 카발라의 가르침에도 불구하고 하시디즘은 만물 속에 깃든 하나님의 내재를 재확립하였다. 하나님이 세계 속에 내재한다고 보는 하시디즘은 범신론(pantheism)이 아니라 만유재신론(panentheism)이다(Friedman, 1976: 20). 세계는 하나님과 가장 가까운 관계에 있다. 사실상 세계는 하나님의 옷이다. 그래서 하나님은 외부적 현상의 배후에 있는 당신의 현존을 조금씩 드러내기 위해 인간들을 인도한다(Friedman, 1976: 20). 즉, 하나님은 재통일되기를 기다리고 있다.

인간은 카바나와 더불어 만물의 근본인 하나님의 현존을 인식하면서 살게 된다. 그래서 하나님과 관계하고 세계와 관계하는 종교와 윤리학은 하나가 된다. 바로 여기에서 종교와 윤리가 일치하는 하시디즘의 특성을 우리는 보게 된다.

하시디즘에 있어서 메시아주의는 중요한 문제이다. 짜딕들은 메시아에 대한 강조점들을 능란하게 변화시켰는 바, 그것은 내재하는 종말론적 메시아에 대한 기대로부터 직접적이고도 조그만 '구원들'에 의해 메시아를 준비하려고 하는 현재의 희망과 노력에로의 변화이다. 이러한 변화는 메시아보다도 현세의 직접적인 상황을 더 강조한 것이다. 따라서 하나님에 대한 쉐키나를 복귀시키고, 불꽃들을 구원하는 것은 각자가 특수한 삶의 상황 속에서 행하여야 할 인간의 과업이다. 이 과업은 하나님의 현존에 대한 내면적 의식과 근본적인 복귀노력에 대한 전적인 헌신으로 행해져야 한다. 이러한 방식으로 인간은 홀로 메시아의 도래를 촉진시킬 수 있다.

세계 내의 하나님에 대한 인지와 체험은 하시드에게 환희를 가져다 주었다. 환희의 반대인 절망은 죄악보다도 더 나쁘다. 왜냐하면 "절망은 죄악의 힘 속에서 인간 자신을 믿도록 유도하며, 죄악에 굴복하도록 하기 때문이다"(Friedman, 1976: 22). 따라서 하시드들은 루리안식의 금욕주의와 참회를 위한 참회를 거부하였다. 그들은 지고한 환희의 표현 속에서 하나님을 발견하고자 했으며, 특히 전인에 대한 육감적 환희조차도 그 속에서 발견하고자 했다. 이처럼 환희에 대한 하시드의 강조는 만물 속에 있는 하나님의 현존에 대한 지식으로부터 온다. 이러한 환희는 두 가지 성격을 지닌다. 즉, 외부세계에 대한 즐거운 수용과 외적인 것들의 배후에 감추어진 세계 속으로의 즐거운 침투가 그것이다. 완전한 환희 속에서 영혼과 육체는 하나가 된다. 그러므로 이것은 극단의 금욕과 방탕 모두를 배제한다.

하시디즘의 가르침은 한 마디로 요약된다. 즉, 우리는 모든 것을 통해서 하나님을 볼 수 있으며 순수한 행위를 통해 하나님에게 접근할 수 있다(Buber, 1958a: 49). 그러나 이러한 관점이 앞에서 언급했던 바와 같이 범신론적 세계관을 의미하는 것은 아니다.

하시딕 가르침에 있어서 세계 전체는 하나님의 입으로부터 나온 말씀에 불과하다. 그럼에도 불구하고 세계에서 가장 하찮은 것도 그 나름의 가치를 지니는데, 하나님은 그것을 통해 진실로 당신을 찾는 사람에게 자신을 드러낸다. 왜냐하면 어떠한 것도 신성한 불꽃 없이는 존재할 수 없기 때문이다. 각 개인은 매순간 이 불꽃을 드러내어 되찾을 수 있으며, 아무리 하찮은 행동일지라도 순수하게 행하기만 하면 모든 행동을 통해 완전히 하나님을 향해 몰두할 수 있게 된다.

인간의 구원은 자기 자신을 세속적인 것으로부터 멀리 격리시켜 놓는 데 있는 것이 아니라 그것을 신성화하는 데에 있다. 즉, 자신의 활동, 음식, 가정 및 사회의 구조 등을 신성화하는 데에 있다. 말하자면 모든 피조물에 대한 하나님의 위대한 사랑을 인간이 깊이 간직하는 데에 있다는 것이다. 그러기에 하시디즘은 위대한 민중 공동체의 사회형태를 취한다(Buber, 1958a: 50). 그것은 은둔자들의 모임이라거나 선택된 자들의 조합이 아니라 누구나 참여하는 민중공동체이다. 여기에서는 믿음과 활동 간에, 진리와 검증 간에, 도덕과 정치 간에 어떠한 분리도 있을 수 없다. 즉, 모든 것이 하나의 왕국이며, 하나의 영혼이며, 하나의 현실일 뿐이다.

이상에서 유대정신사의 흐름과 그 속에서의 하시디즘의 위치와 의미를 살펴보았다. 그러면 유대정신사의 주요한 부분을 형성하는 하시디즘의 가르침이 무엇인지에 대해 부버가 강조한 내용을 분석해 보기로 하자.

부버는 하시디즘의 가르침을 여섯 가지로 정리하면서, 그 가르침은 인간이 따라야 할 길임을 강조하는데 그것들은 다음과 같다(Buber, 1958a: 126-178; Buber, 1966c: 9-41).

첫째, 자기 자신의 마음을 살펴보라(heart-searching)는 것이다.

전지전능한 하나님이 아담에게 "너는 어디에 있느냐?"라고 물을 때, 일견 모순적 질문인 것 같다. 그러나 하나님은 몰라서 묻는 것이 아니다. 이 물음은 "너의 세계 속에서 너는 어디에 있느냐?", 즉 "너는 너의 세계 속에서 어디쯤 와 있느냐?"라고 하는 물음이다. 이때 하나님이 찾는 아담이란 곧 인간을 의미한다. 즉, "너 자신이 곧 아담이고, '너는 어디에 있느냐'고 하나님이 묻는 사람은 바로 너"라는 것이다. 따라서 이 물음은 성서 속에서의 아담의 처지뿐만 아니라 모든 때 모든 곳에서의 인간의 처지를 조명해 주고 있다. 즉, 아담의 상황은 인간의 상황이고, 이러한 실존적 물음을 통해 인간을 각성시키며 인간의 무책임한 삶을 성찰(省察)하게 한다. 다시 말해 인간에게 그가 빠져 있는 곤경을 보여주고 그것으로부터 탈피할 수 있는 위대한 의지를 갖도록 그를 각성시키는 것이다.

아담은 자신의 생활방식에 대한 책임에서 벗어나기 위해, 그리고 책임 있는 답변을 피하기 위해 자기 자신을 감추려 한다. 모든 인간도 이러한 이유로 스스로를 숨긴다. 즉, 자신의 삶에 대한 책임에서 벗어나려고 자신의 실존을 은닉시킨다. 인간은 하나님의 눈에서 벗어날 수 없으나, 하나님으로부터 애써 숨으려 하면서 자기 자신으로부터 숨으려는 것이다. 따라서 전술한 물음은 인간을 각성시키고, 인간의 은닉을 깨뜨리도록 하게 한다. 즉, 인간에게 그가 빠져있는 곤경을 보여주고, 그것으로부터 탈피할 수 있는 위대한 의지를 갖도록 각성시키는 것이다.

인간이 앞의 물음을 들을 때 그의 마음은 떨 수 있다. 그러나 그의 은닉이 다소나마 이 두려움을 떨치게 할 수 있다. 왜냐하면 그 물음은 인간의 실존 그 자체를 위협하는 천둥소리처럼 들려오는 것이 아니라 '늘 조그만 소리'로 들려오기 때문에 묵살하기가 쉽다. 이 소리에 직면하지 않는 한, 인간의 삶은 길이 없을 것이다. 즉, 무방향성의 딜레마에 인간이 빠지게 된다는 것이다. 따라서 이 소리에 직면하고 곤궁에 빠진 자신을 인정하면서 "나는 숨었습니다"라고 솔직히 고백해야 한다. 바로 이것이 인간의 길의 시작이다. 이 결정적인 내적 성찰(內的 省察), 즉 마음살핌이 인간의 삶의 길의 시작이다. 그것은 인간다운 길의 거듭남인 것이다.

그러나 내적 성찰은 그것이 길을 인도해 주는 경우에 한해서 본래적 의미를 지닌다. 왜냐하면 자학, 절망, 곤궁으로 이끄는 부질없는 내적 성찰의 유형도 있기 때문이다. 예컨대 하나님의 물음 및 진리의 물음을 가장한 악마의 물음 내지는 사이비 물음이 있다. 이러한 물음의 특징은 "너는 어디에 있느냐?"에 멈추지 않고 계속해서 "네가 지금 와 있는 곳에서부터는 어떤 출구도 없다"라고 몰아부친다. 이것은 나쁜 유형의 내적 성찰이다. 즉, 방향을 전환하여 다른 길을 찾도록 하는 것이 아니라 방향전환 자체가 불가능한 것으로 몰아부쳐 결국 사악한 오만 속에서 살게끔 하는 것이다.

둘째, 자기 자신의 독특한 길(particular way)을 지니라는 것이다.

우리는 남들이 행하는 섬김(service)을 존중하고 또한 그것으로부터 배워야 하지만 그것을 모방하지는 말아야 한다. 우리가 달성하고자 하는 것은 우리 자신의 노력에 의해 성취될 때 참된 가치를 지니는 것이다. 어떤 사람이 짜딕에게 "하나님을 섬기는 보편적인 길을 하나 가르쳐 주십시오"라고 말하자, 짜딕은 "사람들이 어떠한 길을 택해야 한다고 말하는 것은 불가능하다. 왜냐하면 배움을 통해서 하나님을 섬길 수도 있고, 먹는 것을 통해 하나님을 섬길 수도 있고, 기도를 통해 하나님을 섬길 수도 있고, 단식을 통해 하나님을 섬길 수도 있기 때문이다. 따라서 각자 자기의 마음이 어느 길로 끌리는지를 신중히 관찰하여 그의 온 힘을 다해 그 길을 선택해야 할 것이다"라고 답변했다. 따라서 우리 조상들이 각자의 특성에 따라 새로운 유형의 봉사방법들(사랑의 봉사, 정의의 봉사 등)을 추구했듯이 우리 각자는 가르침이나 섬김에 있어서 아직 행해진 바가 없는 어떤 새로운 것을 고안해야 할 것이다.

인간들은 본질적으로 서로 다르다. 랍비 수샤(Susya)는 임종 직전에 다음과 같이 말했다. "내세에서 나는 '너는 왜 모세(Moses)가 아니었느냐?'라고 질문받지 않고, '너는 왜 수샤가 아니었느냐?'라고 질문받을 것이다." 여기서 우리가 알 수 있는 것은 인간들은 서로가 본질적으로 다르다고 하는 사실이며, 그러기에 인간들을 획일화하지 않는다는 사실이다.

따라서 인간들이 하나님에게 접근하지만 각자 서로 다른 접근을 한다. 이런 의미에서 어떤 짜딕은 "한 가지 방법으로만 섬김을 받는 하나님은 하나님이 아니다"라고 말한다. 이처럼 인간이 하나님에게 도달할 수 있는 독특하고도 다양한 길들이 있다. 하나님은 "이 길은 나에게로 인도하지만 저 길은 그렇지 않다"라고 말하지 않는다. 대신 "네가 나에게 향하는 방식으로 일을 행한다면 그것이 무엇이든 간에 나에게 이르는 길에 놓여 있는 것이다"라고 말한다. 바알 쉠은 "인간은 각자 자기가 서 있는 '자리'에 맞게 행동해야 한다. 만약 자기 자신의 '자리'를 포기하고 남의 '자리'를 차지한다면, 그는 아무 것도 실현하지 못할 것이다"라고 말했다. 이처럼 인간이 하나님에게 도달할 수 있는 길은 그 자신의 존재에 대한 인식, 그 자신의 본질적 자질과 성향에 대한 인식을 통해서만 그에게 계시된다.

인간은 저마다 어느 누구도 지니고 있지 않은 귀중한 그 무엇을 자기 속에 지니고 있다. 이 귀중한 그 무엇은 인간이 자신의 가장 강한 감정, 자신의 가장 핵심적인 소망, 자신의 마음 가장 깊숙한 곳을 휘젓는 것 등을 진실로 알아차릴 때 그에게 계시된다. 바로 여기에서 인류의 위대한 가능성이 발견된다. 다시 말해 인류의 위대한 가능성은 바로 인간들의 상이성, 즉 자질과 성향에 있어서의 상이성에 있다.

이 세계에 태어난 모든 사람은 결코 이전에 존재한 적이 없었던, 근원적이고도 독특한 존재이다. 말하자면 각 개인은 세계 속에서 독특한 특성을 지닌 유일한 존재이다. 만약 그와 꼭 같은 존재가 과거에 있었다면, 그가 존재해야 할 아무런 이유가 없다. 따라서 모든 개개인은 세계 속의 새로운 존재이며, 세계 속에서 각자의 독특성을 실현하도록 요청받고 있다. 바로 이것이 진실로 행해지지 않는 것이 메시아의 도래가 늦어지는 이유라고 본다. 따라서 모든 인간의 최우선적 과업은 과거에도 없었고 미래에도 없을 유일무이한 잠재가능성, 즉 독특성을 실현하는 것이다.

셋째, 자기 자신의 존재를 통일하라는 것이다.

'잡동사니 조각(patch work)'의 반대는 '시종일관된 일(all of a piece)', 즉 분열이 아니라 통일이다. 그렇다면 우리는 '시종일관된 일'을 어떻게 성취할 수 있는가? 그것을 가능하게 하는 것은 오로지 통일된 영혼뿐이다. 우리가 어떤 일을 행하든 시종일관되게 할 수 있으려면 통일된 영혼을 지녀야 한다. 사람들의 근심과 불안은 각자의 영혼의 근심과 불안에서 비롯된다. 즉, 영혼의 불안함이 행동의 불안함으로 나타난다는 것이다. 그러나 복잡하게 분열되고 자기당착적인 영혼을 지닌 사람일지라도 자신의 영혼을 통일할 수 있다고 하는 것이 선각자의 가르침이다. 즉, 영혼의 핵심, 영혼의 심연에 있는 신성한 힘이 영혼에 작용하여 그것을 변화시킬 수 있으며, 갈등적인 여러 힘들을 함께 결합하고 분열적인 여러 요인들을 융합시킬 수 있다. 다시 말해 영혼을 통일할 수 있다는 것이다. 이러한 통일은 사람이 어떤 일을 행하기 이전에 이루어져야만 한다. 왜냐하면 통일된 영혼으로만이 시종일관되게 일을 할 수 있기 때문이다.

영혼의 통일이 의미하는 바는, '영혼'만을 의미하는 것이 아니라 정신과 육체를 함께 포함하는 전인(全人)을 의미한다. 육체의 모든 힘과 육체의 모든 수족이 통일되지 않으면 영혼이 통일되지 않는다. 바알 쉠은 "너의 손이 찾아 행하는 일이면 그것이 무엇이든지 너의 전력을 다하여 행하라"라고 가르치는데, 이는 사람이 행하는 일은 모든 수족을 동원하여 행해야 한다는 것이다. 즉, 사람의 전존재가 거기에 참여해야 한다는 것이다. 이같이 정신과 육체가 통일된 자, 즉 통일된 영혼을 지닌 자야말로 시종일관되게 일을 할 수 있는 자이다.

넷째, 자기 자신으로부터 시작하라는 것이다.

우리의 외적인 삶의 문제는 내적인 삶의 문제로부터 기인한다. 바알 쉠은 다음과 같이 말했다 "생각(thought), 말(speech), 그리고 행동(action)이 있다. 생각은 부인에 해당되고, 말은 자식들에 해당되고, 행동은 하인들에 해당된다. 이 세 가지 모두에 대해 자기 자신을 똑바로 세우는 자만이 모든 것을 잘 이룰 것이다(155)." 즉, 모든 것은 자기 자신에게 달려 있다는 것이다. 이 이야기는 우리 삶의 가장 심오하고도 어려운 문제들 중의 하나를 언급하고 있는 바, 그것은 사람과 사람 간의 갈등의 원천이 바로 자기 자신으로부터 비롯된다는 것이다.[15] 바알 쉠에 의하면, 결정적인 내면의 갈등이란 인간의 존재와 삶에 있어서의 세 가지 원리들 간의 갈등인 바, 그것은 생각의 원리, 말의 원리, 행동의 원리 간의 갈등이라는 것이다. 나와 동료들 간의 모든 갈등의 원인은, 내가 뜻하는 바를 말하지 않고 내가 말하는 바를 행하지 않는 데서 기인한다.

갈등상황이란 우리 자신의 모순과 거짓으로부터 유발된다. 따라서 모든 것은 자기 자신에게 달려 있다는 결정적인 각성과 자기 자신을 확립하겠다는 결정적 결단이 필연적으로 요청된다. 우리는 본연의 자아를 찾아야 하며, 세계와의 관계 속에 있는 보다 심오한 인격적 자아를 찾아야 한다. 그러기에 우리가 던져야 할 진정한 물음은 "도대체 나는 어디에 있는가?"이다. 오늘날의 우리는 돈도 찾고, 명예도 찾고, 권력도 찾았지만 가장 중요한 자기 자신을 찾지 못하고 있다. 바로 이것이 무방향성의 딜레마에 빠져 있는 현대인의 모습이며, 자아를 상실한 현대인의 모습이다.

다섯째, 자기 자신에 사로잡히지 말라는 것이다.

---

15 이러한 하시딕 가르침은 두 가지 면에서 심리학과 차이를 보인다(Buber, 1958a: 156-158).

① 근본적인 차이점: 하시딕 가르침은 특별한 심리적 병증에 관계하지 않고 인간을 전체로서 직시한다. 하시딕 개념에 따르면, 전체는 부분적 요소 및 과정에 의해서 파악될 수 없으며 모든 것은 전체를 전체로서 파악해야만 성취될 수 있다는 것이다.

② 실제적 차이점: 하시디즘에서는 인간을 조사의 대상으로 취급하지 않고, "자기 자신을 똑바로 확립하는 것"을 요청한다. 인간이 우선적으로 깨달아야 할 것은 자신과 타인들 간의 갈등 상황이 오로지 자기 자신의 영혼 속에서의 갈등 상황이 낳은 결과라는 것이다. 인간은 이러한 내면적 갈등을 극복하도록 노력해야 하며, 그리하여 마침내 그의 동료들과 새롭고도 변화된 관계를 형성할 수 있는 것이다.

지금까지 전술한 가르침은 자기 자신에 관한 가르침이었는데 여기
서는 자기 자신을 잊어버리라고 말한다. 이것은 상반되는 듯 하지만 사
실은 그렇지가 않다. 즉, "무엇 때문에?"라는 물음을 던져 보면 그 이유
가 드러난다. 나는 무엇 때문에 나의 독특한 길을 선택해야 되는가? 나
는 무엇 때문에 나의 존재를 통일해야 되는가? 그 대답은 나 자신을 위
해서가 아니라는 것이다. 바로 이런 이유 때문에 전술한 하시딕 가르침
이 나 자신으로부터 '시작'하라는 것이다. 즉, 나 자신으로부터 시작하라
는 것이지 나 자신에게서 끝나라는 것이 아니며, 자기 자신으로부터 출
발하되 자기 자신을 목표로 하라는 것이 아니며, 자기 자신을 이해하되
자기 자신에 사로잡히지 말라는 것이다.[16]

　　엘리에저는, "우리는 우리가 행한 잘못을 걱정하고 그것을 뉘우치
는 데 정신력을 소모하는 것보다는 세계와의 적극적 관계에 정신력을
소모하는 것이 바람직하다. 왜냐하면 우리는 우리 자신에게 사로잡히지
말고 세계에 사로잡혀야 하기 때문이다"라고 갈파했다. 이처럼 하시디
즘이 가장 단호하게 배척하는 것이 자기지향(self-intending)이다.

　　여섯째, 우리가 서 있는 바로 여기를 살피라는 것이다.

　　우리는 항상 결핍감을 느끼면서 무엇인가를 찾으려고 애쓴다. 그래
서 세계의 구석구석과 마음의 어느 구석을 찾아 헤매지만 오직 우리가
서 있는 곳과 우리가 놓여져 있는 곳-내세가 아니라 현세-은 제쳐두

---

16 랍비 멘델(Rabbi Mendel)도 우리 인간에게 세 가지를 요구하는 중에서 이에 관해 언급하고 있다
　　(Buber, 1958a: 167).
　　첫째, 자기 자신의 바깥을 몰래 보지 마라.
　　　　사람은 누구나 자기 자신의 영혼을 그 나름의 독특성과 그 나름의 위치에서 보존하고 신성화
　　　　해야지 타인들의 독특성과 위치를 부러워해서는 안된다는 것이다.
　　둘째, 타인들의 내부를 몰래 보지 마라.
　　　　사람은 누구나 그의 동료의 영혼의 비밀을 존중해야 하며, 뻔뻔스러운 호기심으로 그것을 침
　　　　해하거나 허를 찔러 이용하지 말아야 한다.
　　셋째, 자기 자신을 목표로 하지 마라.
　　　　우리 모두는 관계에 있어서 자기 자신을 목표로 설정하지 않도록 해야 한다.

고 있다. 그러나 우리가 보물을 발견할 수 있는 곳은 다름 아닌 바로 그곳, 즉 우리가 서 있는 곳이다. 내가 자연스럽게 느끼는 환경, 나의 운명으로 부여된 상황, 나에게 매일 일어나는 일들, 매일매일 나를 요구하는 일들 등이 나의 본질적 과업이며 나에게 열려 있는 실존적 실현을 포함하고 있는 것이다.

우리의 삶 속에서 우리가 만나는 존재와 사물은 모두 다 숨겨진 의미를 지니고 있다고 바알 쉠은 가르친다. 우리와 함께 사는 사람들, 우리의 농사일을 도와주는 동물들, 우리가 경작하는 땅, 우리가 만든 용구들, 우리가 사용하는 도구들 등 이 모든 것들이 신비스러운 영적 본질을 지니고 있으며, 그것들은 순수한 형태, 즉 완성을 위해 우리의 도움을 기다린다. 따라서 우리는 영적 본질을 중시해야 하며, 사람 및 사물들과의 일정한 관계형성을 통해서만이 진정한 실존, 성취된 실존을 맛볼 수 있다. 이처럼 '지금 그리고 여기'에서 모든 것을 신성한 지향으로써 행한다면, 비록 그것이 세속적일지라도 내세의 삶 못지 않게 중요하며 동시에 하나님과도 연결된다고 보는 것이다.

하나님은 인간이 당신을 받아들일 것을 허락할 뿐만 아니라 인간의 손에 당신 자신을 맡기는데, 바로 이것이 하나님의 은혜인 것이다. 또한 하나님은 이 세계에 오기를 원한다. 그러나 하나님은 인간을 통해서 이 세계에 오고자 한다. 이것이 우리의 실존적 신비이며, 인류의 초인적 운명이다. 따라서 인간의 궁극적 목적은 하나님을 영접하는 것이다.[17] 그런데 우리가 하나님을 영접할 수 있는 곳은 우리가 실제로 서 있고, 살아 있고, 진정한 삶을 영위하고 있는 바로 이곳, 여기인 것이다. 세계와 신성한 교제를 하고 피조물의 영적 본질의 구현을 돕는다면, 바로 우리가 서 있는 자리에서 하나님의 현존의 거처를 확립하는 것이 된다.

인간은 '지금 그리고 여기'에서 하나님께 봉사할 수 있다. 그리고

---

17 어떤 사람이 "하나님의 거처는 어디입니까?"라고 묻자 랍비는 "인간이 하나님을 영접하는 곳은 모두 하나님의 거처이다"라고 답변하였다(Buber, 1958a: 176).

삶의 의미는 적극적인 봉사 속에서만 실현될 수 있다. 하시디즘이 인간에게 가르치는 바는 ① 자기 자신을 발견하고, ② 자신의 내면의 소리에 귀 기울여야 하고, ③ 결단을 해야 하고, ④ 흐트러진 자기 자신을 추스려야 하고, ⑤ 하나님의 전체성의 이미지에 따라 전인이 되어야 한다는 것이다(Kohn, 1938: 177). 이처럼 인간은 세계 속에서 하나님의 뜻을 실현할 수 있다. 동시에 인간은 하나님 앞에서 세계의 신성화를 위해 책임을 져야 한다.

부버가 하시디즘을 통해 우리에게 보여주고자 한 바는, 인간이 일상생활을 통해 하나님의 뜻을 실현할 수 있다고 하는 것이며 바로 이것이 삶의 목적이 되어야 한다는 것이었다. 즉, 그것은 일상생활의 모든 것을 신성화하는 것이다. 이같은 견해를 부버는 "하나님의 신성을 발견할 수 있는 존재의 사다리계단은 언제, 어디에서라도 발견할 수 있다"(Buber, 1962: 서문)라고 함축적으로 표현했다. 일상생활을 충실히 하고, 그것에 대한 진정한 관심과 사랑이 종교의 외면적 형식보다도 더 중요하다고 하시디즘은 가르친다. 이것과 관련된 하시딕 설화 한 토막을 예로 들어 봄이 좋을 듯하다.

　　욤 키푸르(Yom Kippur: 속죄일)[18]의 저녁 기도시간(Kol Nidre)에
　　모든 하시드들이 랍비를 기다리면서 예배당에 모여 있었다. 그런데 시
　　작시간이 지났는데도 랍비는 오지 않았다. 그때 하시드들 중의 한 여
　　자가 "나는 시간에 맞추어 급히 달려 왔는데, 집에는 어린애만 혼자

---

18 욤 키푸르(속죄일, The Day of the Atonement): 성경달력 7월 10일로 9일 저녁부터 10일 저녁까지를 속죄일로 지내는데, 이 하루 동안은 아무 일도 하지 않고 하나님 앞에 속죄하는 뜻으로 스스로 괴롭게 한다(레 23: 26–32). 이 절기에는 일 년간의 잘못을 회개하고 금식하며 아무 노동도 하지 않고, 성경은 요나서를 읽는다.
사도행전 27: 9에 '금식하는 절기'는 이 속죄일로 양력 9–10월이며 이때부터 우기가 시작되기에 비바람과 파도가 높아진다. 지난 1973년 10월에 이스라엘에 있었던 전쟁은 속죄일에 일어났기에 욤 키푸르 전쟁이라고 한다(박수자, 1986: 88).

있어요. 아이가 깨었는지 지금 집에 좀 갔다 와야겠어요. 잠깐이면 다녀올 수 있어요"라고 말했다. 그 여자는 집으로 달려가 현관에서 귀를 기울였다. 하지만 집안은 조용했다.

그녀는 살며시 문을 열고 들어가 보았다. 그런데 랍비가 그녀의 아이를 팔에 안고 서 있었다. 그 랍비는 예배당으로 가는 길에 어린아이의 울음소리를 듣고 집으로 들어가 우는 아이가 잠들 때까지 같이 놀면서 노래를 불러 주었다(Buber, 1948: 87).

이처럼 하시디즘에서는 종교의 외면적 형식보다는 일상생활의 충실, 관심, 사랑을 강조한다.

이상에서 하시디즘의 생성배경 및 하시디즘의 삶과 가르침을 살펴보았다. 요컨대 하시디즘의 근본이념은 모든 사물 및 피조물들을 신성한 것으로 보며, 그 가르침은 '하나님의 세계를 사랑하는 것'(Buber, 1958a: 179)에 있다. 따라서 하시디즘은 세계 속에서의 적극적인 봉사를 요구한다. 즉, 하시디즘의 표현을 따른다면, 하나님의 영광이 모든 사물과 존재 속에 불꽃으로 감추어져 있기 때문에 하나님의 세계를 사랑해야 한다는 것이다. 그런데 이러한 불꽃들을 드러내어 그것들의 근원으로 복귀하게 하는 것이 인간의 과업이다.

이처럼 세계는 인간에게 내어 맡겨져 있으며, 그것을 구원하는 것은 인간의 책임이자 과업이다. 그래서 인간은 세계와 하나님 사이를 이어주는 교량역할을 한다. 이런 의미에서 바알 쉠은 "인간은 자기 자신을 지상에 놓여진 사다리, 즉 꼭대기가 천상에 놓여 있는 사다리로 생각해야 하며, 인간의 모든 제스처와 행위 그리고 말들은 더 높은 세계로 이르게 하는 계단들이라고 생각해야 한다(Kohn, 1938: 175)"고 말했던 것이다.

5_____하시디즘의
영향과 평가

하시디즘이 부버에게 미친 영향은 어떠하며, 부버의 하시디즘 해석에 대한 평가는 어떠한가?

부버는 하시디즘을 통해 참된 삶의 의미와 진정한 인간공동체를 발견하였다. 즉, 방황하는 현대인들과 타락하는 세계가 나아가야 할 참된 방향을 하시디즘을 통해 발견한 것이다. 이러한 하시디즘은 지적 체계가 아니라 삶의 방식이며, 이를 통해 종교적 삶의 방향을 제시하였다.

부버가 하시디즘 속에서 깨달은 두 가지 전통은 ① 세계의 바깥에서 하나님을 찾는 전통과 ② 세계 속에서 하나님을 찾는 전통, 즉 '일상생활의 신성화'이다(Bender, 1974: 24). 부버가 하시디즘의 영혼력으로 생각했던 것이 바로 후자의 전통이었다. 즉, 인간이 당면한 모든 순간은 만약 하시드가 그 속에서 하나님의 숨은 현존을 자각하거나 그의 전인격으로 그것을 만나기만 하면, 그 순간이 곧 구원의 순간이라는 것이다.

이런 의미에서 하시디즘은 여타 종교와 다른 각도에서 높이 평가받기도 한다. 그래서 부버는 "종교적으로 별 업적이 없던 시대에 잘 알려져 있지도 않은 폴란드 및 우크라이나 지역의 유대인들이 정신사적인 측면에서 가장 위대한 일을 해냈으며, 그것은 예술계나 사상계 그리고 종교계의 빼어난 천재가 해낸 업적보다도 더 훌륭한 것이다"(Panko, 1976: 71-72)라고 하시디즘을 높이 평가하였으며, 더브노우(Simon Dubnow)는 하시디즘 운동을 "특히 동부유대인의 사회생활에 가장 중요한 영향을 미친 정신혁명"(Bender, 1969: 88)이라고 평가하였던 것이다.

하시디즘의 가르침은 단순하며, 그것은 짜딕의 삶과 우화를 통해서 이루어진다. 엄밀히 말해서 하시딕 가르침들은 이론으로 구체화될 수 없고, 짜딕들의 삶과 행위에 관한 여러 이야기들을 통해 발견될 수 있다. 물론 짜딕들이 제자들에게 강의도 하긴 하지만 그것은 제자들을 그들 곁에 살도록 함으로써 그들의 행위와 습관들을 관찰하게 하기 위함이다. 그래서 짜딕은 "내가 말하는 삶, 즉 모범적 삶은 사상보다도 더 강력한 것임을 입증했다. 따라서 가르침은 그러한 삶의 주석에 지나지 않는다"(Buber, 1958a: 34)라고 말한다.

숄렘(Gershom Scholem)은 하시디즘의 가르침에 대해, "인격이 교리를 대신하며, 합리주의에서 상실한 것을 획득하게 해 준다"고 하면서, 이 점을 명료히 지적하는 하시딕 설화 한 토막을 상기시킨다.

> 나는 토라를 배우기 위해 매기드(Maggid, 전도사)에게 간 것이 아니라, 그가 그의 구두끈을 매는 것을 보기 위해 그에게 갔다(Bender, 1969: 117).

이처럼 하시디즘은 삶 그 자체를 강조하며 가르침을 강요하지 않는다. 바로 이러한 하시디즘의 삶과 가르침이 부버 철학과 교육론의 모태가 되었으며, 하시디즘에 토대를 둔 그의 사상은 실제로 여러 학문 분야에 큰 영향을 미치게 되었다.

우리는 부버사상의 근저에 면면히 흐르고 있는 하시디즘을 곳곳에서 느낄 수 있다. 부버연구의 전문가인 프리드만(Friedman, 1976: 27)은 초기의 1900년부터 철학적 성숙의 면모를 보이는 1922년까지의 부버의 사상적 발전과정을 ① 초기의 신비주의, ② 중기의 실존주의, 그리고 ③ 말기의 대화철학으로 분류하였다. 남정길(1977: 65-73)은 프리드만의 분류를 바탕으로 각 발전단계에서 나타나는 하시디즘의 영향을 다음과 같이 평가하였다.

우선 초기 신비주의의 경우 하시디즘의 영향을 살펴보자. 부버에게 있어서 「만남」의 의미는 현실적으로 세계를 통해서만 실현된다고 보기 때문에 세계부정의 신비주의와 다르고, 또한 버그만(Hugo Bergman)이 지적하였듯이 합리주의가 할 수 없는 영역을 말하였기 때문에 신비주의이다. 바로 여기에서 보듯이 부버의 신비주의 사상은 하시디즘의 신비주의적 사상과 거의 일치하고 있음을 엿볼 수 있다.

부버사상의 초기 형성과정은 당시의 신비주의 사조의 부흥과 무관하지가 않다. 즉, 그 당시의 신비주의의 부흥은 첫째, 지식의 점진적 특수화와 결정론에 대한 반작용을 들 수 있고, 둘째, 독일 낭만주의 특히 괴테와 쉴링으로부터 경건주의자들과 뵈메(Jacob Bohme)에 이르면서 뚜렷이 드러난 신비주의적 경향의 지속을 들 수 있고, 끝으로 동양종교들과 신화론에 대한 관심의 결과가 신비주의 부흥의 이유였다. 부버는 당시의 이러한 사상적 조류에 편승한 것으로 본다.

부버의 실존개념의 근원도 하시디즘에서 쉽게 찾을 수 있다. 하시디즘이 우리에게 알려 준 인간의 고유성 혹은 대치불가능성이 최소한도로 전제될 때라야 인간의 생명과 동일시되는 실존적 책임성도, 실존적 인간의 존재의미도, 주체성도 확립될 수 있기 때문이다. 물론 그의 실존은 하시디즘의 공동체의 영역에서 다시 조명될 때라야 선명해진다. 그러기에 그의 실존은 관계를 통해 바로 나타나고 참되기 때문에 고립적 개인주의의 실존을 극복하고 있다.

대화철학에 있어서의 제 관계, 즉 세계에 대한 관계, 영원한 너와의 관계, 인간과의 관계는 바로 하시디즘의 중심원리였다. 세계에 대하여, 그리고 신을 향해서 봉사하는 인간의 생활과 행동방식은 대화적 참 관계에서 종교와 윤리를 현실 생활세계에 일치시키는 것이었다. 결국 신의 내재성의 원리를 제공한 카발라와의 관계에서 인간과 만물의 존엄성이 보장될 수 있었던 것이다.

이상에서처럼 부버의 사상은 하시디즘을 떠나서는 이해되기 어려울 정도로 하시디즘의 영향 속에 그의 사상이 뿌리내리고 있음을 알 수 있다. 하지만 부버의 하시디즘 해석에 대한 긍정적 평가와 아울러 부정

적 평가도 종종 논의되어 왔다.[19]

예컨대 러시아계 유대인이면서 하시디즘 연구가인 숄렘은 부버의 해석이 ① 너무 주관적이며, ② 너무 선택적이고, ③ 자기 자신의 실존 철학의 패러다임으로써 단지 하시디즘을 이용했을 뿐이라고 비판한다 (Bender, 1969: 124). 즉, 해석의 방법론에서 볼 때 부버의 해석이 근대적 인 학문방법에 걸맞는 객관적·역사적 연구가 아니라는 것이며, 자료의 이용 면에서 볼 때 부버는 원자료 선정에 있어서 너무 선택적이라는 것 이다. 하시디즘의 일차 자료는 두 가지 범주로 나눌 수 있는데, 그것은 이론적 자료와 전설적 자료이다. 그런데 숄렘에 의하면 부버는 이론적 자료를 거의 도외시하고 전설적 자료를 선택했다는 것이다(Bender, 1969: 132). 부버의 자료선정과 해석이 주관적이고 선별적이라는데 대해 팡코 (Panko, 1976: 76)도 동의하면서 "우리가 부버의 저서들 중에서 하시디즘 에 관한 것을 읽을 때 하시디즘의 완전한 모습을 파악하기 어렵고 단지 하시디즘의 좋은 요소들만 보게 된다. 즉, 균형있는 역사감각 속에서 보 는 것이 아니라 부버가 본 바대로의 하시디즘을 우리가 보게 되는 것이 다"라고 비판하였다. 또한 분명하고도 명료한 개념을 선호하는 학자들 은 부버가 철학자라기보다는 오히려 시인이라고 비난하기도 한다(Bender, 1974: 2).

이처럼 부버의 하시디즘 해석에 대하여 서로 엇갈린 평가들이 있 어 왔다. 지나치게 객관화된 방법론이 인간 및 인간의 삶에 관한 연구 에서 어느 정도까지 타당성을 가질 수 있을 것인지는 의문이다. 또한 그 타당성의 정도를 객관적으로 어느 정도까지 나타낼 수 있는가 하는 것도 의문이다. 그렇다고 해서 객관화된 방법론이 문제투성이라고 할

---

19 부버의 하시디즘 해석에 대하여 부정적인 평가들도 있어 왔다. 예컨대 부버의 전기작가들인 Arthur Cohen, Malcolm Diamond를 비롯해서, 하시딕 전문가들인 Martinus Beek, Roland Gittelsohn, Rudolf Pannwitz, John Oesterreicher, Ernst Simon, Herbert Weiner, J. Weiss 등과 그밖에 Gershom Scholem, Rivkah Schatz-Uffenheimer 등이 있다(Bender, 1969: 123-124).

수도 없다. 오늘날 우리가 당면하고 있는 연구방법론의 딜레마는 바로 이러한 과학적 방법론과 부버식 방법론 간의 갈등문제이며, 우리가 앞으로 해결해야 할 과제는 이러한 갈등문제를 어떻게 극복해야 할 것인가를 탐구하는 데에 있다고 본다.

CHAPTER 04

「만남」의 철학

Martin Buber's Philosophy of Meeting

CHAPTER

4

「만남」의 철학

1_____인간의
이중적 태도

현대사회의 기계·기술 문명의 발달은 '비인간화 현상'이라고 하는 달갑지 않은 부산물을 남겨 주었다. 그러기에 익명성과 대중성을 요구하는 비인간적 사회체제 속에서 현대인은 자기를 상실하였다. 부버 (1954a)는 이러한 현대인이 극단의 개인주의와 극단의 집단주의 사이에서 우왕좌왕하며 인간으로서의 가치와 존엄성을 상실하는 무방향성의 딜레마에 빠져 있음을 지적하였다. 이같은 현대의 비극적 상황 속에서 잃어버린 인간의 자기를 결코 객체화할 수 없는 주체요, 인격으로서 함께하는 「나」와 「너」의 「만남」과 대화를 통하여 회복하려는 것이 부버 철학의 요지이다.

부버(1958b)에 의하면 인간이 세계에 내하여 기질 수 있는 두 가지의 주요한 태도(혹은 관계)는 「나-그것」의 관계로써 표현되는 사물세계와 「나-너」의 관계로써 표현되는 인격적 만남의 세계이다. 따라서 어떤 관계를 형성하느냐에 따라 인간의 삶의 양상도 달라진다. 즉, 인간이 세계에 대하여 취하는 이중적 태도의 양태에 따라 세계도 인간에게 이중적으로 된다. 이러한 인간의 이중적 태도는 두 개의 근원어(primary words)로 표현되는데, 이것은 「나-너」라고 하는 근원어와 「나-그것」

이라고 하는 근원어로 표현된다. 그러므로 근원어 「나-너」에서의 「나」
와 근원어 「나-그것」에서의 「나」는 이중적일 수밖에 없는 것이다.

「나-그것」의 세계는 경험과 인식과 이용의 대상이 되는 세계이다.
사람이 세계를 경험한다고 말할 때, 그것은 사람이 세계를 객체로서 소
유하고 이용한다는 것을 뜻한다. 이때의 세계는 경험의 대상으로서의
'어떤 것'일 뿐 경험하는 주체와 적극적이고 직접적인 관계에 있지 않
다. 이처럼 방관자, 관찰자, 조정자로서 세계와 관계하는 자는 「나-그
것」의 「나」이다.

그러나 「나-너」의 세계는 경험의 대상이 아니다. 여기서의 「너」
는 뭇성질로 분해할 수 없는 전존재이다. 따라서 사람은 「나-너」의 관
계에서 서로 전존재를 기울여 참인격으로 관계한다. 이러한 관계는 직
접적이며 상호적이요, 근원적이다. 이러한 「나-너」의 관계에 들어서는
것이 곧 「나」와 「너」의 「만남」이다. 이처럼 세계와 상호 관계하는 자는
「나-너」의 「나」이다.

그러므로 「나-너」 관계에서의 「나」와 「나-그것」 관계에서의 「나」
는 서로 다르다. 「나-그것」의 「나」는 개적 존재(individuality)[1]로서 나
타나고 자기를 경험과 이용의 주체(subject)로서 의식하는 반면에, 「나-
너」의 「나」는 인격으로 나타나고 자기를 종속적인 속격을 가지고 있지
않은 주체성(subjectivity)으로 의식한다(Buber, 1958b: 62).

「나-그것」의 관계는 인식론적 관계이고, 「나-너」의 관계는 실존
적 관계이다. 전자는 내가 인간을 인식하되 인간의 사회적 역할과 특징
에 의하여 분석하는 '거기 있는 사람(der Mensch da)'이다. 즉, "인간이란
무엇인가?"라는 물음으로써 그것은 인간 자신에 관한 문제가 아니라 인
간의 사회적 역할과 특징에 관한 문제로 나의 시야 안에서의 그의 바깥

---

1 여기서 말하는 개적 존재(個的 存在, Eigenwesen)란 개인이나 개성에 가까운 의미를 지니고 있지
만, 부버는 '경험과 이용의 주체', '「그것」과 맺어져 있는 「나」', 곧 타자와의 결합성을 잃은, 자기의
개별성에 서 있는 자아주의적 인간성을 가리키는 말로 쓰고 있다(表在明 譯, 1978: 167-168).

모양에만 이른다. 반면에 후자는 "인간은 누구인가?"라는 물음으로써 존재론적 문제인 것이다. 즉, 내가 듣고 또한 그와의 관련 속에서 내가 다른 사람이 되는 '거기있는 너(du da)'이다(Brown, 1971: 120; Moltmann, 1979: 99).

이처럼 부버는 관계의 개념으로 인간의 위치 및 본질을 파악하고자 한다.[2] 그러기에 참다운 인간존재는 고립된 실존 속에 있는 것이 아니라 관계형성을 통해서 드러난다고 보는 것이다. 결국 부버에게 있어서 인간이란 관계를 통해 그의 실존을 형성해 나가는 창조자로 파악된다(Scudder, 1973: 51). 즉, 그는 그의 철학적 인간학의 기본사상을 "인간실존의 기본적인 사실은 인간이 인간과 더불어 함께 있다는 것(Buber, 1954a: 203; Buber, 1954b: 165)"으로 함축성 있게 표현하였다.[3]

부버(1958b: 6f & 100f)는 「나-너」의 관계가 성립되는 영역을 세 가지로 나누는데, 첫째는 자연과 더불어 사는 삶이며, 둘째는 사람들과 더불어 사는 삶, 셋째는 정신적 존재들(혹은 영적 존재)과 더불어 사는 삶이다. 우리는 이러한 삶의 각 영역을 통해 「나-너」로서의 관계를 맺을 수 있다.

첫째 영역의 경우, 관계는 아직 어둠 속에서 흔들리며 언어가 통하지 않는다. 뭇 피조물들은 우리와 마주서서 활동하고 있지만 우리에게

---

2 부버에게 있어서 '만남', '관계', '대화', '사이' 등의 용어는 거의 같은 개념으로 사용된다. 따라서 그의 철학은 '만남의 철학', '관계의 철학', '대화의 철학', '사이의 철학' 등으로 불린다. 그러나 '만남'과 '대화'를 동일한 개념으로만 보아서는 안된다. 왜냐하면 모든 '나-너'의 관계는 「만남」이지만, 모든 '대화'가 「만남」은 아니기 때문이다. 또한 대화는 학습될 수 있지만 「만남」은 학습될 수 없기 때문이다. 그래서 부버(1958a: 11)는 '너'와 '나'의 「만남」은 은혜(grace)를 통해 이루어지는 것이지 찾는다고 해서 발견되는 것이 아니라고 말한다.

3 부버의 위대한 공헌 중의 하나는 인간관계에 대한 이해에 있다. 즉, 부버가 키에르케고르에서 사르트르에 이르기까지의 실존주의 사상가들과 구별되는 주요한 점은 결코 개인을 고립시켜 놓지 않는다는 점이다. 하나님과의 관계에서 자신의 운명을 결정할 때에 그 자신은 동시에 타인과 관계를 맺게 된다. 하시드주의는 밀접한 종교적 공동체 안에서 '인간과 인간 사이'에서 발생하는 따뜻한 감정을 지니고 있다(대한기독교서회편, 1977: 91).

까지 오지는 못한다. 그리고 우리가 그러한 것들에게 「너」라고 말해도 말의 문턱에 달라붙고 만다. 한 그루의 나무와의 관계에서도 은혜를 받게 되면 그 나무와의 관계에 끌려들어 갈 수 있다. 그러면 그 나무는 이미 「그것」이 아니며 그때는 독점(혹은 배타성, exclusiveness)이 나를 사로잡는 것이다. 이것은 의식적인 독점이나 배타성을 뜻하는 것이 아니고 「나-너」의 관계가 이루어지는 순간에 저절로 생기는 상황성, 곧 비순수성의 배제를 뜻한다. 이처럼 부버는 '사물들'과도 「나-너」 관계의 가능성을 직시한다. 즉, 의지가 있고 은혜를 받게 되면 나무나 모든 피조물들과도 「나-너」 관계를 가질 수 있다는 것이다(Brown, 1971: 99). 따라서 근원어 「나」의 태도 여하에 따라 인간이 「그것」으로서 간주될 수도 있고, 바위나 책이 「너」로서 간주될 수도 있다. 이때 전자의 경우는 「나-그것」의 「나」이고, 후자의 경우는 「나-너」의 「나」가 된다.

둘째 영역의 경우, 관계가 트이고 말이 통한다. 우리는 「너」라고 부를 수도 있고 불릴 수도 있다. 여기서는 관계가 말의 형태를 취한다. 즉, 언어는 말의 주고받음 속에서 연속적으로 완성된다. 그리고 여기에서만 언어로 형성된 말이 상호응답을 하게 된다.

셋째 영역의 경우, 관계가 구름에 덮여 있으나 스스로 나타나고, 말이 없으나 말을 만들어 낸다. 우리는 「너」라는 말을 듣지 못하지만 그렇게 부름 받고 있음을 느끼며 대답한다. 즉, 형상화하고 사유하고 행동한다. 우리가 입으로는 「너」라고 말할 수 없지만 우리의 존재를 기울여 저 근원어를 말하는 것이다.

이러한 셋째 영역은 둘째 영역의 유추를 통해 우리에게 알려진다. 하지만 세 가지 면에서 둘째 영역과 구분되는데 그것은 다음과 같다.

① 「만남」을 보장할 뿐만 아니라 「만남」을 낳는다(Buber, 1958b: 6).
② 사람과 사람의 관계는 사람과 하나님과의 관계에 대한 본래적 비유이다. 하나님과의 관계에 있어서는 진실한 부름에 진실한

응답이 주어진다. 다만 하나님의 응답에 있어서는 모든 것, 즉 만물이 언어가 되어 드러난다는 점이다(Buber, 1958b: 103).

③ 각각의 「나-너」관계는 「그것」으로부터 생겨나며, 「그것」으로 되돌아 올 운명임에 반해 「영원한 너」(Eternal Thou, 하나님)는 본질상 결코 「그것」이 될 수 없다. 참된 관계를 유지하게 하고, 항상 우리에게 말을 거는 것이 「영원한 너」의 변함없는 특색이 다(Buber, 1958b: 112).

이상의 세 가지 영역(자연, 사람, 정신적 존재)과 우리는 관계를 형성하게 되며, 각각의 「너」를 통해 「영원한 너」의 옷자락에 접하게 된다. 즉, 우리는 낱낱의 「너」를 통해서 「영원한 너」를 들여다 볼 수 있다(Buber, 1958b: 75). 자연 및 사람과의 「나-너」 관계형성을 통해 우리는 「영원한 너」를 접하게 될 수 있다는 것이다. 예컨대 우리가 참된 사람과의 진실한 교제 속에서 절대자의 이미지를 자각하는 순간이 바로 「영원한 너」를 접하는 순간이라고 할 수 있을 것이다.

만약 우리가 테레사 수녀님이 불우한 이웃을 위해 헌신적으로 봉사하는 모습을 옆에서 접하게 될 때, 그러한 수녀님을 통해 "만약 하나님이 살아 계신다면 바로 저러한 모습을 하고 계실거야!"라고 생각하게 된다면 바로 그 순간 테레사라고 하는 「너」를 통해 「영원한 너」인 하나님을 접하는 것이다. 이처럼 우리는 낱낱의 「너」를 통해 「영원한 너」를 접하게 되는데, 결국 「영원한 너」는 「너」의 연장선상에 있다고 보아야 할 것이다.

그러면 「영원한 너」로 이르게 하는 「나-너」 관계의 특성은 어떠한가? 그것은 다음의 다섯 가지로 요약된다(Buber, 1954a; Buber, 1958b; Friedman, 1976; 南正吉, 1977).

첫째, 상호성(mutuality)이다.

우리는 앞에서 살펴본 바와 같이 관계가 성립되는 세 가지의 삶의 영역을 통해 「나-너」의 관계를 맺을 수 있는데, 이때 우리는 관계의 의미를 약화시켜서는 안 된다. 왜냐하면 관계란 상호적인 것이기 때문이다. 인간이란 결코 홀로 그리고 독자적으로 실존하는 것이 아니라 항상 다른 인격과의 공존적 관계 속에서 실존한다.[4] 그러기에 너로 말미암아 내가 존재하며, 나로 말미암아 네가 존재하는 것이다. 이처럼 우리에게는 어떤 뜻으로나 아무 것도 그렇게 상호성을 포함하지 않는 것은 도무지 존재하지 않는다(Ott, 1977: 65).

「만남」은 나와 너의 존재론적 '사이(between)'에서 성립한다. 이 '사이'에서 서로가 서로를 선택하고, 서로가 서로에게 선택당하는 상호관계, 또한 전존재를 건 행위이기에 수동인 동시에 능동인 상호관계를 부버는 상호성이라 부른다. 「나」는 「나-너」의 관계에서 영원한 생명을 느끼고 또한 「나-너」의 관계에서 「나」는 「너」와 더불어 현실에 참여하게 될 뿐만 아니라 「너」와의 접촉을 통하여 「나」의 인격이 나타나기 때문에 인간의 진정한 관계는 인격체들과의 상호관계에서만 존재하며, 그러기에 인간교육 또한 공동체 안에서 비로소 가능한 것이다.[5]

둘째, 직접성(directness)이다.

「나-너」의 관계에서는 어떠한 개념체제도, 어떠한 선험적 지식도,

---

4 실존주의자인 부버가 여타의 실존주의자들과 구별되는 점은 바로 여기에 있다. 그는 인간을 한낱 고립된 실존으로서가 아니라 만나고 대화하는 실존으로 파악한다.

5 "내가 너에게 영향을 끼치듯 너는 나에게 작용한다. 그러므로 우리가 가르치는 제자들이 우리를 가르쳐 줄 수 있으며, 우리가 만든 작품들이 우리를 세워 줄 수도 있다. 이러한 상호성 때문에 악인(惡人)도 성스러운 「나-너」관계에 접하게 되면 그의 진실을 드러낼 수밖에 없게 된다"고 부버(1958b: 15-16)는 말한다. 이것은 너와 그 세계 사이에 서로 주고 받는 상호성에 기인한다. 「너」가 「나」를 만남으로써 동시에 「나」가 「너」를 만나는 것이기 때문에 「만남」은 항상 「서로 만남」(Sich Begegnung)인 것이다. 즉, 나는 너로 인하여 「나」가 되며, 나는 내가 되면서 「너」라고 말한다. 모든 존재자는 참다운 것(眞)이기 때문에(Landgrede, 1961: 82), 이러한 존재들 간의 상호만남에 의해 참된 삶이 이룩되는 것이다. 따라서 부버(1958b: 11)는 "모든 참된 삶은 만남이다"라고 역설한다.

어떠한 환상도 개입될 수 없다. 즉, 어떠한 수단의 개입도 장애가 되기 때문에 이러한 온갖 수단이 깨져버릴 때에 「만남」이 발생한다는 것이다. 이런 의미에서 직접성은 배타적 성격을 지닌다. 「너」에 대한 관계가 직접적이기 때문에 「만남」의 관계는 희생과 위험을 내포한다. 즉, 관계의 독점성으로 인한 무한한 가능성의 희생과 자기 자신을 개방하고 자기 자신의 모든 것을 주는 위험을 내포한다는 것이다.

셋째, 시간적 현재성(presentness)이다.

현재성은 나의 속에 존재하는 것이 아니라 나와 너의 '사이(between)'에 존재한다. 즉, 그것은 과거와 미래 사이의 추상적인 시점을 지칭하는 것이 아니라, '참되고 충만한 현재(the real, filled present)'를 지칭한다. 다시 말해 참된 삶이 실현되고 있는 '지금 그리고 여기'를 뜻한다. 이것은 단지 「나-너」의 관계에서만 존재한다. 「나-그것」의 관계에서는 어느 순간을 경험하기는 하지만 그 순간은 현재성이라고 볼 수 없다. 그 이유는 그 순간이 참된 충만이 아니라 경험과 이용으로 충만되어 있기 때문이다. 따라서 현재성은 직접성과 밀접한 관계를 지닌다. 근원어 「나-그것」의 「나」, 즉 하나의 「너」에 대하여 온 몸으로 마주 서 있는 것이 아니라, 다양한 '내용'으로 둘러싸여 있는 「나」에게는 과거가 있을 뿐이며 현재가 없다. 다시 말해, 사람은 자기가 경험하며 사용하고 있는 사물에 만족하고 있는 한 과거에 살고있는 것이며, 그의 순간은 현재가 없는 순간이다. 그는 대상밖에 가진 것이 없다. 그러나 대상의 본질은 '있었다'고 하는데 있는 것이다. 현재는 덧없는 것, 지나가 버리는 것이 아니라, 마주 기다리며 마주 지탱하고 있는 것이다. 그러나 대상은 지탱이 아니라 정지이며 중지이고, 단절이요 경화(硬化)이고 고립이며, 관계의 결여이고 현재의 결여인 것이다. 본질적인 것은 현재 속에서 살려지고, 대상적인 것은 과거에서 살려진다(Buber, 1958b: 12-13).

넷째, 강렬성(intensity)이다.

이것은 관계가 외부에서의 어떤 개입이나 관여를 완전히 배제함으로써 나타나는 절대적 관계의 힘, 즉 관계의 노력을 의미하는 동시에 상호적 관계에서 나타나는 긴장과 열정이다. 따라서 「나-너」 관계 혹은 대화적 관계는 나의 전존재를 건 본질적 행위인 것이다.

다섯째, 표현불가능성(ineffability)이다.

이것은 관계내용이 결코 객관적 지식이나 대상에서 얻어지는 내용물과 같은 것이 될 수 없다는 것을 의미한다. 따라서 표현이나 기술(記述) 또는 전달이 과학적 대상에 있어서와 같이 객관적 명료성을 띠지 않음을 가리킨다. 자연과학의 경우, 어떤 사실의 발견과정을 객관적으로 기술하고 설명할 수 있지만, 인문학이나 종교학의 경우, 어떤 진리체험을 객관적으로 표현하기 어렵다. 예컨대 계시를 받은 사람이 계시의 상황을 설명할 수 없음과 같은 것이다. 마찬가지로 「만남」의 사건도 객관적으로 표현할 수가 없다. 그래서 「만남」은 은혜로 말미암아 이루어진다고 하는 것이다.

이상의 다섯 가지가 「나-너」 관계, 즉 「만남」의 특성이다. 이러한 특성을 지닌 「만남」은 개별화에 그 근거를 두고 있다(Buber, 1958b: 99). 즉, 개별화는 관계의 환희가 된다. 왜냐하면 개별화 때문에 우리는 서로 다른 타자를 인식할 수 있기 때문이다.[6] 그러나 이 개별화 자체가 관계의 한계가 된다. 왜냐하면 개별화되어 있음으로 해서 타자를 완전히 인식하는 일도 불가능하고 또한 인식되는 일도 불가능하기 때문이다. 그러면서도 「나-너」의 관계는 우리가 맺는 타자와의 관계 중에서 가장 긴밀한 인격적인 것으로서 나의 전존재를 건 본질적 행위인 것이다.

---

6 하시디즘에서도 인간의 개별성과 독특성을 강조하는 부분이 많다. 부버의 「만남」의 철학도 여기에서 출발하는 것으로 볼 수 있다. 하시디즘에서는 인간이 독특하면 독특할수록 더 많은 것을 타자에게 줄 수 있다고 본다. 한 예를 들어보자.

"모든 사람은 이제껏 자기와 똑같은 사람이 산 적이 없으며, 그 자신이 세계에서 유일무이하다는 것을 알고 생각할 것이다. 왜냐하면 그와 똑같은 누군가가 과거에 있었다고 한다면 그가 존재하도록 요청 받지를 않았을 것이기 때문이다. 각자는 진실로 세계 속에서 새로운 것이며, 자신의 특수한 특성을 완전하게 해야 한다"(Buber, 1958a: 111).

부버는 「나-너」 및 「나-그것」의 두 관계가 인간실존에 필수적이라고 본다. 즉, 인간의 삶은 이 두 관계 사이를 오가는 것이라고 파악한다.

　우리의 세계에 있어서 모든 「너」가 「그것」으로 화(化)할 수밖에 없다는 것이 우리의 운명이 지닌 숭고한 우수(憂愁)이다. 아무리 배타적으로 「너」가 직접적인 관계 속에 현전(現前)해 있었다 하더라도 이 직접적인 관계의 힘이 다했거나 또는 매개물이 개입되면 그것은 여러 객체들 중의 하나로 화(化)하게 된다(Buber, 1958b: 16-17).

　「그것」은 영원한 번데기이며, 「너」는 영원한 나비이다. 다만 이 둘은 언제나 명확하게 분리되는 상태가 아니라 때로는 깊은 이중성 가운데서 어지러이 뒤얽혀서 일어나는 하나의 사건인 것이다(Buber, 1958b: 17-18).

　「그것」의 세계는 공간과 시간 안에서 연관을 가지고 있다. 「너」의 세계는 공간과 시간 안에서 아무 연관도 없다. 낱낱의 「너」는 관계사건이 끝나면 하나의 「그것」이 될 수밖에 없다. 낱낱의 「그것」은 관계사건 속에 들어섬으로써 하나의 「너」가 될 수 있다(Buber, 1958b: 33).

　이처럼 그는 인간존재를 「나-그것」과 「나-너」의 두 관계 사이를 오가는 존재로 파악한다. 아울러 「나-그것」의 관계가 없는 삶은 불가능하며, 「나-너」의 관계가 없는 삶은 무의미함을 강조한다. 즉, 인간의 삶에 있어서는 「나-그것」의 관계도 필요하다는 것이다. 부버(1958b: 34)의 표현에 의하면 "「그것」없이 사람은 살 수 없다. 그러나 「그것」만을 가지고 사는 사람은 사람이 아니다"라는 것이다. 「그것」의 세계는 공간과 시간의 그물 속에 잡혀 있지만, 「너」의 세계는 공간과 시간의 그물 속에 잡혀있지 않다. 낱낱의 「너」는 관계사건이 끝났을 때 「그것」

이 될 수밖에 없으며, 낱낱의 「그것」은 관계사건 속으로 들어섬으로써 하나의 「너」가 될 수 있다(Buber, 1958b: 33).

어쨌든 「너」가 「그것」이 될 수밖에 없는 인간실존의 우울함은 「영원한 너」-만물 속에 드러나는 모든 존재의 신성한 근원-와 더불어 제3차원의 대화 속에서 그 구원을 발견한다. 하나님은 「영원한 너」이며 모든 「나-너」 관계를 가능하게 하는 힘을 지니고 있다. 이처럼 부버는 「나-그것」 및 「나-너」의 이원론을 극복하고 대화적 차원으로 이행한다. 하나님의 무한한 「그것」(the infinite It of God)은 무의미하다.[7] 따라서 부버는 만날 수 있고, 2인칭으로 「너」라고 부를 수 있는 하나님을 발견한 것이다(Schachter, 1960: 216). 즉 인간이 하나님을 영접하는 곳에서는 어디든지 하나님이 나타난다고 보는 것이 하시디즘과 부버의 견해인 것이다.

이처럼 부버는 인간이 대화적으로 참여하는 곳에 하나님이 나타난다고 본다. 우리는 참된 「만남」 속에서 궁극적 실재와 삶의 의미를 알게 된다. 또한 각각의 「너」를 통해 「영원한 너」를 접하게 된다. 우리에 의해 측정되고, 판단되고, 이용되는 것은 모두 「그것」이다. 결코 「그것」이 될 수 없는 유일한 「너」, 즉 「영원한 너」를 우리는 하나님이라 부른다. 하나님은 오로지 말을 건네 받을 수 있을 뿐이며 표현될 수 없다. 우리는 하나님을 기술(記述)할 수 없으며, 측정할 수 없고, 이용할 수 없으며, 전유(專有)할 수 없다. 따라서 하나님에 관하여 말할 수 없으며 단지 하나님을 통해 살 수 있을 뿐이다.[8]

---

7 니체(Nietzsche)가 "신(神)은 죽었다"라고 말했을 때 그는 「그것」(It)에 관해 언급하고 있었다. 왜냐하면 그가 보기에 살아있는 신(神)이 사람들 속에 살아 있기를 멈추었기 때문이었다(Schachter, 1960: 216).

8 우리의 개념과 사고는 우리의 경험세계를 초월한 참된 세계에 도달하지 못한다. 궁극적 실재는 순수이성으로 인지될 수 없으며 단지 칸트가 말한 실천이성에 의해서만 드러내어질 수 있을 뿐이다. 이러한 실재 없이는 어떠한 윤리적 삶도 있을 수 없다. 이 실재는 표현될 수 없고 단지 말을 건네받을 수 있을 뿐이다. 즉, 그것은 규정될 수 없고, 우리의 삶 속에서 실현될 수 있다(Kohn, 1938: 183).

근원어 「나-그것」은 쉽게 기술할 수 있고 정의내릴 수도 있다. 「그것」은 인간의 세계에 질서, 안정, 그리고 객관성을 부여한다. 그리고 인간은 자신의 목적과 필요를 위해 세계와 관계한다. 하지만 근원어 「나-너」는 기술할 수 없다. 이것은 인간과 세계 간의 「관계」의 영역, 즉 조건화되지 않은 「만남」의 영역이다. 이는 기술 가능한 객관이 아니라 인간이 말을 걸고 응답하는 주관적 관계이다.

부버(1965: 89f)는 헤라클레이투스(Heracleitus)의 잠자는 자와 깨어 있는 자에 대한 이분법에 대해 언급하면서 「나-그것」의 양상을 잠자는 자로 비유하였는데, 그러한 자는 홀로 꿈과도 같은 현실의 이미지들을 자아내는 자이다. 즉, "수면 중에는 타자들과 어떠한 실제적 결속도 없다. 즉, 각자는 타자들에 대한 꿈을 꾼다. 하지만 그들은 실제로 그의 꿈 속에 참여하지 않고 있다"는 것이다. 반면에 「나-너」의 양상은 깨어 있는 자로 비유되는데 이들은 세계 속에서 세계와 직접 관계하고 있다.

일단 현재의 「만남」 속에서 현실에다가 자기 자신을 개방하면, 개인은 자신이 나아가야 할 방향을 새롭게 하기 위해 또다시 「나-그것」의 태도로 되돌아오지 않고는 견딜 수 없다. 그리하여 새로운 방향이 설정되면 다시 「만남」으로 되돌아 올 수 있을 것이다. 이러한 연속적 반전―한편으로는 잠자는 자처럼 조건화되지 않은 「만남」으로 나아가고, 또 한편으로는 잠자는 자처럼 자기 자신의 존재를 안정시키기 위해 되돌아오는―이 '변증법적 교류'라고 불리는 바, 바로 이것이 부버사상의 기본적 주조음이다(Bender, 1974: 29).

부버가 말하는 「나-그것」의 관계와 「나-너」의 관계는 삶의 전체성과 통일성 속에서 조명되어야 한다. 즉, 그 둘을 우리의 삶 속에서 포용해야 하는데, 이것은 합리적 모순율(rational law of contradiction)에 따른 포용이다. 부버(1963)는 이것을 다음과 같이 설명한다.

논리적인 진리개념에 따르면, A와 non‒A가 공존할 수 없고 그 둘 중에서 하나만이 참일 뿐이다. 그러나 우리가 살고 있는 삶의 현실 속에서는 그것들의 분리가 불가능하다(17).

이처럼 부버는 인간이 모순적 존재이며, 인간의 세계에 대한 태도, 즉 관계가 이중적인 것을 인식하고, 이것을 궁극적 차원에서 극복한다. 즉, 하시디즘에서 언급한 바와 같이 인간은 인간의 손을 통해 구원을 받게 되며, 그러기에 「나」와 「너」의 인격적 「만남」은 큰 의미를 지니는 것이다. 부버의 이러한 사상은 인격주의로 특징지어지며, 인간주의 철학으로 점철되어 있다. 이러한 그가 우리에게 끊임없이 제기하고 실제로 행했던 것은 바로 대화적 삶이었다. 부버가 말하는 대화적 삶 혹은 대화적 관계는 「나‒너」의 관계를 의미한다. 앞에서 이미 언급한 「나‒너」 관계의 특성은 대화적 관계의 특성이기도 하다.

2_____대화적
           관계

대화적 상황은 단지 존재론적·실존적으로 파악될 수 있기 때문에 개인적 실존으로부터 파악될 수가 없다. 그것은 두 개인의 실존을 통해서 파악될 수 있는 것이 아니고, '사이(between)'가 실존하면서 그들 두 개인을 초월하는 것으로부터 파악되어야 한다. '사이' 속에서의 인간은 그 자신의 자아 속에서 스스로를 격리시키지도 않으며 그 자신을 집단 속으로 던져 넣지도 않는다. 즉, 개인주의와 집단주의 모두를 극복한다. 동시에 타인의 타자성을 인정하면서 타인을 인격체로서, 인간적 존재로서 인식하고 그러한 인식의 결과가 자신에게 영향을 미쳤을 때 비로소 그는 그의 고립적 장벽을 돌파할 수 있게 된다(Cohen, 1983: 83).

이에 관해 부버(1954b)는, 주관을 초월함으로써 객관은 「나」와 「너」가 만나는 좁은 능선(narrow ridge)[9]에 주목하게 되는데 바로 거기에 「사이」의 영역이 있다고 보았다. 즉, 부버(1965: 85f)는 인간 사이의 영역이 두 사람 사이에서 발생할 수 있으며, 그것은 그들 중의 한 사람이 타자를 객체로서가 아니라 현존하는 사건의 파트너(partner)로서 관계할 때 발생할 수 있다고 보았다. 즉, 그것은 한 사람이 타자와 직면(confronting) 하는 영역을 뜻하는데, 우리가 직면하게 되는 사람이 이해되는 과정을 대화라고 지칭한다.

인간 상호간의 의미는 인간들이 본질적으로 서로에게 자기 자신을 드러내 주는 데에 있다는 것이다. 여기서 중요한 것은 한 사람이 다른 사람에게 자신의 모든 생각을 드러내 준다는 것이 아니라, 한 사람이 그 자신의 인격적 존재 속으로 타인－그 자신을 드러내 줌으로써 공유의식을 갖는 자－이 참여함을 허락하는 것이다.

따라서 대화는 타자와의 직면으로부터 이루어진다(Buber, 1965). 이것은 로저스(Carl R. Rogers) 등과 같은 인본주의 심리학자들의 관점과 다소 다르다.[10] 즉, 대화란 타자와의 동일시가 아니라, 때로는 타자의 감

---

9 인간이 겪는 근본적인 긴장은 「나－그것」의 세계와 「나－너」의 세계 간의 긴장이라고 볼 수 있다 (혹은 개인주의와 집단주의 간의 긴장이라고 볼 수 있다). 이것을 극복하여 통일하여야 한다고 부버는 본다. 그에 의하면 진정한 통일(genuine unity)은 양극단(兩極端)들이 현재 지니고 있는 모순 속에서 그것들을 포용함으로써 점진적으로 실현될 수 있다는 것이다. 즉, 한 극단을 선호하여 다른 극단이 배제되거나, 양극단의 중간적인 길을 따르지 말고 전체(totality)가 포용되어야 한다는 것이다. 이것이 부버가 말하는 '좁은 능선(narrow ridge)'의 길, 즉 '신성한 불확실'의 길(way of holy insecurity)이다(Bender, 1974: 28).

10 흔히 부버의 「만남」의 철학과 로저스의 비지시적 상담을 동일한 것으로 오해하는 경우가 있으나, 실제는 양자 간의 기본적인 관점에 차이점이 있다. 물론 로저스가 부버의 사상에 영향을 받은 것은 사실이다. 이들의 견해차에 대한 자세한 내용은 부버(1965)의 *The Knowledge of Man*의 권말부록으로 첨부되어 있는 부버와 로저스 간의 대화록을 참고하기 바람.

한편 매슬로우는, 사람은 누구나가 자아실현 과정에 있다고 보았다. 따라서 모든 사람이 자율적이고, 자신감이 있으며, 자기자신을 존중하는 생각을 갖는 동시에 남의 존경을 받을만하다고 생각하고

정과 사상을 부정하면서도 그를 타자로서 수용하는 것이다. 다시 말해 대화는 심리적인 관계가 아니라 존재론적 관계인 것이다.

인간은 타자와의 직면을 통해 자신이 대처해야 하고 반응해야 하는 존재론적 상황을 창조해 낸다. 요컨대 대화란 타자와의 동일시에서 일어나는 것이 아니라, 타자를 직면하고, 타자를 타자로서 관계할 때 일어난다(Buber, 1965: 86). 그러기에 부버(1958b: 89)는 「만남」의 속성으로 개별성을 들고 있다. 즉, 「나」는 「나」이고 타자는 타자인 것이다. 따라서 「나-너」 관계는 우리가 맺는 타자와의 관계 중에서 가장 긴밀한 인격적인 것으로서 나의 전존재를 건 본질적 행위인 것이다. 심리요법에서 요법가가 환자와 동일시하는 것은 「나-너」의 관계가 아닐뿐더러 대화의 기본도 아니라고 부버가 로저스에게 말한 이유가 여기에 있는 것이다(Buber, 1965: 166f). 이에 대해 고오든(Gordon, 1986: 37)은 심리요법가들이 내담자와 동일시하는 이유는 그것이 타자를 직면하는 것보다도 훨씬 더 쉽기 때문이라고 분석한다.

그러면 대화적 관계란 어떠한 것인가? 진정한 대화적 관계는 곧 「나-너」 관계를 의미한다. 그리고 비대화적 관계는 「나-그것」의 관계를 의미한다. 진정한 대화적 관계의 특성, 즉 「나-너」 관계의 특성은 앞에서 이미 살펴본 바 있다. 부버는 대화의 세 가지 유형, 즉 대화의 세 가지 단계를 다음과 같이 들고 있다(Buber, 1954a: 19).

첫째, 대화로서 위장된 독백(monologue)이다. 이때 각자는 타인에게 진실로 말을 걸지 않은 채 이야기한다. 타자가 있음에도 불구하고 각자는 실제로 타자에게 말하고 있지 않다. 즉, 각자는 단지 그 자신에게 말하고자 한다. 따라서 각각 그 자신의 입장을 강요하고 있으며, 그

또한 그렇게 되기를 바라고 있다는 것이다. 부버는 매슬로우의 이러한 생각을 "남을 확인한다"로 표현하였다. 이것은, 다른 사람의 모든 가능성을 인정하고 그것을 그대로 받아들이는 것이다. 그리하여 모든 사람이 그가 타고난 가능성을 발휘하고 있다는 생각으로 사람을 대한다는 것이다. 로저스도 이러한 입장에서 "모든 사람이 되어져 가고 있다(becoming)"고 표현하였다.

자신에게 말하기 위해 타자의 말이 끝나기를 기다린다. 이것은 독백이며, 거짓 대화이다. 말하자면 귀머거리들의 대화(dialogue of the deaf)인 셈이다.

둘째, 실무적 대화(technical dialogue)이다. 이것은 객관적 이해의 필요에 의해서 발생한다. 예컨대 출국수속을 밟기 위해 외무부 직원과 이야기를 주고받은 경우가 이에 해당될 것이다.

셋째, 진정한 대화(genuine dialogue)이다. 여기서는 각자가 타자에게 진실로 책임을 진다. 각자는 정체성을 지닌 채 대화에 참여하며, 책임 있는 신념으로 응답한다. 이때 유의해야 할 점은 상대편에 '동의'하는 것이 아니라 '응답'한다는 것이다. 따라서 이때의 '응답'은 책임 있는 '예'와 '아니오'를 모두 포함한다. 그리고 자기 자신에게가 아니라 타자에게 몰두한다. 즉, 각자는 타자의 현존재를 인정하고, 상호관계를 확립한다. 그리고 타자의 삶과 실존에 대해 보다 차원 높은 관심을 지닌다.

이상과 같이 세 가지의 대화 유형을 설명하면서, 부버는 세 번째의 진정한 대화를 가능하게 하는 세 가지 조건들을 제시한다(Misrahi, 1966: 33-34).

첫째, 의중유보(意中留保)의 완전한 불식, 즉 완전한 진실성의 추구이다. 만약 의중유보를 한다면 그것은 진정한 대화를 기만하는 것이다. 만약 우리가 어떤 문제에 관해 허심탄회하게 모든 것을 털어놓지 않는다면, 우리는 그 문제의 해결을 위해 노력하고 있는 것이라고 볼 수 없다. 즉, 우리는 난지 우리 자신을 안심시키기 위해 말하고 있는 것뿐이다. 따라서 우리 자신에게 말하는 것이지, 상대방에게 말하는 것이 아니다.

둘째, 진정한 직면이다. 이것은 앞에서 이미 설명한 바 있다.

셋째, 모든 프로퍼겐더(propaganda)를 거부하는 것이다. 비유적으로 말하자면 대화가 연극적이지 말아야 한다는 것이다. 부버는 개방과 강요를 구분하여 설명한다. 어떤 이념이나 새로운 삶의 방식, 새로운 정치노선이나 학설을 강요하는 것, 즉 프로퍼겐더를 이용하여 외부로부터의 압력에 사람들이 순응하도록 하는 것 등을 부버는 배척했다. 반면에 그는 스스로를 개방하고, 납득시키고, 설득하는 것을 선호했다. 그는 압력이나 프로퍼겐더의 힘으로써가 아니라 내면으로부터 자유스럽게 조금씩 각자가 타자에 대하여 진실하게 개방할 것을 원했다. 이념의 강요는 프로퍼겐더를 통해서 실현될 수 있지만, 개방은 교육에 의해 실현될 수 있다고 부버는 보았다. 이때 교육이란 단지 가르치는 것만을 의미하지는 않는다. 그것은 타자와의 직접적인 관계이기도 하며, 매 순간 타자에게 하는 말이 교육이기도 하다.

이상의 세 가지 조건이 충족될 때 진정한 대화가 이루어질 수 있다는 것이다.

부버의 대화철학은 유대교적 전통에서 싹튼 것이다. 부버의 철학사상의 모태는 하시디즘이다. 그것은 천상의 신과 지상의 인간 사이의 직접성을 강조한다(Buber, 1963). 즉, 신은 그 자신을 위해 어떤 도구를 만들지 않고 단지 대화할 수 있는 파트너를 창조하였다. 이것이 인간이며, 인간에게 부여한 삶을 통해 모든 인간에게 말을 건넨다는 것이다. 그러므로 인간은 삶 전체로서 신에게 응답할 수 있을 뿐이다. 바로 이러한 신과 인간 사이의 관계가 부버의 「만남」의 철학, 즉 대화철학의 원형(原型)인 것이다.

이상에서와 같이 부버는 현대문명 속에서의 정신적 위기 및 인간의 자기 상실을 「관계」의 회복, 즉 「만남」의 철학으로 극복하고자 하였다. 사람이 세계를 경험한다고 말할 때 이것은 사람이 이 세계를 객체로서 소유하고 이용한다는 것을 뜻한다. 이때의 세계는 경험의 대상으로서 어떤 것일 뿐 경험하는 주체와 적극적인 관계에 있지 않다. 이처럼 「나-그것」의 관계는 주체와 객체의 관계이며, 「그것」의 세계는 경험과 인식과 이용의 대상이 되는 세계이다. 반면에 「나-너」의 관계는 주체와 주체, 인격과 인격의 관계이며 동시에 「나」와 「너」의 상호적 관계이다.

기계·기술 문명에의 치중과 기능화된 사회구조에의 지나친 의존 혹은 경험과 이용능력의 무작정 확대 등을 통해 세계와의 관계가 「그것」화 된다는 것이다. 반면에 이러한 현상은 「나－너」의 관계의 힘을 상대적으로 감소시킴으로써 인류의 장래를 불투명하게 하는 결과를 초래한다. 바로 이것이 부버가 진단한 현대의 위기적 상황이며, 이러한 상황을 「나－너」의 관계의 회복을 통해 극복하자는 것이 곧 부버철학의 근본 메시지이다.

3_____부버철학의 연구방법론

여기서 우리가 짚고 넘어가야 할 것은 학문적 태도, 즉 연구방법론이 타당한 것이냐 아니냐 하는 문제이다. 왜냐하면 그의 철학사상을 수용할 것이냐 그렇지 않을 것이냐 하는 문제는 그의 연구방법론이 타당하냐 그렇지 않느냐의 평가결과에 달려 있다고 볼 수 있기 때문이다. 본 서의 3장 5절에서 살펴본 바와 같이 부버는 그의 대학시절의 스승인 딜타이(Wihelm Dilthey)와 하시딕 전설에 대한 자신의 체험을 바탕으로 새로운 유형의 학문을 발전시켰다(Bender, 1974: 16f).

베를린 대학의 딜타이 밑에서 공부하는 동안 부버는 정신과학과 자연과학 간의 구분을 제시한 딜타이에 의해 감명을 받았다. 후자의 경우, 학자는 자신의 연구 대상의 바깥에 서서 현상에 대한 날카로운 분석을 하는 '초연한 관찰자'이어야 한다. 그러나 전자, 즉 예술이나 인문학의 경우 학자는 초연한 관찰자이어서는 안되고 스스로가 참여해야만 한다. 왜냐하면 그가 연구하고 있는 인간의 삶의 양상 속에서 전형성(典型性)과 독특성을 찾아내는 것은 바로 그의 참여를 통해서이기 때문이다. 따라서 딜타이는 인문과학이나 사회과학 속에는 객관적 내용을 벗어난 어떤 것이 있다고 주장하면서, 학자는 바로 이 부분을 자신의 개인적 차원에서 주관적으로 개입하여야 함을 강조한다. 즉, 그것을 임상적으로 뿐만 아니라 개인적으로 연구해야 한다는 것이다. 부버는 딜타이의 이러한 견해에 공감하였으며, 그가 하시딕 연구를 하게 됨에 따라 이러한 견해를 더욱 감명 깊게 수용하여 그의 철학에 원용하였다.

부버는 학문의 합리적인 형태를 비판적 형태와 개인적 형태로 구분하였다(Bender, 1974: 18).[11]

전자의 경우, 전통은 지식의 대상으로 다루어지며, 엄밀하고도 종합적으로 발전된다. 따라서 학자는 1차 자료와 2차 자료를 구분해야만 한다. 그는 비판적 연구의 엄밀한 원리에 입각하여 연구를 진행한다.

반면에 후자의 경우, 학자는 과거의 정신을 현재 속에 다시 불어넣는 방식으로 과거 전통의 힘과 생명력을 독자들에게 다시 제시하려고 우선적으로 노력한다. 하지만 이것은 과거에 이러한 정신을 구체화했던 내용이나 개념의 재연에 의해서만은 수행될 수 없다. 오히려 정신 그 자체가 지각되고 교통(交通)되어야만 한다. 이에 대해 부버(1954a)는 다음과 같이 설명한다.[12]

---

11 이것은 3장 5절에서 잠시 언급한 바와 같이 솔렘이 부버의 하시딕 해석방법론에 대하여 공박하자, 부버가 솔렘의 공박에 대해 답변했던 내용이다.

12 키르케고르도 이와 비슷한 입장에서 그의 신앙론을 다음과 같이 피력한다(Johnson, 1980: 90−91). 물 밑바닥에 발을 딛고 건너가고 있는 한 그는 헤엄을 친다는 것이 어떠한 것인지를 결코 이해하지 못한다. 방관자로서 무릎까지 오는 깊이에 서서, 남들이 헤엄치는 것을 보고, 이 현상을 완전히 과학적으로 정확히 서술할 수 있을지 모른다. 그러나 자기 자신에 관해서는 어떨까. 과연 그는 헤엄이 어떤 것인가를 알 수 있을까. 그는 자기를 물에 내맡기는 신앙이 없는 한, 결코 헤엄이 무엇인지를 알 수 없다. 사람은 자신의 생명을 빠져죽을지도 모를 위험한 처지에 내놓지 않고서는 결코 헤엄을 배울 수가 없다. 깊은 곳으로 뛰어들어가야만 한다. 모험이 없는 곳에는 신앙이 없다. 키르케고르는 신앙이란 칠만길의 깊은 물 속에 뛰어들어 헤엄을 치는 것이라고 말하고 있다.

··· 해변가에 우두커니 서서 물거품 이는 파도를 쳐다보아서는 지식을 얻지 못한다. 모험을 하여 네 자신이 바다 속으로 뛰어들어 혼신의 힘으로 헤엄쳐야만 한다. 비록 의식을 잃더라도 말이다. 이렇게 해야 당신은 인간학적 통찰(anthropological insight)에 이를 수 있다(124).

여기서 말하는 인간학적 통찰은 추상적인 것과 대립된다. 즉, 이것은 내면으로부터 삶의 흐름을 파악하는 것이다. 말하자면 구체적인 삶 혹은 흐름 속에 참여하는 것이다. '삶의 철학'의 철학적 전통에서는 보편적으로 체계를 거부한다. '삶의 철학'의 범주에 속했던 부버도 삶의 흐름을 강조하면서 체계를 거부하였다(Rotenstreich, 1959: 170). 부버 그 자신은 철학적 체계를 확립하고자 의도하지도 않았고, 자신의 삶과 사상이 체계적으로 분석되는 것을 바라지도 않았다(Cahnman, 1965: 7). 따라서 부버는 구체적인 삶을 강조했기에 추상적인 태도를 비판하였다.

이처럼 비판적 학문형태의 경우, 학자는 독자에게 사실적 정보를 제공해 주고자 하며 개인적 학문형태의 경우 독자에게 내용과 함께 그리고 내용을 통해서 '현존'을 제공해 주고자 한다. 철학자로서 부버는 명제와 증명에는 관심이 없었다. 오히려 그 반대로 그는 자신의 독특한 체험을 통해 인류의 원초적 체험들을 이해하였으며, 이같은 근본적 접촉을 통해 그가 감지한 것을 독자들에게 보고하였다. 만약 독자들이, "나도 역시 이것이 삶의 의미라고 느낀다"라는 식으로 공감하면 저자는 승인을 받음과 동시에 그의 사상이 검증될 것이다. 이와 반대로 독자들로부터 반향이 없으면 그 반대가 된다는 것이다(Bender, 1974: 2).

요컨대 부버의 방법론은 메마르고도 객관적인 내용을 강조하는 것이 아니라, 그 내용 속에 감추어진 '삶'과 '정신'을 강조한다. 부버는 말하기를, "나는 필터(filter)를 이용하지 않는다. 즉, 내가 필터가 되었다(Schilpp & Friedman, ed., 1967: 731)"라고 하면서 자신의 연구방법론을 비유적으로 함축하고 있다.

그의 방법론은 엄밀성을 지니고 객관적으로 연구하는 비판적 학자의 방법론이 아니고, 전술한 바와 같이 자신의 연구에 주관적으로 교통하는 개인적 학문형태의 방법론으로서 연구의 '정신'과 교통하는 데 관심을 둔다. 그러므로 이러한 진리를 독자에게 책임지는 것은 학자 그 자신이지, 객관적 자료가 아니라고 본다(Bender, 1974: 32).

부버의 철학에 면면히 흐르는 방법론은 바로 이러한 것이다. 물론 그의 방법론에 결점이 없는 것이 아니지만,[13] 새로운 시각에서 접근된 그의 방법론에는 나름대로의 타당성이 있으며 연구방법론에 있어서 또 다른 차원의 지평을 열어 놓았다는 점에서 높이 평가할 만하다.

---

13 물론 부버 자신도 학문형태의 두 가지 구분이 갖는 장점과 단점을 인정하고 있다. 예컨대 개인적 학문형태의 긍정적인 면은 ① 학자의 사실적 탐구와 ② 지각한 것에 대한 믿음 등이며, 부정적인 면은 ① 원작자(original author)의 편견과 ② 현재 학자의 문화적 편견 등이라는 것이다. 그럼에도 불구하고 어떤 형태의 학문에서든 간에 진리는 편견과 함께 섞여 있다고 본다(Bender, 1974: 19).

CHAPTER 05

부버의 교육철학

Martin Buber's Philosophy of Meeting

5

부버의 교육철학

1_____실존적 교육관과
「만남」의 교육

실존주의자인 마르틴 부버의 「만남」의 사상은 하시디즘과 실존주의를 배경으로 하여 형성되었기 때문에 그의 교육철학을 살펴보기에 앞서 실존적 교육관을 기존의 전통적 교육관과 비교하여 상이점을 살펴보기로 한다. 여기서 언급하는 전통적 교육관의 개념은 실존적 교육관의 개념에 대응되는 의미로 사용하기로 한다. 즉, 인간형성의 과정을 지속성(持續性)으로 보느냐 아니면 단속성(斷續性)으로 보느냐에 따라 구분한 것이다.

볼르노(Bollnow, 1977: 16f)는 전통적 교육관을 크게 기계적 교육관(Mechanische Auffassung)과 유기적 교육관(Organische Auffassung)으로 구분하면서 전자는 계몽주의로부터, 후자는 낭만주의로부터 나온 것이라고 보았다.

기계적 교육관은 목수가 그의 계획과 설계대로 연장을 사용하여, 의도했던 물건을 만들어 내는 것과 마찬가지로 교육자가 속으로 의도했던 목적과 목표에 따라 그에게 맡겨진 인간을 어떤 일정한 모습으로 만들어 나가는 것을 교육이라고 본다. 다시 말하면 교육은 일종의 '만드는 작용'이라고 볼 수 있다. 반면에 유기적 교육관은 인간을 마음대로 주물러지는 소재로 보지 않고, 인간 속에 내재하는 고유한 법칙에 따라 안으로부터 계발되어 그 자신 속에 깃들어 있는 목표를 지향함으로써 내면적·본질적으로 발전하는 것을 교육이라고 본다. 이러한 유기적 교육관에서의 교육자는 식물을 재배하는 정원사에 비유된다. 따라서 교육은 일종의 '기르는 작용'으로 볼 수 있다.

이같이 기계적 교육관은 교육을 적극적 형성 작용으로 보며, 유기적 교육관은 교육을 자연적 성장과정의 소극적 보호 작용으로 본다. 그러나 이러한 차이점과 함께 주목해야 할 사실은 이 두 교육관이 이념적으로는 서로 대립되지만 방법론적으로는 인간이 꾸준히 지속적·계획적으로 성장한다는 연속적 형성가능성을 자명한 전제로 받아들이고 있음에 견해를 같이 하고 있다. 즉, 지속적인 발전·성장, 지속적인 구성, 점진적인 개량이라는 입장에서 인간의 교육이 가능하다고 보는 것이 양자의 공통된 입장이다(Bollnow, 1977: 18; 金丁煥, 1974: 165−166; 李奎浩, 1975: 188−189).

이처럼 전통적 교육관은 인간의 지속적 가소성(持續的 可塑性)을 전제로 하는 연속적 형성의 교육가능성을 강조한다. 따라서 교육의 단속적 성격(斷續的 性格)이 무시되고 있으며, 교사나 학생 간의 '상호관계형성'이 경시되고 있다.[1] 즉, 연속적 형성의 교육가능성의 한계를 실존적 교육관이 극복하고 있는데 그 입장은 다음과 같다.

실존이란 ① 집단에 해소(解消)되지 않고, ② 공통성에 의해 통분되지 않고, ③ 하나 하나의 타(他)에 견줄 수 없는 인간존재를 가리키는 것

---

1 예컨대, 본질주의자 및 테크놀로지스트(technologist)들은 교육을 교사로부터 학생들에게로 내리 이루어지는 일방적 과정으로 보며, 진보주의자 및 낭만주의자들은 교육을 학생으로부터 교사로 이동하는 흐름으로 보지만 역시 일방적인 과정으로 본다(Lapp et. al, 1975: 195−196). 즉, 교사와 학생 간의 관계를 상호관계로 보지 않고 일방적이고 권위주의적인 관계로 파악한다. 따라서 Faure 등 (1980: 6)은 오늘날 전 세계의 대부분의 학교에서 팽배하고 있는 권위주의적인 교사−학생 간의 관계유형이 과거의 유산임을 지적하면서 인간학적 차원에서 이를 극복하여야 함을 역설한다.

으로서(金丁煥, 1974: 156), 인간을 철두철미한 개성적 존재로 파악한다.

김은우(金恩雨, 1971: 64)는 실존하는 개인의 세 가지 특징을 다음과 같이 들고 있다.

첫째, 실존적 개인이란 어디까지나 자기 자신과 무한한 관계를 가지고 있는 사람, 또는 자기 자신에 대해서 충실하되 무한히 자기 자신에게 충실한 사람, 또 자기 자신뿐만 아니라 자기의 운명에 대해서 가장 심각하게 끊임없이 생각하는 사람, 이런 사람만이 실존하는 개인이라 말할 수 있다.

둘째, 실존하는 개인은 언제나 자기 자신에 대해서 끊임없이 변화하고 있는 것을 느끼며 그 끊임없이 변화하고 있는 자기가 자기 앞에 이루어진 어떠한 사명적인 과업, 즉 피할 수 없는 일 또는 자기가 하지 않으면 안될 삶의 중대한 과업에 대해서 조금도 유예 없이 느끼는 사람이다.

셋째, 실존하는 개인은 틀림없이 열정적인 정열을 갖게 되는 것이고 또 열정적인 사고에 몰두하게 되고 따라서 영감을 받게 되는 것이다. 다시 말해 유한 속에서 무한을 실현하는 사람이 곧 실존하는 개인이다. 여기서 정열이라는 것은 실존에 생명을 불어넣는 것인데 이것을 키에르케고르는 자유의 정열이라 하였다.

사르트르 등과 같은 실존주의자들이 강조하는 핵심 개념은 자유(freedom), 선택(choice), 책임(responsibility)이다. 따라서 실존주의 교육에서는 개인을 "선택하는 행위자, 자유로운 행위자, 그리고 책임을 지는 행위자"(Morris, 1966: 135)로 규정하면서 개인으로 하여금 이러한 의식을 갖도록 일깨운다. 즉, 실존주의는 완전한 자유 속에서 홀로 결단에 의한 개인적 선택을 하되, 자신의 선택에 대해 철저한 책임을 지도록 한다.[2]

---

2 물론 실존주의자들은 타인들에게도 자신들과 똑같은 실존적 자유를 부여한다. 왜냐하면 인간은 결코 수단시되어서는 안되며 목적시되어야 하기 때문이다. 따라서 실존주의가 파시즘, 공산주의, 나치즘 등을 배척하는 이유도 그들이 인간을 국가적·정치적·사회적 혹은 인종적 목적의 실현을 위한 수단

이런 의미에서 실존적 사고를 따르는 교육은 선택과 책임에 대한 깊은 개인적 반성을 강조한다(Ornstein, 1977: 209).

개인의 삶에 있어서 철저한 선택과 책임, 그리고 주체성을 강조하는 것이 실존주의이다. 철저하게 자유를 가지는 반면에 철저하게 선택에 대한 책임을 져야 한다는 것이다. 따라서 실존주의 교육에 있어서 가장 중요한 지식이란 인간의 조건들(human conditions)과 각 개인이 행해야만 하는 선택에 관한 것이라고 보며, 교육을 선택의 자유 그리고 선택의 의미와 그 선택에 대한 책임에 관해 의식을 일깨워 주는 과정이라고 본다(Ornstein, 1977: 210). 이처럼 실존주의 교육에서는 학생으로 하여금 그에게 유용한 수많은 선택으로부터 자신의 길을 스스로 선택하도록 하게 한다. 따라서 학교는 선택적 분위기를 조성하여야 하되, 학생이 하지 않으면 안될 선택의 종류를 일방적 내지는 획일적으로 규정하여서는 안된다.

교육은 외부의 자극이나 환경 혹은 상황에 대한 적응이 아니라 창조적 자아의 성장을 촉진시켜 주어야 하는 작업이기 때문에 실존주의 교육에서는 교사, 커리큘럼, 시설, 환경 따위는 한 인간이 전인으로 성장하기 위한 도구에 지나지 않는다고 본다. 예컨대 루소나 페스탈로치 같은 자연주의자들은 매우 구체적인 교수방법을 제시하였으며, 도구주의자들 또한 매우 구체적인 교수방법을 제시하였고 문제해결법을 교육실제에서 중시하였다. 그러나 실존주의에서는 이같은 방법론적 노력이 미미하다. 단지 일반 철학에 관한 실존적 저술들로부터 교육방법론에 관한 추론이 가능할 뿐이다.

실존주의자들은 교과목 그 자체보다는 교과목을 다루는 방법을 더욱더 중시한다(Dupuis & Nordberg, 1964: 252). 이는 커리큘럼 내에서의

으로 삼았기 때문이다. 체제라고 하는 것은 개인을 위해 존재하는 것이지, 체제를 위해 개인이 존재하는 것이 아니다. 결국 체제(정치체제, 사회체제, 교육체제 등)는 인간 자신의 존재를 창조하기 위한 수단에 불과한 것이다(Dupuis & Nordberg, 1964: 244f).

실존적 자유의 행사가 커리큘럼 내용보다도 더 중요시됨을 의미한다. 그러므로 학교는 학생들의 자유를 신장하고 창조적인 개성을 갖도록 격려해야지, '적응' 또는 관습에 '순응'하도록 압력을 가해서는 안 된다(Kneller, 1964: 59). 또한 학생들은 그의 환경에 의해 '형성되는 존재'로서가 아니라 '그 자신을 형성해 나가는 존재'로서의 역할이 강조된다(Dupuis & Nordberg, 1964: 236).[3]

결국 이들이 추구하는 교육의 목적은 인간 자체의 탐구이며, 이에 따라 삶에 대한 모든 형태의 광범위하고도 종합적인 경험을 제공하는 것이다(Kneller, 1958: 117; Power, 1982: 145). 이처럼 실존주의자가 교육을 통해 달성하고자 하는 인간은 단편적 인간이 아니라 전인적 인간이다(Dupuis & Nordberg, 1964: 251).

실존주의자들은 학교교육이라는 형태를 어떤 면에서는 부정적으로 보는 입장에 있다. 그들은 학교라는 것이 오히려 인간의 개성을 말살시킨다고 주장하면서 보편화된 교육, 집단적인 획일화 교육을 비난한다. 즉, 학교 자체가 이미 개인이 '사회화'되는 장소로 변해 버렸기 때문에 집단의 훌륭한 일원, 훌륭한 시민은 형성시킬 수 있으나, 훌륭한 개인을 형성시키기는 어렵다고 본다(Dupuis & Nordberg, 1964: 259-260). 니체(Nietzsche)가 공교육(公敎育)을 비난한 것도 공립학교가 개인의 자유와 책임을 파괴하고, 오히려 그것들을 정부 주도의 획일화로 대치시키려는 경향이 있다고 보았기 때문이다(Dupuis & Nordberg, 1964: 254). 닐러(Kneller, 1958: 91)도 이같은 입장에 서서 공장에서의 상품의 대량생산과 학교에서의 학생들의 대량교육 간의 유사성을 꼬집어 지적하면서 개인의 선택 자유를 제한하는 획일화 교육이 지양되어야 함을 역설하였다.

---

3 모든 것은 고유한 특성을 띠고 나타난다. 소금은 소금이다. 나무는 나무이다. 개미는 개미이다. 그러나 인간만은 자신을 만들기 전에는 인간이 아니다. 인간은 자기 의식과 자기 결정력 등의 활동을 통해 자신을 인간으로 만든다. 그래서 사르트르는, "처음에는 인간은 무(nothing)이다. 그 후에야 어떤 것(something)이 될 것이고, 또 그 후에야 자신이 원하는 존재로 자신을 스스로 빚어갈 것이다"라고 하였다(Sire, 1985: 119-120). 이처럼 실존주의에서는 인간을 생성적 존재로 파악한다.

실존주의자들은 실존주의의 적이란 인간적인 것을 파괴하는 것이라고 본다(Shin, 1981: 215). 즉, 그것들은 ① 사회유기체를 기계로 전환시키고, 인간을 과정에 종속시키고, 삶과 인간관계를 기계화시키는 기술, ② 효율성의 목적 때문에 인간을 비인간적인 구멍 속에 집어넣는 조직, ③ 윤리를 과학으로 전환시킴으로써 결단에서 연유된 불안과 고통을 제거하려는 공리주의적 도덕, ④ 인간에게 '그것' 자체를 부여함으로써 자기 자신이 된다는 존엄성을 거부하게 하는 외적 권위, ⑤ 풍요한 사회의 이데올로기 속에서 인간을 헤어 나오지 못하게 하는 매스컴 등등이다.

따라서 실존주의자들은 인간의 삶이란 인격적인 존재이며, 참여이며, 관여함이며, 결단이고, 자기 자신이 되고자 하는 모험이라고 말한다. 가치관은 인간적인 것이며, 그것들이 인간에 대한 관심이 없는 것이라면 아무 의미가 없다는 것이다. 간단히 말하면 "실존주의는 휴머니즘이다"라는 것이다.

실존주의자들이 특히 강조하는 교과목은 인문학과 예술이다(Sutherland, 1967: 173; Morris, 1969: 369; Ornstein, 1977: 211; Dupuis & Nordberg, 1964: 237). 왜냐하면 실존적 선택은 매우 개인적이고 주관적이기 때문에, 정서적이고 심미적이며 시적인 과목들이 실존적 교육과정에 적합하다고 본다. 다시 말하자면 인간의 정서 및 심미적 성향과 도덕적 성향이 이러한 과목들을 통해 잘 계발될 수 있다.

실존주의 교육에서 중요시하는 또 다른 측면은 삶의 부조리나 실존적 긴장, 즉 불안이다. 따라서 이들은, 진정한 인간교육은 삶의 좋은 측면뿐만이 아니라 삶의 불합리한 측면, 즉 삶의 추한 측면까지도 포함한 전체로서의 인간교육으로 파악되어야 한다고 본다.

따라서 실존주의자들은 합리주의가 낳은 추상화(abstractness)에 저항한다. 그 대신 그들은 온전한 인간(entire man)으로 하여금 죽음, 불안, 죄, 공포, 전율, 권태, 절망 등과 같은 불유쾌한 것들을 철학으로 완성하도록 시도하고 있다. 이들이 볼 때 합리주의적 접근(rational approach)의 가장 큰 약점은 인간적인 것과의 거리감이다(Troutner, 1964: 123).

그럼에도 불구하고 현대교육은 인간 혹은 인간 세상의 어두운 측면을 감추고자 한다. 그러나 실존주의자들은 진정한 교육이란 감추지 않는 교육이라고 믿는다. 따라서 훌륭한 교육이란 적나라한 인간의 모습에 초점을 맞추는 것이라고 보기 때문에 학생들로 하여금 좋은 것이나 나쁜 것, 합리적인 것이나 비합리적인 것 등, 삶의 모든 측면들을 알 수 있도록 해야 한다는 것이다.[4] 이러한 입장을 그들은 인간주의적이라고 본다(Ozmon & Craver, 1976: 179).

흔히 학교에서는 종교, 죽음, 출생, 성(性) 등에 관한 문제에 있어 계획적인 거짓말을 하기도 한다. 왜냐하면 이러한 사실들을 학생들이 아는 것이 불안이나 두려움을 자아내게 하므로 해가 된다고 보기 때문이다. 그러나 실존주의자들은 오히려 그 반대라고 주장한다. 즉, 진짜 상황을 알지 못하게 하면 더 큰 불안을 유발하게 한다는 것이다. 그러기에 실존주의자들은 죽음, 좌절, 갈등, 고통, 공포, 성 등과 같은 어두운 측면들을 감추거나 거짓교육을 시키지 말고 떳떳이 교육내용으로 채택하여야 한다는 입장을 취한다(Kneller, 1964: 65-66; Kneller, 1971: 263; Ornstein, 1977: 210; Ozmon & Craver, 1976: 170f; 南宮達華, 1982: 5, etc.). 흰색 주변에 검은색을 깔아 주면 더욱 더 흰색이 돋보이듯이, 삶의 주변에 죽음이나 불안, 고뇌 같은 내용을 의식화시켜 주면 삶에 대한 의미가 더욱 새로워지고 강렬해진다는 것이 실존주의자들의 논리이다.

학생들은 항상 삶과 죽음 그리고 인간실존의 부조리 등에 관해 의문을 지니고 있는 것 같다. 교사는 학생들의 이같은 의문에 독단적이거나 권위적인 대답을 하여서는 안된다. 오히려 교사는 학생들이 이러한 궁극적 의문들을 가지고 인간실존을 탐구하도록 조성(助成)하여야 하며,

---

4 사르트르(1948: 30)는 고뇌를 감추는 사람들이 감추지 않는 사람들보다 아마 더 많은 고뇌를 지니고 있을 것이라고 말한다.

또한 그러한 문제들을 다양한 관점으로 탐구할 수 있도록 도와야만 한다. 이러한 경우에 있어서 교육방법은 교훈적이거나 권고적이지 말고 촉진적이어야 한다(Ozmon & Craver, 1977: 178). 예컨대 삶의 부조리에 직면한 학생에게 부조리극을 관람하게 함으로써 문제해결을 도왔다면 바로 이것은 촉진적 교육방법이 될 것이다.

이상에서처럼 인간의 죽음, 불안, 고통, 위기 등과 같은 어두운 측면과 자유, 선택, 책임, 개성 등과 같은 주체적 측면을 부각시켜, 단순히 지속적인 노력만으로는 인간을 변화시킬 수 없다는 실존주의자들의 관점은 전통적 교육관을 극복하고 새로운 교육형태인 비연속적(혹은 斷續的) 형성의 교육가능성을 제기하였다. 교육학에 있어서 비연속성을 가능케 하는 것으로 교사와 학생과의 만남, 학생과 작품 속의 인물 또는 역사적 위인과의 만남, 육체적·감각적 또는 종교적인 각성, 벌·설교·명령·호소 등에 의한 훈계나 조언 등을 들 수 있다. 그러나 전환이나 비약을 가능케 하는 가장 핵심적인 요소는 만남이다(鄭世華, 1979: 3). 특히 부버와 같은 실존주의자는 교사와 학생 간의 관계도 일방적이고 권위적인 전통적 관계를 벗어나 인격을 지닌 상호주체적 관계로 파악한다.

실존주의 교육이 우리에게 주는 시사점으로는 첫째, 교육마당에서 비연속적 형성가능성의 일면을 주목하게 하며, 둘째, 보편화·집단화·획일화하는 현대교육의 경향을 인간의 개성과 주체성을 최대한 존중하는 교육으로 전향시키도록 촉구하며, 셋째, 학생 개개인의 개성을 존중하여 다양한 커리큘럼을 제공함으로써 전인교육이 이루어질 수 있도록 하며, 넷째, 학생의 자율성이 강조됨과 함께 이러한 실존적 아이디어들이 교육마당에 적용되기 위해서는 인간의 실존 내지는 인간교육에 대한 교사의 관심과 역할이 매우 중요하기 때문에 새로운 차원의 교사론 및 교사교육이 요청되며, 다섯째, 삶의 밝은 측면뿐만 아니라 어두운 측면까지 교육의 영역으로 끌어들임으로써 보다 진솔한 교육이 이루어질 것을 촉구한 점 등을 들 수 있다.

물론 실존주의의 본질상 교육방법 면에서는 취약성을 보이는 것이 사실이지만, 우리가 지향하는 것이 진정한 인간교육이라고 한다면 삶과 인간을 전체적으로 조명하는 실존적 교육방법론의 '의미 있음'이 쉽게 가슴에 와 닿을 것이다. 하지만 방법화의 어려움에도 불구하고 실존적 아이디어들을 교육이론이나 교육활동의 전개에 도입·적용하려는 노력이 계속 있어 왔다. 예컨대 닐러(G. F. Kneller), 모리스(V. C. Morris), 볼르노(O. F. Bollnow) 등은 교육철학에, 로저스(C. Rogers), 매슬로우(A. Maslow), 올포트(G. Allport), 프랭클(V. Frankl), 메이(R. May) 등은 교육심리 및 상담심리에, 쉐릴과 존슨(Sherrill & Jonson) 등은 종교교육에, 그리고 고든(H. Gordon) 및 데마레스트(W. Demarest) 등은 평화교육에 원용하였다.

마르틴 부버의 「만남」의 사상은 실존주의의 단속성(斷續性)을 배경으로 형성된 것이다. 즉, 「만남」은 단속적(斷續的)이며 이러한 「만남」을 통해 사람은 사람됨으로 이끌어진다는 것이다. 인간은 「만남」의 계기로 인해 비약적인 삶의 변화를 가져오게 되며, 이러한 변화를 통해 사람됨(Menschwerden)의 존재로 변모하게 되는 것이다. 그런데 「만남」은 의도적이고 계획적으로 이루어지지는 않는다. 결코 예측할 수 없는 운명적·돌발적 성격을 지니는 것이다. 따라서 "「너」와 「나」는 은혜로 말미암아 만난다－찾아서는 발견되지 않는다"(Buber, 1958: 11)라고 하는 것이다.

전존재를 건 「만남」이기에 이러한 「만남」에 있어서 일정한 계획과 기대를 가지고 살던 나의 삶 전체가 뒤집히고 전혀 새로운 출발을 한다. 이같이 「만남」이 운명적일 때 우리는 그것을 본래적 의미의 「만남」이라고 말하는 것이다(李奎浩, 1977: 121). 따라서 교육 이전에 「만남」이 있으며, 「만남」으로 인해서 새 사람이 탄생되는 진정한 교육이 이루어지는 것이다. 즉, 「만남」은 운명적인 우발적 사건(Aufalligkeit)이고 언제나 하나의 구속적 독점성(Ausschliesslichkeit)이기 때문에(Bollnow, 1977:

132), 그것은 본질적으로 모든 의식적인 교육계획을 회피하는 것이다. 그러기에 교사는 「만남」을 꾸밀 수 없으며, 단지 「만남」을 이끌어들이기 위한 노력만 할 수 있을 뿐이다. 이때 교사 그 자신이 「만남」의 대상이 될 수도 있기 때문에 교사의 인격적 모범은 중요한 교육적 의의를 지닌다. 바로 이것이 무의도적 교육의 일면인 것이다.

실존주의 운동이 교육가들에게 막연한 의미를 부여하였고, 게다가 어떠한 지도지침도 주지 않은 것이 사실이지만 부버의 경우는 다소 예외적이다. 즉, 의미 있는 교사-학생 간의 관계를 위한 준거 및 바람직한 교육풍토를 위한 준거의 제시는 현대교육철학에 명백한 의미를 부여한다(Goodman, 1978: 70). 물론 부버도 교육가에게 교육이 나아가야 할 방향을 제시하였을 뿐 구체적인 지도지침은 제시하지 않았다. 그러나 인간과 자연과의 관계, 인간과 인간과의 관계, 인간과 정신적 존재와의 관계를 우리가 가질 수 있는 관계의 원형으로 제시함으로써 참된 공동체를 형성할 수 있는 근거 및 인간교육이 성립될 수 있는 근거를 제시한 점을 높이 평가하여야 할 것이다.

이처럼 부버의 「만남」의 사상은 기계화 시대에 소멸해 가는 인간의 존엄성과 자아상실의 회복을 「나」와 「너」의 「만남」에 의해 해결하려 한 것이었다. 즉, 「나-너」의 인격적 관계가 무너질수록 그만큼 더 비현실성에로 타락하게 되며 「나-그것」의 관계가 상대적 우위를 차지하게 됨을 경고한 것이다. 오늘날 기계문명 속에서 인간성을 잃고 고독에 빠진 현대인들은 사실상 인격의 부재 속에서 인간의 삶이 이처럼 비인격화됨으로써 「그것」으로 전락하고 있음을 단적으로 보여주고 있는 것이다.

프리드만(Friedman, 1976: 173)도 이같은 입장에 서서 오늘날의 과학의 세계를 「그것」의 세계로 보면서 과학이 인간을 전체로 연구하지 않고 단지 자연 세계의 한 부분으로 연구함으로써 인간의 전체성을 발견하는 것을 저해하고 있음을 지적하고 있다. 이러한 경고에서처럼 오늘

날의 교육이 인간을 전체성으로 보면서 전인교육을 하고 있는지 다시
한 번 반성해 볼 여지가 있는 것 같다.

2_____인간교육론

하시디즘의 인간관에서 특히 강조하는 것은 인간의 독특성, 개별성
그리고 평등성이다. 모든 개인은 저마다 남과 다른 독특성을 지니고 있
다. 그리고 이러한 독특성은 개별화의 전제조건이 되기도 한다. 인간교
육의 가장 중요한 과업 중의 하나는 각 개인이 지닌 독특성을 실현하는
것이라고 볼 수 있다. 동시에 인간은 누구나 독특성을 지니고 있다는
점에서 모두 동등하다고 본다. 말하자면 빈부, 귀천, 성별 등의 차이에
전혀 관계없이 누구나 똑같이 자신의 일을 신성하게 할 수 있다는 의미
이다.

하시디즘에서는 인간이 세계와 하나님 간의 교량 역할, 즉 중재자
의 역할을 수행해야 하는 존재임을 강조한다. 인간에게 주어진 이러한
역할을 인간은 하나님과 세계에 대한 봉사(아보다)를 통해 수행할 수 있
다. 그런데 이러한 봉사는 특별한 봉사가 아니라 일상생활 속에서 접하
고 행하는 모든 것들에 대한 봉사를 뜻한다. 곧 일상 생활의 신성화를
통해 세계를 구원할 수 있다는 것이다. 다시 말해 세계 속에 흩어져 숨
어 있는 신성한 불꽃들을 해방시켜 그 근원으로 복귀시킬 수 있는 자는
인간뿐이라고 본다. 이런 의미에서 인간은 하나님과 공조관계에 놓여
있는 것이다. 따라서 바로 이러한 것들을 인간으로 하여금 깨우치게 하
고 실현하게 하는 것이 교육의 과업이라고 할 수 있다. 하시디즘의 이
러한 인간관이 부버의 인간교육론의 모태가 된다.

부버는 인간세계의 두 가지 근본적인 질서를 「나-너」의 관계와

「나-그것」의 관계로 파악하였다. 즉, 「나-너」의 근원어에 바탕을 둔 참대화가 이루어지는 인격공동체와 「나-그것」의 근원어에 바탕을 둔 독백만이 이루어지는 집단적 사회가 그것이다. 그런데 오늘날의 사회는 점점 더 「나-그것」의 세계로 치닫고 있다. 이같은 현대사회의 비극적 상황 속에서 「나-너」의 관계회복을 통해서 전체로서의 인간성을 회복하고자 함이 부버 사상의 요점이다. 이처럼 부버는 관계의 개념으로서 인간의 위치 및 본질을 파악하고자 한다. 따라서 참다운 인간존재는 고립된 실존 속에 있는 것이 아니라 관계형성을 통해서 나타나며, 사회적으로 실존하는 것이다.

결국 부버에게 있어서 인간이란 관계를 통해 그의 실존을 형성해 나가는 창조자로 파악된다. 그러므로 부버의 교육적 중심은 자연과의 관계, 인간과의 관계, 정신적 존재와의 관계를 통해 학생들의 인격을 계발하고 실현하는 데 있다(Gordon, 1980: 294). 다시 말해 부버의 철학적 인간학은 '인간의 전체성(the wholeness of man)'에 관한 탐구이기 때문에 그의 교육론의 주조음도 '학생의 전체성'에 관한 탐구, 즉 전인교육론이라고 볼 수 있다.

부버(1962: 64-65)에 의하면 우리는 모든 것 그리고 모든 사람들로부터 배울 수 있다. 따라서 교육은 어느 곳에서나 일어날 수 있다. 즉, 우리가 마음의 문을 개방하면 세계가 그 속으로 들어온다는 것이다.

그는, 인간의 삶과 정신의 형성에 영향을 주는 두 가지의 근본적인 방법이 있는데, 그것을 '프로퍼겐더(propaganda)'와 '교육(education)'이라고 하였다(Friedman, 1956: 101-102). 전자의 경우, 자신의 정신적 행위가 정말로 독특하다는 식으로 타자에게 자기의 의견과 태도를 강요한다. 후자의 경우, 자기 자신의 내면에서 정당하다고 인식한 것을 타자의 영혼 속에서 발견하고 촉진하는 것이다. 그것이 정당한 것이기 때문에 개방될 필요가 있는 하나의 잠재력으로서 그리고 여러 가능성들 중의 하나의 가능성으로서 타자 속에 살아 움직여야 한다. 이때의 개방은 강의를 통해서가 아니라 「만남」을 통해서 이루어져야 하며, 방향을 발견한 자와 방향을 찾고 있는 자 간의 실존적 교통을 통해 이루어져야 한다.

부버의 교육관은 그가 행한 두 개의 연설에서 잘 나타나고 있다. 1925년에 하이델베르그에서 열린 제 3회 국제교육대회에서 "아동의 창의력 개발(The Development of the Creative Powers in the Child)"이라는 제목으로 행한 연설과 1939년에 텔아비브에서 열린 팔레스타인 교사대회에서 '성격교육(The Education of Character)'이라는 제목으로 행한 연설이 그것이다. 이들 두 연설은 부버 자신의 저작인 「인간과 인간 사이」(*Between Man and Man,* 1954a)에 수록되어 있다. 이 연설들과 관련자료들을 중심으로 부버의 교육적 입장을 분석해 보기로 한다.

첫째, 아동을 무한한 가능성과 창조성을 지닌 하나의 현실(reality)로 본다(Buber, 1954a: 83). 고결하고도 무한한 가치를 지닌, 역사창조에 이바지하는 존재가 아동이다(Davis, 1971: 66). 아무리 퍼내도 샘물처럼 솟아오르는 가능성이 바로 아동이라는 현실성이다. 이같이 아동이 '현실성'이기 때문에, 교육도 '현실성'이 되어야만 한다. 전인교육이란 아동 속에 감추어져 있는 다양한 능력들을 개발하여 주는 것이며, 이러한 것은 교육이 아동의 '현실성'을 긍정적으로 받아들일 때 비로소 가능한 것이기 때문이다.

'현실성'인 아동은 누구나 창작자 본능(originator instinct)을 가지게 되는데 이것은 자율적인 것이다(Buber, 1954a: 85). 그렇기 때문에 아동들은 항상 무엇인가를 창작하려고 하며, 그 과정 속에 자기 자신을 참여시키기를 갈망하고 또한 그 과정에 있어서 자신이 주체가 되려고 한다. 따라서 아동의 이같은 창작자 본능은 활짝 피기를 기다리는 꽃봉오리와 같은 것으로서 환경의 여건 조성에 따라 활짝 필 수도 있고 그렇지 않을 수도 있다. 그러므로 획일화된 오늘날의 교육을 지양하고, 교육은 아동의 창작자 본능을 촉진시킬 수 있는 방향으로 전환되어야 한다. 왜냐하면 교육이란 결국 우리가 가지고 있는 능력을 개발하는 것 외에는 아무 것도 아니기 때문이다.

이처럼 부버는 진정한 교육이란 이같은 창작자 본능이 자율적으로 개발될 수 있도록 돕는 것이라고 본다. 그러므로 이러한 본능을 해방시키는 것이 교육력(educative forces)이 아니고, 해방된 본능과의 「만남」을 가능하게 하는 힘이 교육력이라는 것이다(Buber, 1954a: 86). 이러한 힘은 인간의 자발성을 의미한다. 그러므로 진정한 교육에서는 인간의 자발성을 억압하지 않는다. 따라서 교육의 주요 목적은 아동의 창조력을 해방시켜 주는 것이라고 부버는 역설한다. 이런 점에서 그는 교육은 끝내야만 하는 것이 아니라 시작해야만 하는 것이라고 강조한다(Goodman, 1978: 75).

둘째, 세계 자체를 하나의 교육장으로 생각한다는 점이다. 하나의 개인에게 인격을 형성시키는 것은 세계이다. 다시 말해 세계, 즉 자연과 사회라고 하는 환경 전체가 인간을 교육한다는 것이다(Buber, 1954a: 89). 그러므로 세계 자체가 우리의 교사가 되는 것이다.

세계는 때때로 자연으로서 혹은 사회로서 아동에게 영향을 미치게 되며, 아동은 이러한 여러 요소에 의해 교육을 받게 된다. 즉, 한폭의 그림, 동식물의 생태, 웅장한 산 등등의 여러 요소들에 의해 아동은 교육을 받게 된다. 이런 의미에서 학교 교사는 이같은 여러 교사들 중의 단지 조그마한 한 요소에 불과하게 된다. 따라서 교사는 겸손해야 할 수밖에 없다.[5]

하시디즘에서도 세계나 하나님에 대한 헌신의 길은 직업이나 학벌 등에 관계없이 누구에게나 열려 있다고 본다. 이처럼 모든 피조물들은 하나님에게 봉사하기 위해 생겨났으므로 누가 누구보다 잘났다고 할 수

---

5 부버는 참다운 교사가 갖는 두 가지 요소를 지적한다. 그 첫째는 겸손으로서, 교사 그 자신은 학생에게 영향력을 미칠 수 있는 수많은 요소들 중의 한 존재에 불과하기 때문에 겸손해야 한다는 것이며, 둘째는 자기인식으로서, 교사는 모든 사람에게 영향을 미치고자 하는 유일한 실존이라는 느낌을 가지고, 그가 학생들에게 제시하는 현실의 선택에 대한 책임을 지는 것을 말한다(Buber, 1954a: 106).

없다. 교사의 경우도 마찬가지이다. 그래서 하시디즘에서는 겸손과 자애를 강조한다.

그럼에도 불구하고 오늘날의 학교교육에서 지적 교육에 치중하고 있는 교사의 비중이 절대적인 것임을 생각하면 현대교육의 위기가 그대로 눈에 드러난다. 거만한 지적(知的) 교사들로 가득찬 오늘날의 학교는 인간교육을 상실하고 있다. 부버는 이러한 위기 의식에서 자연과 인간, 인간과 인간, 그리고 인간과 영적 존재와의 대화적 관계, 즉「나－너」의「만남」의 관계를 촉구하고 있으며, 이 때의「너」는 누구나가 진정한 의미의 교사가 된다고 본다.

셋째, 교육은 비(非)에로스적이어야 한다는 것이다. 부버에 의하면 에로스는 선택을 의미하며, 기호(嗜好)에 의해 취해진 선택인데 이것은 교육이 아니라는 것이다(Buber, 1954a: 94). 에로스를 사랑하는 사람은 그가 사랑하려는 사람, 즉 대상을 취사선택하게 되는데, 이는 교육의 본래적 정신에 어긋난다는 것이다.

현대의 교육자들은 자기 앞에 앉아 있는 다양한 학생들을 접하게 되는데 바로 이같은 비에로스적 상황 속에서 부버는 현대 교육자의 위대성을 발견하게 된다고 역설한다(Buber, 1954a: 94). 즉, 교사가 교실에 들어갔을 때 그는 스스로 선택한 학생들을 향해 들어간 것이 아니다. 학생들은 교사의 선택권 밖에 있는 존재들로서 천차만별의 학생들이 그 학급에 놓여 있는 것이다. 그야말로 창조된 세계의 현재 모습 그대로이며, 인간세계의 축소인 것이다. 그렇지만 교육자는 그들 모두를 인정하고 받아들이게 된다.

교사가 처음으로 학급에 들어갔을 때 각양각색의, 모순투성이의 접근하기 어려운 학생들이 그의 앞에 놓여 있는 바, 이는 마치 인간세계의 축소와도 같다. 이때 그는 느낀다. "내가 이들을 선택한 것이 아니라 내가 여기에 놓여진 것이다. 따라서 나는 현재 있는 그대로의 그들을 받아들여야 한다. 생성적 존재로서의 그들을 말이다"(Buber, 1954a: 112).

이런 의미에서 부버는 교사를 신의 대변자라고 평가한다(Buber, 1954a: 94). 또한 기호에 의한 선택을 배제해야 한다는 점에서 교육에는 금욕주의(asceticism)가 존재한다(Buber, 1954a: 95). 다시 말해 우리에게 맡겨진 학생들의 삶에 대하여 철저한 인격적 책임을 가지고 감수해야 할 금욕인 것이다.

오늘날 교육의 과제 중의 하나는 에로스적인 교육을 비에로스적인 교육으로 방향을 전환시키는 것이다. 왜냐하면 인간은 누구나 인격적 존재이며, 인격적 존재인 한에서는 서로가 동등하기 때문이다. 따라서 교사가 학생을 취사선택한다는 것은 있을 수 없다고 보며, 단지 동등한 인격자로서 「서로 만남」(Sichbegegnung)을 했을 때 참다운 교육작용이 일어난다고 본다. 이런 의미에서 교사의 편애라든가 학교의 퇴학제도 등은 학생을 취사선택한다는 점에서 에로스적인 교육이라고 보아야 할 것이다. 오늘날 우리의 교육현장에서 쉽게 일어나고 있는 이러한 점들은 인간교육적 차원에서 재고되어야 할 것이다.

부버는 짜딕이 교사의 모델이 되어야 한다고 보았다(Buber, 1954a: 90). 도제제도의 학생은 기술뿐만 아니라 스승의 지혜와 가치 그리고 삶도 똑같이 배운다. 즉, 제자는 스승의 가족의 한 일원이 되며 스승 곁에서 온종일 함께 일한다. 이처럼 스승은 인격적 모델 내지는 안내자(guide)로서 기여하게 되는데, 바로 이러한 것들이 짜딕이 행하는 바와 동일하다.

교사가 교과 및 교과내용을 선정할 때, 대체로 자신의 목적에 가장 잘 부합되는 교과나 내용을 선정한다. 다시 말해 교사의 가치가 개입되며, 교과 및 교과내용의 선정에서 자신의 본성을 드러낸다. 그러나 이때 유의해야 할 것은 학생들의 욕구와 관련되는 교육적 준거를 이용해야지 교사 자신의 개인적 원망이 가급적이면 개입되지 않도록 해야 한다.

이와 관련해서 부버는 두 가지 함정에 대해 경고하는 바, 그것은 1) 에로티시즘(eroticism)과 2) 권력에 대한 욕망이다(Goodman, 1978: 76). 에로티시즘을 낳는 것은 욕망이다. 즉, 인간은 자신의 열정을 불태울 대상들을 선택한다. 그러나 교사는 자신의 면전에 있는 학생들을 발견할 뿐이다. 그는 있는 그대로의 그들을 받아들여야 하며 그들 모두를 수용해야 한다. 다시 말해 타자인 학생들을 소유의 대상, 향락의 대상, 조종의 대상으로 보지 않고 독특한 존재로 직면해야 한다는 것이다. 이것은 교사와 학생이 대화 속에서, 즉 「나ー너」의 관계 속에서 만나야 한다는 것을 의미한다.

넷째, 포용(inclusion)으로서의 교육을 강조한다. 포용은 감정이입(empathy)과는 달리 자기 자신의 구체성을 확장하고, 삶의 현실적 상황을 충족시키고, 자기가 참여하고 있는 현실을 완전히 나타내도록 하는 것이다.[6]

이러한 포용의 구성요소는 1) 종류에 관계없이 두 사람 사이의 관계이며, 2) 두 사람에 의해 공통적으로 체험되며, 적어도 둘 중의 한 사람은 적극적으로 참여하고 있으며, 3) 그 한 사람이 자기의 활동에서

---

6 반면에 감정이입은 자기 자신의 구체성을 배제하며, 삶의 현실적 상황을 소멸하며, 자기가 참여하고 있는 현실을 순수한 심미적인 것 속에 다 흡수시켜 버림을 의미한다고 본다(Buber, 1954a: 96-97). '감정이입'이란 독일의 심리학 용어인 'Einfühlung'의 번역어로서, 희랍어 '$\pi\alpha\theta os$'에서 왔으며 동정(sympathy)이라는 표현과도 유사하나. 그러나 동정은 공감하는 것(feeling with)을 의미하고 감정적 상태로 끌어들이는 반면 감정이입은 인격의 보다 깊은 동일화 상태를 의미하고, 그 상태에서는 일시적으로 자기 자신의 주체성(identity)을 망각할 정도로 타자에게 감정을 이입하고 있음을 의미한다(朴聖源, 1982: 36; May, 1961: 75f).
따라서 부버는 감정이입을 현실적이지 못한 것으로 본다. 왜냐하면 대화적 상황 속에서 상호만남하는 두 인간의 독립적 위치(independent position)를 흐리게 하기 때문이다. 이런 의미에서 부버는 그 자신의 용어인 포용(inclusion)을 도입한다. 이 용어가 지향하는 바는 두 인간 간의 직접적인 관계이다. 이처럼 인식의 직접성을 강조하기 때문에 직관론자들과 마찬가지로 부버는 인간의 전존재로 획득하는 앎(knowing)을 강조한다. 따라서 "근원어 「나ー너」는 전존재로만 말해질 수 있다. 근원어 「나ー그것」은 결코 전존재로 말해질 수 없다"(Buber, 1958b: 172)라고 역설한다.

느낀 사실을 하나도 잃지 않은 채로 동시에 상대편의 입장에서도 그 공통의 사건을 체험한다는 사실이다(Buber, 1954a: 97). "상대방의 처지를 체험한다"라는 말은 사람이 자기 편에서 뿐만 아니라 자기가 만난 사람의 편의 입장에서 사건을 감지(感知)한다는 뜻이다. 그래서 참된 교사는 그의 훈련의 한 과제로, 학생의 입장에서 교과목의 의미를 자각하고 배움의 정황에 대한 자기편의 입장에 예민한 관찰을 하게 된다(Howe, 1981: 47).

그런데 부버가 말하는 관계형성을 함에 있어서 교사는 패러독스에 부딪치게 된다. 왜냐하면 대화는 상호성을 이루지만, 교육은 주로 한 쪽 방향으로 이루어지기 때문이다. 즉, 학생 편에서 교사를 가르친다는 것, 그리고 학생 편에서 교육가의 교육경험을 한다는 것이 학생의 역할이 아니라는 것이다. 교사가 스승(Master)이기를 멈출 때 교육관계는 끝장나게 된다. 이러한 딜레마를 해결하기 위해 부버는 '포용'의 개념을 도입하였다. 따라서 포용에 의해 교사는 참된 교육적 위치를 견지하게 된다. 이 개념은 미묘하기 때문에 예술적인 교수(art of teaching)와 교사의 직관적 감수성에 주로 의존하게 된다(Goodman, 1978: 76-77).

우리에게 「너」를 말하도록 가르치는 것은 창작자 본능이 아니라 친교적 본능이다. 친교는 강제의 상대어이다. 즉, 강제는 소극적 현실성(negative reality)이며, 친교는 적극적 현실성(positive reality)이다. 따라서 강제적 상태는 친교적 상태의 상대개념이다. 부버의 이러한 입장은 전통적 권위주의 및 과장된 진보주의와 대립된다.

교육에서의 강제는 분열, 굴복, 그리고 반항을 의미하며 친교는 통일과 개방을 의미한다. 이때 친교를 가능하게 하는 것이 자유이다. 이처럼 교육에 있어서 자유란 친교의 가능성(possibility of communion)이다. 이러한 자유는 없어서는 안 될 것이지만, 또한 그 자체만으로서는 쓸모가 없다. 그리고 자유 없이는 아무것도 잘되지 않지만, 자유에 의해서 무엇이나 다 잘된 것은 아니다. 그러므로 자유가 교육의 목표는 아니다.

왜냐하면 자유의 결과가 항상 긍정적이지만은 않기 때문이다. 따라서 무방향성의 자유에다 어떤 방향을 제시해 줄 수 있는 힘이 곧 교육이다 (Buber, 1954a: 88-92; Scudder, 1968: 138).

포용은 강제를 회피하지만 동시에 분명하고도 단호한 리더십을 견지한다. 그래서 상호존중의 신성함을 감지하는 학생은 교사에 대한 신뢰를 더하게 되고 교사를 통해 세계를 신뢰하게 된다. 다소 차이는 있으나 교육가들과 마찬가지로 의사, 성직자, 정신요법가 등도 포용의 패러독스를 겪게 되는데, 이들 또한 그들이 봉사하는 대상들에게 포용의 태도를 견지하여야 한다.

이러한 포용에 의해 특징 지어지는 두 사람 간의 관계를 대화적 관계로 볼 수 있다. 교육에서의 관계란 하나의 순수한 대화의 관계를 의미한다. 이러한 대화의 관계는 신뢰의 분위기 속에서 가능하다. 따라서 교육의 역할은 신뢰의 분위기 속에서 학생으로 하여금 구체적인 포용의 체험을 갖도록 촉진하는 것이어야 한다.

다섯째, 성격교육(education of character)을 가치 있는 교육으로서 강조한다. 부버는 인격(personality)과 성격(character)을 구분하고 있다(Buber, 1954a: 104). 즉, 인격은 본질적으로 교사의 영향력 밖에서 성장하는 것이며, 성격은 인격의 도야에 영향력을 행사하는 것으로 파악한다. 따라서 교사의 최대의 과제는 바로 이 성격교육에 있는 것으로, 이것이 교육목적이 되어야 한다는 것이다.

위대한 성격의 소유자란 그의 행위와 태도로써 전존재를 건 반응을 하기 위해 깊은 준비성을 가지고 상황의 요구를 만족시키는 사람이며 동시에 그의 행위와 태도의 총체성이 책임의식을 가지고 그의 존재의 통일성을 표현하는 사람이다(Buber, 1954a: 113). 그러므로 이같은 사람은 격률이나 관습체계로 이해될 수 없다. 왜냐하면 그는 전존재로 행동하는 자이며, 주어진 상황의 독특성에 조화롭게 반응하는 자이기 때문이다. 바로 이러한 사람이 우리가 바라는 인간상인 것이다.

위대한 성격의 소유자는 틀에 박힌 반응, 즉 획일적 반응을 하지 않는다. 하지만 오늘날의 획일화된 시대에서는 틀에 박힌 반응들이 일상적인 규칙이 되어 있다. 현대인들은 틀에 박힌 반응을 함으로써 두려움에서 벗어나고 인격적 책임으로부터 도피한다. 그런데 인격적 책임을 벗어난 삶은 무의미하다고 부버는 주장한다(Goodman, 1978: 78). 이런 의미에서 볼 때 교육의 과업은 결국 학생들에게 인격적 책임을 일깨워 주는 것이다. 인격의 통일에 대한 갈망은 인류의 통일에 대한 갈망으로 확장된다.

개인의 자아실현은 집단주의 속에 있는 것이 아니고 공동체 속에 있다. 진정한 대화교육은 인간공동체 속에서의 학생들의 위치를 제공해 줄 것이다. 따라서 지나치게 「나」가 강조되고 있는 개인주의와 「너」를 「그것」으로 예속화시키는 집단주의의 소용돌이 속에서 교육은 진정한 「나」와 「너」를 발견하여 주는 일이 그 본래적 사명일 것이다. 사람과 사람 사이의 위대하고도 풍부한 관계는 부를 수 있는 성격과 응답할 수 있는 성격, 즉 대화적 성격 사이에서만 존재할 수 있기 때문에 참다운 성격교육은 곧 공동체를 위한 참된 교육인 것이다.

이상에서처럼, 부버는 교육의 본질이 훼손되는 것은 교육작용이 점차 비인격적 관계인 「나-그것」의 관계로 타락하기 때문인 것으로 파악하면서, 인간의 내재적 능력을 전체적인 입장에서 전반적이고도 조화롭게 계발시켜야 한다는 '전인교육론'을 피력하였다.

하시디즘의 가르침이 짜딕의 인격적 삶 그 자체를 통해 이루어지듯이, 부버의 교육에서는 교사의 인격적 모범을 강조한다. 그러나 학생이 교사의 인격적 모범을 그대로 모방하면서 따르라는 것은 아니다. 왜냐하면 교사나 학생 모두가 독특한 개성적 주체이므로 각자 자기 나름대로의 독특한 삶의 방식, 즉 길을 택해야 하기 때문이다. 하시디즘의 한 일화는 이 상황을 잘 나타내고 있다(Bender, 1969: 118).

어떤 짜딕이 "왜 당신은 당신의 스승이 행한 모범(example)을 따르지 않습니까?"라는 질문을 받았을 때 대답하기를 "그와 반대로 나는 스승의 모범을 따르고 있습니다. 왜냐하면 나의 스승이 그의 스승을 떠난 것처럼 나도 나의 스승을 떠나고 있기 때문입니다."

이처럼 하시디즘에서는 정형화, 체계화를 거부한다. 하시디즘의 영향을 받은 부버도 삶의 흐름(stream of life)을 강조하면서 그 자신의 사상이 체계화되는 것을 거부했다(Cahnman, 1965: 5; Rotenstreich, 1959: 170). 이것은 인간의 삶-무한한 가능성을 지닌 인간의 삶-을 하나의 틀로써 묶어둘 수가 없다는 의미로 받아들여진다.

어쨌든 인간의 전체성을 강조하는 부버의 교육적 메시지는 1) 대화적 가르침의 요청, 2) 포용의 촉진의 요청, 그리고 3) 리더십과 공동체를 결합한 학급의 요청으로 요약된다(Goodman, 1978: 79). 부버가 중시한 것은 사람과 사람 사이의 참된 관계회복을 통한 비인간화 현상의 극복이었다. 오늘날의 교육이 안고 있는 문제가 바로 이러한 비인간화 현상이라고 한다면, 비인간화 현상의 극복을 위한 사상적 노력들이 교육 속에서 재음미, 구체화되어야 할 것이다.

3_____ 가치/윤리교육론

현대 산업사회의 위기 속에서 인간의 가치와 권위를 회복하는 것이 오늘날의 교육이 당면한 크나큰 과제라고 한다면, 가치교육에 관한 문제는 중요한 문제라 아니할 수 없을 것이다.

콘(Kohn, 1938: 178)은 현대인의 형이상학적 상황을 두 가지로 요약한다. 즉, 1) 하나님은 인간 및 인간의 행위들과 가까이 하기 어려울 정도로 너무 멀리 떨어져 있어서 현세와는 무관한 것처럼 보이며, 2) 현세 그 자체와 현세 속에서의 삶은 가치에 대한 의미와 조정을 상실한 것처럼 보인다는 것이다.

하시디즘은 오늘날의 이러한 당면문제에 대한 해답을 제시해 준다. 즉, 부버의 해석에 의하면, 하시디즘에는 상호관계-하나님과 인간의 지속적인 상호관계-가 존재하기 때문이다. 세계는 인간에 대한 하나님의 창조적 메시지의 구체적 구현이며 하나님에 대한 인간의 헌신적 응답이다. 즉, 세계는 신성(神性)과의 교류를 통해서, 그리고 인간의 활동을 통해서 인간에게 구원을 제공할 목적으로 창조되었기 때문이다 (Kohn, 1938: 178). 이처럼 하나님과 인간 사이에 끊임없이 진행되고 있는 대화가 있다. 이러한 대화는 삶의 역사의 정수(精髓)이다. 하나님은 인간에게 말을 걸며 인간을 부른다. 그리고 인간은 말로써 응답하는 것이 아니라 행동으로써, 하나님의 세계에 책임을 짐으로써, 하나님의 말씀을 경청함으로써, 그리고 하나님의 부름에 복종함으로써 응답한다. 또한 인간은 하나님에게 청원하며, 하나님은 인간의 청원을 듣고 응답한다. 세계는 하나님과 인간의 거처이며, 하나님과 인간을 위한 자료이고, 하나님과 인간 사이의 대화이다. 즉, 하나님과 인간은 세계 속에서 만난다. 그러므로 인간이 무엇을 행하든지 그가 봉사의 정신으로 전념한다면 그것은 곧 올바른 방향을 향한 하나의 단계가 된다. 이처럼 부버는 하나님에게로 이르는 모든 길이 곧 참된 길이요, 올바른 방향이라고 본다(Kohn, 1938: 176).

부버의 대화철학의 기초로 작용하는 것이 그의 종교철학이듯이, 그것은 또한 그의 윤리론의 기초이기도 하다. 인간의 윤리적 결단은 관계를 통해 실현된다. 하지만 그것은 한 개인이 자기 자신의 독특한 잠재성과 목적을 인식함으로써 탄생된다. 부버에 의하면 이러한 인식은 하나님과 인간 간의 관계의 결과라는 것이다(Dickman, 1982: 41). 즉, 창조주로서의 하나님에 대한 믿음, 그리고 하나님의 형상으로 창조된 인간

간의 관계의 결과라는 것이다. 인간과 「영원한 너」간의 관계는 방향, 신뢰감, 그리고 책임감을 부여한다. 이러한 책임감은 인간들로 하여금 그들이 직면한 상황들에 대해 진정하고도 완전하게 반응하도록 해 준다.

윤리의 절대성은 하나님의 명령에 복종하는 전통적 의미로 이루어지는 것이 아니라, 개인의 실재를 초월하여 어떤 방향과 목적의 감정을 낳게 하는 하나님과의 인격적 관계를 통해 이루어진다. 인간이 그가 창조된 바대로 그 자신의 독특한 목적을 이행하는 데 있어서 감지하는 방향과 책임의 감정은 그가 타자들과 더불어 갖는 관계들을 통해 실현된다. 하시드(Hasid)의 영향이 또다시 자명하다고 보는 이유가 바로 여기에 있다.

부버에 의하면, 윤리의 실현은 사람들이 서로 더불어 형성하는 직접적이고도 본래적인 관계들을 통해서 이루어진다고 한다(Dickman, 1982: 42). 이러한 관계에서는 「너」에 대해 책임 있게 행동하며, 책임 있게 행동한다는 것은 칸트의 표현에 의하면 목적을 위한 수단으로서가 아니라 목적 그 자체로 「너」를 대한다는 것을 의미한다. 이처럼 대화적 관계는 상호성과 상호존중 속에서 이루어지는 「너」에 대한 도덕적 행동을 의미한다.

부버의 가치/윤리 교육론을 살펴보기 위해 여기에서는 우선 부버의 선악관을 논의한 후, 그러한 종교적 가치관에 토대한 그의 윤리론은 어떠한 것인지를 살펴보기로 한다.

일반적으로 하시디즘에서는 선이란 근원적으로 하나님과의 관계로부터 유도된 방향과 목적을 지닌 인간들의 전체적·직접적인 관계로 규정된다. 반면에 악이란 관계형성의 실패 및 방향의 결여로 규정된다. 그래서 부버(1952: 42 & 80)도 "악은 방향의 결여이며, 선은 방향이다"라고 규정한 바 있다.

이것은, 모든 올바른 가치는 하나님에게로 이르는 길 속에 있다고 보는 것이다. 즉, 악을 야기시키는 무방향성의 격렬한 힘들이 하나님을 향해 방향을 전환할 때 선의 상태에 이른다는 것이다(Buber, 1963: 17 & 34).

방향의 전환(turning)이란, 인간의 길에 대한 핵심적인 유대관념이다. 전환은 인간을 안으로부터 재생시킬 수 있으며, 하나님의 세계 속에서 그의 위치를 바꿀 수 있다. 그래서 전환하는 자는 죄의 심연을 모르는 완전한 짜딕 위에 서 있는 것으로 간주된다. 여기에서의 전환이란 참회나 속죄의 행위보다도 훨씬 더 위대한 어떤 것을 의미한다. 즉, 그것이 의미하는 바는 항상 자기 자신만을 목적으로 삼는 이기심의 미로에 빠져 있는 사람이 자기의 전존재의 반전(反轉)을 통해 하나님의 길, 즉 하나님이 그에게 점지해 준 독특한 과업을 실현할 수 있는 길을 발견하는 것이다. 따라서 참회는 단지 이와 같은 적극적 반전(反轉)을 위한 하나의 동기가 될 수 있을 뿐이다. 참회와 속죄로 번민하는 자, 잘못에 대해 줄곧 생각만 하는 자는 전환하기 어렵다. 그래서 성서에서도 "악으로부터 완전히 돌아서서 선을 행하라"고 하는 것이다. 이처럼 선을 행함으로써 악에 대처할 수 있다고 본다(Buber, 1958a: 164-165).

세계의 피조물들 속에 갇혀 있는 신성한 불꽃은 선한 정신적 힘을 지닌 자에 의해 해방될 수 있다(Buber, 1958a: 187). 즉, 선한 정신적 힘을 지닌 자는 돌로부터 식물에 이르기까지, 식물로부터 동물에 이르기까지, 동물로부터 인간에 이르기까지 신성한 불꽃을 해방시킬 수 있는데, 바로 이러한 해방이야말로 가장 위대한 해방인 것이다. 세계의 모든 것 속에는 신성한 불꽃들이 거주하고 있으며, 그 어떠한 것도 신성한 불꽃을 지니고 있지 않은 경우는 없다. 마찬가지로 인간의 행동들 속에도-심지어는 인간이 행하는 죄악 속에조차도-하나님의 영광인 신성한 불꽃들이 거주한다(Buber, 1958a: 189).

그러면 이러한 죄악 속에 거주하고 있는 불꽃들이 기다리고 있는 것은 무엇인가? 그것은 바로 '전환'인 것이다. 죄악으로부터 전향할 때, 우리는 죄악 속에 있는 불꽃들을 보다 더 높은 세계로 고양시키는 것이다. 그래서 바알 쉠의 제자는 "전환은 올리브 속에 기름이 숨어 있는 것처럼, 죄악 속에 숨어 있다"고 하였다(Buber, 1958a: 216). 이처럼 인간에게는 신성한 힘, 즉 선한 정신적 힘이 있기 때문에 방향의 전환이 가능한 것이다. 그런데 여타의 생물과는 달리 인간은 신성한 힘을 악용할 수가 있다. 만약 인간이 신성한 힘을 본래적 방향으로 나아가게 하지 않고 제멋대로 아무 방향으로 나아가게 한다면, 그것은 신성화되는 것이 아니라 악이 된다. 그러나 이 때도 구원의 길이 있다. 즉, 인간이 자신의 전존재로 하나님을 향해 '전향'하면 타락된 상태로부터 내재적 신성을 고양시킬 수 있다. 바로 여기에 인간의 위대성이 있는 것이다.

전향은 인간을 내면으로부터 소생시킬 수 있으며, 하나님의 세계 속에서 자신의 위치를 변화시킬 수 있다. 즉, 인간을 죄로부터 벗어나게 하여 소생할 수 있게 한다. 전향은 참회 이상의 그 무엇을 의미하는데, 그 이유는 그 행위가 인간의 전존재의 반전(反轉)을 내포하기 때문이다. 이러한 전향을 통해서 인간은 참회의 행위 없이 하나님을 향한 길을 발견할 수 있으며 자기 중심적인 삶을 떨칠 수 있는 길을 발견할 수 있다.

반면에 참회에 관여된 자는 어느 누구라도 반전(反轉) 활동에 그의 모든 에너지를 쏟을 수 없다. 따라서 참회를 위한 고행도 의미가 없다고 본다. 만약 사람이 죄를 지은 후 그의 생각이 계속 그 죄에 머물러 있다면 그 사람은 항상 천하게 살 것이며, 계속적으로 우울한 생활을 하게 될 것이다. 그 사람이 아무리 오물을 감싸 덮고 있어도 그것은 항상 오물일 뿐이다. 따라서 사람이 죄를 지었거나 안 지었거나 하는 것은 문젯거리가 안 된다. 그래서 하시디즘에서는 "악을 떠나 선을 행하라, 악을 깨뜨리는 유일한 길은 공의(公義)를 행하는 것이다(Buber, 1966c: 33)"라고 하였다.

이처럼 부버가 악을 심리적인 것 혹은 철학적인 방법에서가 아니라 인간 전존재로써의 실존적인 것에서 포착하고 있는 점은 크게 주목할 만하다(南正吉, 1977: 143). 이렇게 보면 그의 선악에 대한 견해는 그의 「만남」의 사상의 종교적 탐색에 불과한 것임을 알 수 있다. 따라서 관계의 상실, 즉 「만남」의 부재는 종교적 차원에서 보았을 때 악의 상태를 의미하며 관계의 회복, 즉 「만남」은 종교적 차원에서 보았을 때 선의 상태를 의미한다.

부버(1966c: 6)에 의하면, 인간의 과업은 하나님을 위해 세계와 자아를 긍정하는 것이고 이를 통해 그 모두를 변혁시키는 것이며, 그리고 이훗(Yihud, reunification)[7]을 실현하는 것이다. 따라서 이훗, 즉 통일을 방해하는 모든 힘은 구원을 방해하는 힘이므로 악의 근원이며, 상대적으로 통일의 상태는 선의 상태인 것이다. 부버는 이러한 통일을 가능하게 해 주는 것이 「만남」이라고 본다. 그러므로 선에 이르는 길은 참된 관계를 형성하는 데 있다고 볼 수 있다.

부버는 선악의 의미를 명확히 하기 위해 「선과 악의 이미지」 (*Images of Good and Evil*, 1952)에서 역사상으로 나타난 두 견해, 즉 히브리 민족의 성서신화와 고대 이란의 아베스타 신화를 종합적으로 고찰하고 있다. 그가 신화를 택하게 된 것은 어떤 유형의 진리는 오직 신화의 형식에 의해서만 전달될 수 있는데 바로 이 선악의 문제가 그러한 성격을 띠고 있기 때문이다.[8]

---

7 히브리어 Yihud의 의미는 '통일'이다. 이것은 영혼과 하나님의 통일을 의미하는 것이 아니라 하나님과 세계 속에 거주하는 하나님의 영광과의 통일을 의미한다.(Buber, 1958a: 109). 즉, 엘로힘 (Elohim: 하나님의 본질, 피조물과 떨어져 있음)과 쉐키나(Shekina: 피조물 속에 멎어 있음)의 통일을 의미한다(Buber, 1966c: 38). 이러한 통일을 가능하게 하는 것은 인간이며, 이런 의미에서 인간은 하나님과 공조자(共助者)이다(Bender, 1969: 111). 구원의 개념은 통일에서 비롯된다.

8 신화라는 것은, "한 사회에서 널리 믿어지고 있는 종교적인 의미를 지닌 일련의 이야기를 의미한다. 진실한 신화도 있을 수 있다. 신화는 보통 교리보다도 다른 사회의 사람들에게 호소하는 힘이 훨씬 크다. 왜냐하면 우리가 신화라고 부르는 이야기는 인간의 보편적인 태도와 행위의 방식에 근거를 두고 있으며 이러한 태도를 극화하는 것은 우리가 이미 아는 것을 눈앞에 나타내는 것이기 때문이다. 우리가 확신을 가지고 말할 수 있는 것은 신화가 추상적인 신앙의 설명보다 한층 넓은 의미를 지니고 있다는 것뿐이다"(Lerner, 1954: 56-57)라고 지적되는 바와 같이 분석의 가치가 있는 것이기 때문에 종교적 입장에 서 있는 부버가 이들 두 대화를 분석의 준거로 택하게 된 것 같다.

그에 의하면 악은 두 단계로 나뉘어진다(Buber, 1952: 66-78). 즉, 첫째 단계의 악은 상상(imagination)이며, 둘째 단계의 악은 선택(choice) 이다.

상상을 첫째 단계의 악이라고 보는 까닭은 인간의 현실성이란 항상 인간이 갖고 있는 가능성, 즉 자유에 의해 결정된다고 보았기 때문이다. 이러한 가능성을 마음에 상상하는 것이 곧 본질적 의미의 악인데, 이는 신에 의해 주어진 실재에서 벗어나 자신을 희롱하는 유혹에 빠지기 때문이다(Buber, 1952: 36-37). 그러나 이러한 상상은 전혀 악한 것만이 아니라 악한 것이기도 하고 선한 것이기도 하다. 왜냐하면 상상의 한가운데서, 그리고 상상으로부터의 결단이 ① 신을 향한 마음의 의욕적 방향을 깨칠 수 있으며, ② 가능성의 소용돌이를 지배할 수 있고, ③ 창조에 있어서 의도된 인간상을 실현할 수 있기 때문이다(Buber, 1952: 38). 따라서 이 단계에서의 악은 방향을 상실하고 우왕좌왕하는 인간의 가능성을 말하고 있다. 이러한 의미에서 선택적 결단의 결여상태나, 관계와 방향성의 결여 상태가 곧 악이라고 본다.

일상생활 속에서, 인간과 동료들 간의 일상적인 교제 속에서, 인간과 사물들 간의 일상적인 교제 속에서, 그리고 지금 여기에서, 인간은 ① 삶을 신성하게 해야 하며, ② 인간의 삶을 새로운 힘과 환희로 채워야 하며, ③ 삶의 의미를 추구하고 올바른 방향을 세워야 한다. 즉, 악을 극복해야 하는데, 여기서 의미한 악이란 이러한 세 가지에 대한 전심전력의 결여, 결단의 결여, 그리고 방향의 결여를 뜻한다(Kohn, 1938: 177; Friedman, 1976: 30). 왜냐하면 악이란 원래 힘이 아니라 진정한 힘의 결여, 진정한 삶과 환희의 결여이기 때문이다. 여기에서 악의 개념이 드러난다. 따라서 악은 인간에 의해 정복될 수 있다. 즉, 인간이 진정한 힘을 회복하고, 진정한 삶과 환희를 회복하면 악은 정복된다는 것이다.

한편 선택을 둘째 단계의 악이라고 보는 까닭은 신과 인간을 동일시하여 자기를 신으로 선택하기 때문이다. 인간의 경우에 있어서 악은 신으로부터 부여받은 자유를 잘못 사용할 때 야기된다(Colin, 1969: 15). 즉, 신과 자기 자신에 대해 내적인 허위를 범하는, 다시 말해서 자기의 현존성을 가지고서 존재에 대하여 거짓을 행하는 악을 범하는 것이다 (Buber, 1952: 53-54). 이와 같이 자기를 절대화 하는 것은 실존적 오류에 속한다고 본다. 하시디즘에서는 자만을 죄악보다도 더 나쁘게 본다. 그래서 하나님을 알면서도 거역하는 자는 전향할 수 있으나, 자신이 정당한 인간이라고 자만하는 자는 전향이 어려운 자로 본다(Buber, 1958a: 211).

첫째 단계의 악과 둘째 단계의 악이 다른 점은 전자가 "신과 같이 될 수 있다"고 보는 반면에 후자는 "신과 같다"고 보는 데 있다. 따라서 부버(1958a: 113)는 "가장 큰 죄악은 인간이 하나님의 아들임을 망각할 때이다"라고 지적한다. 즉, 겸손을 망각한 자-하나님과 인간에 대한 겸손을 망각한 자-는 죄악 속에 사는 자이다. 타인을 자기 자신처럼 느끼고, 자기 자신을 타인 속에서 느끼는 자야말로 진정으로 겸손한 자이며, 이러한 자는 선 속에서 사는 자이고, 하나님을 섬기는 자이다. 이같이 부버는 종교적 입장에서 신과 인간과의 관계본질과 선악의 문제를 조심스럽게 논하였다.

하시디즘에서는 악을 피해야 할 것이 아니라 함께 생활해야 하는 것이라고 본다(Buber, 1966c: 53). 이처럼 하시디즘에서는 선과 악을 상호 대립적인 것으로 보지 않고 악을 선의 보좌적 관계로 보고 있다. 탈무드에서도 선악을 대립하는 두 방향으로 보지 않고 본질적으로 닮은 것으로 인식하고 있다(Buber, 1952: 42). 부버 자신 또한 "선과 악은 좌·우와 같이 서로 반대되는 것이 아니다. 악은 회오리 바람으로써 우리에게 접근하며 선은 방향으로써 우리에게 접근한다"(Buber, 1966c: 80; 1954a: 114)고 하였다.[9] 동시에 "악도 또한 선이며, 그것은 완전한 선의 가장 낮

---

9 신의 현존(現存)인 쉐키나(Shekina)는 선과 악을 모두 포용한다. 즉, 악을 독립된 실체로 보지 않고 선의 옥좌(throne of the good)로 본다. 다시 말해 악을 완전히 선의 가장 낮은 단계로 본다. 우리

은 단계이다. 따라서 인간이 선을 행하면 악도 또한 선이 된다. 그러나 인간이 죄를 지으면, 그것은 정말 악이 된다"(Buber, 1958a: 207)고 하였다. 하나님의 내재적 영광(indwelling Glory)은 모든 세계, 모든 피조물, 선과 악을 받아들인다. 이것이 곧 진정한 통일이다. 그런데 그것은 선악의 대립을 어떻게 지탱할 수 있을까? 그러나 실은 대립이 없다. 왜냐하면 악은 선의 옥좌(玉座)이기 때문이다(Buber, 1958a: 208). 따라서 인간 자신의 영혼 속에서 통일이 이루어졌을 때, 즉 인간이 대립관을 극복할 때만이 하나님의 계시에 응답할 수 있으며, 존재의 통일과 세계의 구원을 체험할 수 있게 된다.

이렇게 보면 부버에게 있어서 선과 악은 대립적·분리적인 것이 아니라 상호 혼재적(混在的)인 것으로서 전체적 선으로 보되, 단지 선의 낮은 단계가 악의 상태임을 뜻한다. 따라서 선의 높은 단계를「나-너」의 관계로 볼 수 있을 것이며, 이 낮은 단계에서 저 높은 단계로 나아가게 하는 의도적 및 무의도적 노력이야말로 교육의 본래적인 사명이라고 할 수 있다.

부버에게 있어서 최대의 과업은「나-그것」의 세계를「나-너」의 세계로 돌리는 것이었다(Schilpp & Friedman, 1963: 309). 즉, 인간으로 하여금「나-너」의「만남」의 계기를 통해 절대적 가치에 접하게 하는 것이었다.[10] 그 절대적 가치는 선으로서 곧 절대자(신)를 의미하며, 이에 접할 수 있는 길은「나-너」의「만남」을 통해서 가능하다고 본다. 왜냐

는 악을 행하는 쉐키나를 이용함으로써 악을 추방할 수 있다. 예컨대, 집에 도둑이 들어왔을 때 이를 발견하고 소리를 치면 도둑이 도망간다. 이때 아무런 일도 일어난 것이 없다(도둑맞은 것이 없다). 이처럼 악이 우리에게 들어왔다가 나갈 수도 있다. 따라서 ① 악을 쫓아내고, ② 그것을 선으로 변화시킨다는 것이다. 결국 위대한 사람이란 자기 자신의 충동을 지배할 수 있는 자이다. 즉, 악한 충동이 그를 가르친다는 것을 알게 한 후, 그것으로부터 학습하는 것이다(Buber, 1966c: 80-81).

10 하시딕 성자는 "만약 누군가가 진실로 말하고, 진실로 수용한다면, 한 마디의 말로 충분히 전 세계를 고양시키고 전 세계를 죄악으로부터 정화시킬 수 있다"(Buber, 1958a: 75)고 말하였다. 이처럼 우리는「나-너」관계를 통해 세계 구원에 참여할 수 있다.

하면, 우리는 낱낱의 「너」를 통해서 영원한 「너」를 들여다 볼 수 있기 때문이다(Buber, 1958b: 75). 따라서 우리는 절대자를 통해서만 선을 발견할 수 있을 뿐이다. 즉, 인간이 세계와 맺는 관계 속에서 실현되고 구체화되는 본질적인 가치선택은 하나님에게로 이르는 길을 열어 준다는 것이다(Cohen, 1983: 59). 부버는 이처럼 절대자와 인간과의 관계를 명확히 깨닫는 데에서 현대 사회의 위기가 극복될 수 있다고 본다.

그는 악을 삶 자체에 내재하는 존재양식이라고 본다(Friedman, 1976: 11). 따라서 교육이 인간의 삶에 관한 문제를 다루는 것이라고 본다면, 실존적 차원에서 교육은 이러한 문제들을 중요시하여야 한다. 물론 부버나 키에르케고르에 의하면 윤리라고 하는 것은 가르쳐질 수 없으며 단지 방향만을 제시해 줄 수 있을 뿐이라고 한다(Bedford, 1972: 293-294). 그런데 참된 가치는 객관화된 추상 속에서나 서술된 문장 속에서보다는 구체적인 삶 속에서 더 잘 발견될 수 있으므로 교육에서는 「만남」의 사건을 중시해야 한다. 결국 진정한 의미의 학습이 「만남」을 통해서 이루어진다고 본다면, 우리는 학생들의 삶 그 자체를 귀중한 학습내용으로 직시해야 할 것이다.

부버 연구의 전문가인 프리드만(Friedman, 1976: 13)은 현대에 있어서 4가지 악의 유형으로 1) 매정한 세계 앞, 그리고 교제는 하고 있으나 「만남」이 없는 사람 앞에서의 현대인의 고독, 2) 사람의 능력을 앞지르는 과학적인 도구와 기술의 증가, 3) 현대인의 내적 이중성, 4) 전체주의 국가에서의 계획적 통제에 의한 인간적 삶의 파괴를 들고 있다. 부버의 견해처럼, 정당하고 의미 있는 삶으로 학생들을 이끌려고 하는 교육자는 1) 학생들의 삶의 양식과 관련하여 그들이 서 있는 위치를 알아야만 하고, 2) 그들이 계발되어야 할 방향을 알아야 하며, 그리고 3) 철저하고 계속적으로 그들을 그 방향으로 인도하여야 한다(Gordon, 1980: 390).

하시디즘에서 가장 단호하게 배척하는 것이 자기 지향이다(Buber,

1958a: 166). 이것은 오로지 자기 구원만을 추구하는 행위인 것이다. 공동체는 행동의 목표를 자기 자신에게 두지 않는 인간을 필요로 한다. 하시디즘이 인간에게 가르치는 바는 1) 자기 자신에 전념하고, 2) 자신의 내면의 소리에 귀를 기울여야 하고, 3) 결단을 해야 하고, 4) 흐트러진 자기 자신을 추스려야 하고, 5) 하나님의 전체성의 이미지에 따라 전인이 되어야 하는 것이다(Kohn, 1938: 177). 인간은 세계 속에서 하나님을 실현한다. 인간은 하나님 앞에서 세계의 신성화를 위해 책임을 진다. 이것이 지상에서 선을 실현하는 일인 것이다. 현대교육이 각성해야 할 것은 바로 이 같은 문제점들을 직시하고 이에 대처하여야 하는 것이다. 이러한 의미에서 부버가 제시한 종교적 차원의 선악의 본질규명과 이를 바탕으로 한 「만남」의 사상은 오늘날 당면한 교육문제를 해결하는 데 많은 공헌을 할 수 있으리라 본다.

　　그러면 이상과 같은 종교적 가치관에 입각한 부버의 윤리교육론은 어떠한가?

　　오늘날의 물질문명 사회는 윤리의 부재 속에서 거의 형성되어 왔으며, 앞으로도 윤리의 문제와는 별개로 더욱 빠른 속도로 발전해 나갈 것이다. 과연 물질문명의 독주만이 진정으로 인간의 미래와 행복을 보장해 줄 수 있을까? 아무래도 우리는 미래에 대한 불안감을 떨쳐 버릴 수가 없다. 주지하다시피 현대인들은 물질적 풍요와 정신적 공허 사이에서 방황하고 있는 것이 사실이다. 이들에게 진정으로 필요한 것은 물질이 아니라 '영혼의 양식'(soul food)일 것이다.

　　사실 오랜 역사를 통해 교육가들은 인간의 윤리 문제에 많은 관심을 가져 왔었다. 특히 최근의 20년 동안은 도덕교육에 관한 이슈가 교육이론가 및 실천가들에 의해 심각하게 논의되어 왔다. 그러나 대부분의 관점이 전통적인 교화(indoctrination)의 방법을 강조하거나 아니면 성선설을 전제로 한 자유·진보적인 아동중심의 자유방임적 접근을 강조하는 형태로 이루어져 왔다(Dickman, 1982: 1). 하지만 두 관점 모두 다

교화적 방법이나 자유방임적 방법 중 어느 한 편에 치우침으로써 인간의 전체성을 간과하고 있을 뿐만 아니라 타인과의 관계 속에서 이루어지는 개인의 도덕적 선택을 간과하고 있다는 비판을 면하기 어렵다. 따라서 인간을 전체성 속에서 조명하면서, 「관계」의 철학(혹은 「만남」의 철학)을 통해 인간성의 회복을 꾀하고자 하는 부버의 윤리철학은 오늘날의 도덕교육에 시사하는 바가 많을 것으로 사료된다. 이처럼 「나-너」관계에 근거를 둔 부버의 윤리론은 오늘날의 도덕교육 프로그램 개발에 또 다른 철학적 기반을 제공할 것으로 본다.

따라서 여기에서는 부버 윤리학의 기본 토대를 조명한 후, 그의 윤리론을 형성하고 있는 기본 개념들을 분석하고, 그것을 바탕으로 오늘날의 도덕·윤리교육에 줄 수 있는 시사점들을 규명해 보기로 한다.

1) 부버 윤리학의 기반으로서의 철학적 인간학

부버(1958)에 의하면, 인간이 세계에 대하여 가질 수 있는 두 가지의 주요한 태도(혹은 관계)는 「나-그것」의 관계로써 표현되는 사물세계와 「나-너」의 관계로써 표현되는 인격적 만남의 세계이다. 다시 말해 인간만이 가질 수 있는, 세계에 대한 인간의 이중적 태도를 지적한 것이다. 따라서 인간이 세계에 대하여 어떤 관계를 형성하느냐에 따라 인간의 삶의 양상도 달라진다. 즉, 인간이 세계에 대하여 취하는 이중적 태도의 양태에 따라 세계도 인간에게 이중적으로 된다. 이러한 인간의 이중적 태도는 「나-너」의 관계와 「나-그것」의 관계로 표현된다. 그러므로 「나-너」의 관계에서의 「나」와 「나-그것」의 관계에서의 「나」는 서로 다른 것으로서 이중적일 수밖에 없는 것이다.

이처럼 부버는 관계의 개념으로 인간의 위치 및 본질을 파악하고자 한다. 그러기에 참다운 인간존재는 고립된 실존 속에 있는 것이 아니라 관계형성을 통해서 드러난다고 보는 것이다. 결국 부버에게 있어서 인간이란 관계를 통해 그의 실존을 형성해 나가는 창조자로 파악된다(Scudder, 1973: 51). 그래서 그는 자신의 철학적 인간학의 기본사상을 "인간실존의 기본적인 사실은 인간이 인간과 더불어 함께 있다는 것 (Buber, 1954: 203)"으로 함축성 있게 표현하였다.

부버는, 인간에 관한 학문의 중심대상은 개인도 집단도 아닌 '인간과 함께하는 인간(man with man)'이며, 인간과 인간 간의 살아있는 관계 속에서만 인간 특유의 본질이 직접적으로 인식되기 때문에 '인간과 함께 하는 인간'이라는 주제가 철학적 인간학의 출발점이 되어야 한다고 하면서 다음과 같이 주장한다.

> 만약 우리가 홀로 존재하는 개인을 고찰한다면, 우리는 달의 어느 한 면을 보는 것과 꼭 같이 인간의 한 면만을 보는 것이 된다. 즉, 인간과 함께하는 인간만이 전체적인 모습(full image)을 보게 된다 (Buber, 1954: 205).

부버의 철학적 인간학은 '인간의 전체성(the wholeness of man)'에 관한 탐구를 강조한다(Buber, 1965: 13). 즉, 니체 및 키에르케고르 등과 같은 실존주의자들에 의해 영향을 받은 부버는 인간을 이성적 존재로서뿐만 아니라 정서적·정신적 존재를 포함한 전체적인 존재로 파악하고자 한다. 실존주의 계열에 속한 부버는 자유로운 인격적 선택과 개인적 책임을 통해 인간 자신의 잠재력을 실현할 수 있는 독특한 능력을 지닌 존재로 인간을 파악한다. 다시 말해 인간은 관계 속의 삶을 통해 전인적 인간이 될 수 있다고 보는 것이다. 즉, 인간은 자기 자신과의 관계를 통해서가 아니라, 타자와의 관계를 통해서 전체성에 이를 수 있다는 것이다(Buber, 1954: 168). 이처럼 '인간이란 무엇인가?'라는 물음에 대한 답변의 출발점은 '타자와의 진정한 관계 속에 실존하는 인간'이 되어야 한다는 것이다. 인간의 전체성을 탐구하는 부버의 철학적 인간학의 목적은 인간 자신이 인간을 인식하는 데 있으며, 인간 그 자체가 탐구의 대상이 되므로 결국 인간에 대한 철학적 인식은 인간의 자각을 그 본질로 하고 있음을 알 수 있다. 이런 입장에서 부버는 스스로 고독을 느끼는 자야말로 자각을 향해 가장 근접해 있는 유자격자임을 천명하고 있다 (Buber, 1954: 126). 즉, 고독한 자야말로 자신의 내면을 가장 잘 들여다 볼 수 있으며, 자신의 문제를 발견한 자는 인간의 문제를 발견할 수 있기 때문이다.

부버는, 사이의 영역의 본질적인 문제는 존재(being)와 위장(seeming)의 이원성 문제라고 지적하면서 '존재적 인간'과 '위장적 인간'을 구분하는데, 이것이 바로 부버 인간학의 요체이다(Buber, 1954: 27−28). '존재적 인간(being man)'은 타자에 의해 인식된 자기 자신의 모습에 아랑곳하지 않은 채, 그 자신을 타자에게 자발적으로 드러내어 준다. 반면에 '위장적 인간(seeming man)'은 우선적으로 타자들이 자기에 대해 어떻게 생각하는가에 관심을 두면서, 자신을 '자발적인 사람' 또는 '솔직한 사람'으로 보이게 하기 위해 계산된 모습을 보여준다. 이러한 위장은 인간과 인간 사이의 삶의 진실성, 즉 인간실존의 진실성을 파괴한다. 인간에게 있어서 위장의 경향은 원천적으로 인간의 확인욕구와 욕망으로부터 연유되는 바, 그러한 확인은 전체적인 의미의 진정한 확인이 아니라 부분적인 거짓확인인 것이다. 따라서 진정한 의미의 확인은, 설사 내가 나의 파트너와 대치된다 하더라도 그를 실존하는 존재로서 확인하는 것을 의미한다.

관계에 있어서 '타자 측을 체험하는 것(experiencing the other side)'은, 자기 자신의 실재를 하나도 상실하지 않은 채 타자의 입장으로부터 공통의 사건을 체험하는 것을 의미하는 바, 부버는 이것을 '포용(inclusion)'이라는 개념으로 표현하였다. 즉, '타자 측을 체험하는 것'은 부버가 말하는 이른바 '현재성'(making present)을 지칭한다. 부버는 이러한 관계에서의 상호확인은 자아 생성의 본질적 요소라고 본다. 이러한 상호확인은 '현재성' 속에서 거의 완전하게 실현된다. 타자와의 관계에 있어서의 현재성(making the other present)이란 '실재를 상상하는 것'이며, 타자가 바라고, 느끼고, 인지하고, 생각하는 것을 아주 구체적으로 상상하는 것이다.

사실 부버의 위대한 공헌 중의 하나는 인간관계에 대한 이해에 있다. 즉, 부버가 키에르케고르에서 사르트르에 이르기까지의 실존주의 사상가들과 구별되는 주요한 점은 결코 개인을 고립시켜 놓지 않는다는 점이다. 하나님과의 관계에서 자신의 운명을 결정할 때에 그 자신은 동시에 타인과 관계를 맺게 된다. 이처럼 부버사상의 모태가 되는 하시디즘에서는 인간과 인간 사이에서 발생하는 따뜻한 감정을 중시한다(대한기독교서회편, 1977: 77).

부버가 말하는 「나-그것」의 관계와 「나-너」의 관계는 삶의 전체성과 통일성 속에서 조명되어야 한다. 즉, 그 둘을 우리의 삶 속에서 포용해야 하는데, 이것은 합리적 모순율(rational law of contradiction)에 따른 포용이다. 즉, 논리적인 진리개념에 따르면 A와 non-A가 공존할 수 없지만, 우리가 살고 있는 삶의 현실 속에서는 그것들의 분리가 불가능하다고 보는 것이다(Buber, 1963: 17).

이처럼 부버는 인간이 모순적 존재이며, 인간의 세계에 대한 태도, 즉 관계가 이중적인 것을 인식하고 이것을 궁극적 차원에서 극복한다. 하시디즘에서 나타나는 바와 같이 인간은 인간의 손을 통해 구원을 받게 되며, 그러기에 「나」와 「너」의 인격적 「만남」은 큰 의미를 지니는 것이다. 부버의 이러한 사상은 인격주의로 특징지어지며, 인간주의 철학으로 점철되어 있다.

이러한 배경 하에서 부버는 학문의 탐구방식으로 인간학적 통찰(anthropological insight)을 강조하였는데, 이것은 추상적인 것과 대립된다. 즉, 이것은 내면으로부터 삶의 흐름을 파악하는 것이다. 말하자면 구체적인 삶 혹은 흐름 속에 참여하는 것이다. '삶의 철학'의 철학적 전통에서는 보편적으로 체계를 거부한다. '삶의 철학'의 범주에 속했던 부버도 삶의 흐름을 강조하면서 체계를 거부하였다(Rotenstreich, 1959: 7). 다시 말해 부버는 구체적인 삶을 강조했기에 추상적인 태도를 비판하였는데, 이것은 인간의 삶-무한한 가능성을 지닌 인간의 삶-을 하나의 정형화된 틀로써 묶어둘 수가 없다는 의미로 받아들여진다.

2) 부버 윤리학의 기본 개념들

(1) 거리와 관계

부버 윤리학은 앞에서 논의한 바와 같이 대화철학과 철학적 인간학에 그 기반을 두고 있다. 인간과 인간 간의 관계가 그의 인간학의 출발점이라는 것과 더불어 부버는 이러한 관계를 존재론적 관점으로부터 출발한다. 그렇게 함으로써 인간이 세계 속에서 갖는 존재의 두 가지 양상을 구분해 내는 바, 거리와 관계(distance and relation)가 바로 그것이다(Buber, 1965: 59-71; Dickman, 1982: 31-33). 부버에 의하면 인간은 '거리를 둘 수도 있고(set at a distance)', '관계 속으로 들어갈 수도 있는(enter into relation)' 독특한 능력을 지니고 있다는 것이다. 이러한 두 가지 행동들을 그는 인간의 기본 태도라고 칭한다. 자기 자신을 세계와 분리시킬 수 있고, 그러한 세계를 이해할 수 있는 능력을 가진 것은 인간뿐이다. 인간은 그의 세계 속에서 별개의 객체들을 설정할 수 있으며, 그것들을 관찰할 수 있고, 자료들을 수집할 수 있으며, 그것들을 지각하고자 애쓸 수 있다. 인간은 그의 세계를 객관화하고 그것을 초월하며, 그렇게 함으로써 그것을 조건화하고 이해한다. 이러한 태도는 「나-그것」의 세계와 같다.

하지만 거리를 두는 이러한 태도와는 달리, 인간은 자신이 객체화한 세계를 바꿀 수 있으며 그리하여 세계와 더불어 관계 속으로 들어갈 수 있다.

전자의 태도(I-It)를 통해서 인간은 실존의 전체성과 통일성을 보지 못하고 단지 단편적인 것들과, 그가 현재 관찰하고 있는 것을 이해하도록 하는 이른바 눈에 드러나는 특질들에 주의를 기울인다.

후자의 태도에서 인간은 기실 자신의 실존의 전체성과 통일성을 볼 수 있다. 그의 세계와 더불어 관계 속으로 들어감으로써, 인간의 목표는 관찰하고 이해하는 것이 아니라 개방을 느끼고 말을 건네는 것이 된다. 즉, 부버의 표현을 빌면, 세계를 자각하는 것이다.

전자의 태도는 후자의 태도를 위한 전제조건을 만들어 낸다. 인간은 독립된 실존(independent existence, '거리'를 둔 객체로서의 실존)과 관계를 형성할 수 있다. 거리는 관계의 여지를 창조하며, 이러한 관계 속으로 들어가느냐 아니냐는 인간의 책임이다. 왜냐하면 인간이 그의 휴머니티를 실현하는 것은 이러한 방법으로만 가능하기 때문이다. 그래서 부버는 "거리는 인간의 상황을 제공한다. 반면에 관계는 그러한 상황 속에서 인간됨에 기여한다(Buber, 1965: 64)"고 역설한다. 그에 의하면 인간들은 관계 속으로 들어가고자 하는 본유적 욕구(innate desire)를 지니고 있다는 것이다. 왜냐하면 개인들이 그들의 휴머니티를 더욱 깊게 하고, 그들의 휴머니티 속에서 타자들을 확인할 수 있게 해주는 것은 바로 관계를 통해서이기 때문이다. 그러기에 모든 참된 삶은 「만남」인 것이다. 인간이 동물세계와 구분되는 점이 바로 이러한 인간의 삶의 이중적 원리, 즉 거리설정과 관계형성에 있는 것이다. 관계형성이야말로 인간으로 하여금 완전하고도 진정한 인간을 느끼게 할 수 있다. 사실 인간의 정수는 인간과 인간 간의 관계, 즉 살아있는 대화적 삶 속에서 실현된다. 진정한 대화는 자신의 욕망을 떨쳐 버리고, 각자의 독특성을 견지하면서 타자를 인지하기 위한 의지와 함께 서로가 자유롭고 진솔하게 말할 때에만 발생할 수 있다.

(2) 상황과 응답

부버는, 윤리란 타자에게 행할 수 있는 긍정적 내지는 부정적 행위나 행동들을 의미하는 것으로서 "그것들은 개인과 사회를 위해 유용한가 아니면 유해한가에 따라 결정되는 것이 아니라, 본래적 가치(intrinsic value)가 있는가 없는가에 따라 결정된다(Friedman, 1976: 198)"고 규정한다. 이처럼 그는 인식론에서와 마찬가지로 윤리론에서도 어떠한 가치체계나 준거의 척도를 제시하지 않는다. 오히려 그의 윤리론은 단지 특수상황에 적용될 필요가 있는 원리들에 기반을 두고 있다. 즉, '지금 그리고 여기에서, 개인이 직면하고 있는 독특한 상황에서의 개인의 본래적 응답'에 윤리론의 기반을 두고 있다. 윤리는 가치에 기반을 두고 있으며, 가치는 구체성 속에서 발견되어야 한다. 결국 윤리란, "이러한 상황 속에서 나는 무엇을 해야만 하는가?"라는 물음에 대한 구체적인 대답이다(Bender, 1974: 59).

참된 윤리는 개인이 자신의 전체성으로 상황을 직면하는 곳에서만 발견된다. 그러한 직면 속에서 그는 그에게 나타난 하나의 방향, 즉 그의 상황에 정당한 하나의 방향을 잡아야만 한다. 그가 잡은 방향은, 그가 자신의 전존재로 그것에 응답해야 하기 때문에, 현존재의 본래적 인격에 터하고 있을 뿐만 아니라 그가 잠재적으로 형성하고자 하는 인격이 되도록 그를 이끌어 준다. 이러한 의미에서 부버의 윤리론은 근본적으로 존재론적이다. 요컨대 윤리란 개인이 따라야 할 어떤 것을 선택하거나 안 하거나 하는 일련의 가치들이 아니라, 근본적으로 인간이 행해야 할 존재론적 수행이라는 것이다.

부버는 절대인격인 하나님만이 절대가치의 원천이 될 수 있다고 주장한다(Bender, 1974: 60). 인간은 그 자신 안에서나 타자와의 관계 속에서나 간에 절대가치에 대한 근거를 제시할 수 없으며 또한 절대가치를 서로에게 강요할 수도 없다. 단지 하나님만이 인간을 절대적으로 속박할 수 있다. 따라서 인간은 자발적으로 그의 가치들을 선택한다고 말할 수 없고, 「영원한 너」와의 관계로부터 가치들을 '발견하는 것'이라고 말할 수 있다(Bender, 1974: 60). 「나」와 「영원한 너」의 근원적 대화에 기반을 둔 대화적 삶이 근본적으로 종교적이기 때문에 자유롭고 자발적인 대화를 할 수 있는 개별적 인간과, 구체적인 일상생활의 체험을 통해 그에게 말 걸어오는 하나님 간의 대화에 기반을 둔 윤리적 삶 또한 근본적으로 종교적이다.

따라서 하나님이 상황을 제공하는 반면에 인간은 응답을 해야 한다. 즉, 그는 결단을 해야 한다. 부버가 말하는 결단은 앞에서 잠시 언급한 바대로 상황의 유용성이나 편리성 차원에서 이루어지는 것이 아니라 내발적 가치의 차원에서 이루어진다. 이러한 가치판단이 이루어지는 근거를 '양심'이라고 부르는데, 그것은 현재 있는 바 그대로의 인간과 존재하고자 하는 바로서의 인간에 대한 근본적 자각을 의미한다. 이것은 그의 자아개념(self-concept)이 아니라 추후에 그의 '자아개념' 속으로 개념화 될 기본적인 관계체험인 것이다. 따라서 개인이 타자와의 관계 속으로 들어가고, 그 자신에 대한 자각이 더욱 깊어질 때, 그의 양심은 완전한 자기 정체성(self-identity)의 불빛 속으로 들어온다. 이에 대해 부버(1954)는 다음과 같이 설명한다.

> "너는 어디에 있느냐?"라는 현존재의 부름에 "나는 여기에 있다"라고 대답하지만 현실적으로 거기에 있지 않을 때, 즉 나의 진실한 전 존재로 거기에 있지 않을 때, 그때 나는 죄의식을 가진다. 근원적 죄의식(original guilt)은 나와 더불어 남아 있다. 만약 현존재의 형상과 모습이 나를 지나쳐 가고, 내가 현실적으로 거기에 없다면, 현존재의 소실 및 관계의 상실(거리)로부터 "너는 어디에 있느냐?"라고 묻는 제2의 물음이 들려 오는데, 그 소리는 마치 자기 자신으로부터 오는 것처럼 부드럽고 은밀하다. 바로 그것은 양심의 외침이다. 그것은 나의 실존을 부르는 것이 아니라 내가 아닌 존재가 나를 부르는 것이다(166).

이처럼 양심이 숨쉬는 한 그는 현재의 그와 되고자 하는 그를 비교하지 않을 수 없다. 이러한 바탕에서 그는 어느 것이 옳고 그른가에 대한 결단을 자신의 내부에서 판별한다. 이때 그가 행한 자기분석의 부정적 결과가 '죄'(guilt)이다(Bender, 1974: 62). 부버 윤리학의 근거가 되는 것이 바로 '죄와 죄의식'(guilt and guilt feelings)이다.

부버는 양심을 통속적 양심(vulgar conscience)과 고차적 양심(higher conscience)으로 구분하면서, 통속적 양심으로부터 비전 있는 양심 및 용기 있는 양심으로 고양시키는 것이 교육의 위대한 과업이라고 역설한다(Buber, 1965: 135). 통속적 양심은 인간으로 하여금 인간의 죄와 직면하게끔 해 주지 않으면서 고통을 주고 괴롭힌다. 따라서 인간은 자신의 죄와 함께 어울려 지내며, 책임을 유발시키지 못한다. 반면에 고차적 양심은 인격적 양심으로써, 인간으로 하여금 자신의 죄를 직접적으로 직면하도록 고무한다. 또한 역으로 자신의 죄를 직접적으로 직면함으로써 보다 위대한 양심(greater conscience)을 계발할 수 있다. 위대한 양심은 책임을 유발한다. 이처럼 고차적 양심은 문제를 직접적으로 직면하기 위해 지금의 자신의 삶을 변화시켜야 한다는 것을 알게 한다. 대부분의 사람들은 자기 자신을 감히 직면하지 않고 있다는 점에서 죄를 짓고 있는 것이다. 따라서 부버는 우리가 일단 우리 자신의 죄를 인정하면 길이 열린다고 역설한다.

(3) 실존적 죄

부버의 윤리론에 있어서 죄와 죄의식은 중요한 기본개념이 된다. 그는 '신경증적 죄'(neurotic guilt)와 '실존적 죄'(existential guilt)를 구분한다(Buber, 1965: 47f). 신경증적 죄는 인간 내면의 감정들을 에워싸고 있으며, 합리적이라기보다는 주관적이다. 그것은 심리적·잠재의식적 본질에 관한 것이다. 이것은 초자아(super-ego)의 한 기능으로 죄의 문제를 보았던 프로이드(S. Freud), 그리고 자아(self)에 기초하여 죄의 문제를 보았던 융(C. Jung)과 같은 맥락의 죄일 것이다. 이처럼 부버는, 흔히 무의식적이고 억압된 채 인간내부에 존재하는 주관적인 감정을 '근거없는'(groundless) 신경증적 죄로 보았다.

반면에 실존적 죄는 인간의 존재론적 본질에 관한 것이며, 감정만이 아니라 인간의 전존재에 관한 것으로서 '사이'(between) 속에서 발견된다. 즉, 그것은 사람이 가장 진정한 의미의 죄 속에 살고 있는 존재론적인 인간상호간의 현실을 의미한다. 인간의 의식의 기억 속에 자리잡고 있는 이 죄는 어떠한 상황에 대한 자신의 잘못된 응답의 결과로서의 자기 자신에 대해 기꺼이 모든 것을 떠맡는 태도이다. 이러한 죄는 두 가지 요소들을 받아들일 것인 바, 하나는 사실상 현재 있는 바 그대로의 자신과 존재하고자 하는 바로서의 자신 간의 불균형에 대한 인식이고, 다른 하나는 자신이 책임지고 있는 세계에서의 자기손상에 대한 인식이다. 따라서 정신분석가는 환자의 병을 세계와의 관계에서 나오는 병으로 보아야 한다고 부버는 주장한다. 즉, 영혼이란 결코 홀로 병들지 않고, 항상 그것과 다른 존재자 간의 상황, 즉 사이(betweenness)를 통해 병들게 마련이라는 것이다. 그러기에 진정한 죄는 개인으로서의 인간내부에 있는 것이 아니라 세계의 정당한 주장과 말 걸어옴에 응답하지 못함으로써 나타나는 것이다. 마찬가지로 죄의 억압과 이러한 억압으로부터 비롯되는 신경증도 단순히 심리학적 현상이라기보다는 인간들 간의 사건들로 보아야 한다는 것이다. 요컨대 실존적 죄는 개인으로서 그리고 개인적 상황 속에서 한 개인이 자신에게 부과한 죄이다. 부버는 부모나 사회에 의해 개인에게 부과된 일련의 사회적 관습 및 터부 등이 초자아로 내면화된 사회적·신경증적인 죄의식이 있지만, 진정한 죄는 객관적이지도 주관적이지도 않고 타자들과의 관계에서 나온 것이라고 주장한다. 인격적 책임이 있는 곳에는 진정한 죄ー응답에 실패하는 죄로서 부적절하게 응답하거나, 너무 늦게 응답하거나, 전존재로서 응답하지 않는 죄ー의 가능성이 있게 마련이다. 이 죄는 누군가가 자기 실존의 기반이자 모든 인간실존의 기반으로 알고 있는 인간세계의 질서를 손상시키는 경우에 발생한다. 이처럼 실존적 죄는 사람으로 하여금 타자들과 더불어 올바른 관계를 형성하도록 이끄는 기능을 한다는 점에서, 타자들과의 관계에 있어서 본질적인 요인이 된다.

(4) 책임

가치의 문제는 윤리의 문제인데, 우리가 윤리적인 것을 인간의 순수성에 의해서 파악하려고 한다면 그것은 우리의 인식이 그 자체의 가능성과 대결하여 인간이 놓인 상황 속에서 선악정사를 식별하고 결단하는 경우에 있어서 가능하다. 부버에 의하면 이 때 식별의 기준은 개인의 인식과 계시에 의할 수 있으나 더욱 중요한 것은 이 기준의 참 근원이 바로 인간의 본래적 자각에 있다는 것이다(남정길, 1977: 139-140). 하지만 인간에게 옳고 그름 간의 식별력과 결단력을 부여하는 본래적 자각에 대한 강조는 여타 부버철학의 대화적 본질과 모순되는 유형의 도덕적 자율성인 것처럼 보일지도 모른다. 그러나 부버는 그가 '도덕적 자율성'(moral autonomy)이나 '도덕적 타율성'(moral heteronomy)에 관해 언급하고 있는 것이 아니라고 분명히 밝힌다(Friedman, 1976: 198). 그런데 순수한 도덕적 자율성은 어떤 '~을 위한 자유'(freedom for)가 아닌 단순히 '~으로부터의 자유'(freedom from)인 자유를 지칭한다. 반면에 순수한 도덕적 타율성은 어떤 진정한 자유나 자발성이 아니라 단순히 도덕적 의무에 부과된 '책임'이다. 이 양자 간의 좁은 능선(narrow ridge)이 곧 자유와 책임인데, 그것은 응답하기 위한 자유를 의미하는 자유와, 외부로부터의 말 걺과 내부로부터의 자유로운 응답 모두를 의미하는 책임이다.

부버(1954)는, 새로운 상황에 직면한 인간이 가장 쉽게 적용할 수 있는 어떤 외적이고도 절대적 가치를 지닌 윤리법으로부터 출발하는 것을 거부하고 그 대신 상황 그 자체와 더불어 출발해야 한다고 보면서 다음과 같이 주장한다.

> 책임의 개념은 특수윤리(specialized ethics)의 영역, 그리고 막연히 자유롭게 활개치는 '당위'(ought)의 영역으로부터 생생한 삶의 영역으로 되돌려져야 한다. 진정한 책임은 참된 응답이 있는 곳에서만 존재한다. 이때의 응답은 무엇에 대한 응답인가? 그것은 우리에게 일어

나는 것, 즉 우리가 보고, 듣고, 느끼는 것에 대한 응답이다(16).

우리의 일상생활 속에서 일어나는 크고 작은 사건들은 그 규모에 관계없이 우리에게 말을 걸어온다. 이때 우리가 존재 자체로서 응답하는 것이 우리에게 닥친 상황과 관계를 갖는 것이다. 따라서 응답하기 위해서는 그러한 상황과 함께 관계를 유지하면서, 우리가 자각한 그 상황을 생생한 삶의 실체 속으로 끌어들여야 한다. 매 순간에 진실한 단지 그 때만이 우리는 순간의 총화 이상인 어떤 것으로서의 삶을 체험한다. 우리는 순간에 대해 응답한다. 하지만 동시에 그것에 대해 책임지며 그것을 위해 대답한다. 새롭게 창조된 구체적 현실이 우리 앞에 놓여지고, 우리는 그것을 위해 책임 있는 대답을 한다. 예컨대 한 마리의 개가 당신을 쳐다볼 때 당신은 그 쳐다봄에 대해 응답할 책임이 있으며, 한 아이가 당신의 손을 잡을 때 당신은 그 접촉에 대해 응답할 책임이 있다는 것이다(Buber, 1954: 17).

책임이란 내가 이행하기로 되어 있는 도덕적 의무가 아니라, 특수한 상황에서 내 앞에 있는 타자에게 행해야 할 「너」에 대한 응답인 것이다. 개인에게 말을 거는 상황에서 비롯되는 것이 책임인 것이다. 이때의 각 상황은 저마다 독특하며, 게다가 그것은 원리처럼 단순하지도 간명하지도 않고 오히려 모순과 복잡 투성이이다. 이러한 상황에서 단일한 대답은 우리에게 아무런 도움이 되지 않는다. 즉, 상황에 직면한 개인은 그 모순덩어리 속으로 뛰어 들어가야만 하고, 그리하여 여러 가능성들 중에서 그 자신이 하나의 결단을 하여야 한다. 이 때 행하는 결단의 근거는 앞에서 언급한 것처럼 개인과 사회에 대한 유용성과 유해성 여부에 있는 것이 아니라 본래적 가치의 유무에 있다. 이 때 가치의 원천이 되는 것은 개인의 본래적 자각이다. 따라서 개인의 결단은 전적으로 그 자신에 의존한다.

인간의 결단에 대한 책임의 질은 그가 진정으로 타자를 직시하고,

그가 얼마만큼 타자를 받쳐주고 지향하는가의 정도에 따라 결정될 것이다. 우리가 부버 대화철학의 윤리적 함축에 대한 가장 중요한 열쇠를 찾을 수 있는 곳이 바로 여기인데, 그것은 타자측으로부터 관계를 체험하는 것이다(Friedman, 1976: 204). 단지 '타자를 직시'함으로서만 「나-너」 관계는 충만한 현실이 될 수 있다. 왜냐하면 그것을 통해서만 우리는 우리가 타자를 정말로 돕고 있다는 것을 확신할 수 있기 때문이다. 당신이 이웃 사람과 친밀하게 지낸다는 것은, 그가 단지 다른 「나」가 아니라 「너」라는 것을 인식하는 것을 의미하며, 동시에 그가 실제로 '타자'임을 의미한다. 우리가 어떤 사람을 그의 구체적 타자성 속에서 직시한다면, 그의 개별성 속에서 우리가 그를 확인할 수 있는 가능성이 있다. 이러한 이유 때문에 '타자를 직시'하는 것은 윤리적 행동을 위해서 뿐만 아니라 사랑, 우정, 가르침, 그리고 심리요법을 위해서도 중요한 의미를 지닌다.

우리가 누군가에 대해 책임을 져야 한다면, 단지 그 경우에만 '책임질 수' 있다. 인간인 「너」는 끊임없이 「그것」으로 화해야 하기 때문에, 우리는 결코 「그것」으로 화하지 않는 「영원한 너」에 대해 궁극적으로 책임을 진다. 하지만 우리가 「영원한 너」를 만나는 것은 구체적인 정의(just)이며, 추상적인 도덕법이나 보편적 이념에 대한 '책임'으로 타락하는 것으로부터 대화를 보호해준다. 따라서 선택은 종교와 도덕 사이에 있는 것이 아니라, 보편적인 것과 결합한 종교·도덕과, 구체적인 것과 결합한 종교·도덕 사이에 있는 것이다(Friedman, 1976: 206). 하나님에 대한 믿음, 실존에 대한 신뢰, 그리고 그러한 믿음으로부터 솟아나는 책임이 「나-너」 관계의 확립을 위한 원천으로 작용하는 반면, 「나-너」 관계 그 자체는 「영원한 너」에 대한 관계의 결속과 강화로서 작용한다.

이처럼 실존주의자였던 부버는 자유로운 인격적 선택과 더불어 개인적 책임을 크게 강조하였음을 알 수 있다. 그의 시각에서 볼 때, 윤리

적 행위란 단순히 애타주의와 금욕을 의미하는 것이 아니다. 또한 그것
은 제3자의 입장에서 갈등적인 이해관계를 판결해 주는 공명정대한 객
관도 아니다. 그것은 「나-너」의 관계 속에서 결단과 행위를 결합하는
것이다.

이상에서와 같이 부버 윤리학의 기본이 되는 몇 가지 개념들을 고
찰하여 보았다. 부버의 대화철학의 기초로 작용하는 것이 그의 종교철
학이듯이, 동시에 그것은 그의 윤리학의 기초이기도 하다. 이렇게 볼
때, 윤리적 결단은 결국 관계를 통해서 실현된다. 하지만 그것은 한 개
인이 자기 자신의 독특한 잠재성과 목적을 자각함으로써 탄생되는 것이
다. 부버에 의하면 이러한 자각은 하나님과 인간 간의 관계의 결과라는
것이다(Dickman, 1982: 41). 즉, 창조주로서의 하나님에 대한 믿음 그리고
하나님의 형상으로 창조된 인간 간의 관계의 결과라는 것이다. 인간과
「영원한 너」 간의 관계는 방향, 신뢰감, 그리고 가장 중요한 책임감을
제공한다. 즉, 이러한 책임감은 인간들로 하여금 그들이 직면한 상황들
에 대해 진정하고도 완전하게 반응하도록 해준다. 윤리적 절대성은 신
의 명령(Divine command)에 따르는 전통적 의미로 이루어지는 것이 아
니라, 개인의 실재를 초월하여 어떤 방향과 목적에 대한 감정을 낳게
하는 하나님과의 인격적 관계를 통해 이루어진다(Dickman, 1982: 41). 인
간이 그가 창조된 바대로 그 자신의 독특한 목적을 이행하는 데 있어서
감지하는 방향과 책임의 감정은 그가 타자들과 더불어 갖는 관계들을
통해 실현된다. 하시디즘의 영향이 또 다시 자명하다고 보는 이유가
바로 여기에 있다. 즉, 종교는 일상생활과 분리될 수 없다. 따라서 한
개인이 신성을 접하고 절대자와의 관계를 확립하는 것은 신비한 계단을
통해서가 아니라, 그가 다른 인간들과 갖는 구체적인 관계들을 통해서
이다.

이처럼 부버에 의하면 윤리의 실현은 결국 사람들이 서로 더불어
형성하는 직접적이고도 본래적인 관계들을 통해 이루어진다고 본다

(Dickman, 1982: 42). 이러한 관계에서는 「너」에 대해 책임 있게 행동하며, 책임 있게 행동한다는 것은 목적을 위한 수단으로서가 아니라 목적 그 자체로 「너」를 대한다는 것을 의미한다.[11] 이처럼 대화적 관계는 상호성과 상호존중 속에서의 「너」에 대한 도덕적 행동을 뜻한다. 이런 맥락에서 부버는, 선이란 근원적으로 하나님에 대한 관계로부터 유도된 방향과 목적을 지닌 인간들의 전체적·직접적인 관계이며, 악이란 관계 형성의 실패 및 방향의 결여라고 규정한다(Dickman, 1982: 42). 즉 "악은 방향의 결여이며 선은 방향이다(Buber, 1952: 80)"라고 부버는 규정한다.

따라서 모든 올바른 가치는 하나님에게로 이르는 길 속에 있다고 보는 것이다. 즉, 악을 야기시키는 무방향성의 격렬한 힘들이 하나님을 향해 방향을 전환할 때 선의 상태에 이른다는 것이다(Buber, 1963: 17 & 34).

부버에게 있어서 최대의 과업은 「나-그것」의 세계를 「나-너」의 세계로 돌리는 것이었다. 즉, 인간으로 하여금 「나-너」의 「만남」의 계기를 통해 절대적 가치에 접하게 하는 것이었다. 그 절대적 가치는 선으로써 곧 절대자(신)를 의미하며, 이에 접할 수 있는 길은 「나-너」의 만남을 통해서 가능하다고 본다. 왜냐하면 우리는 낱낱의 「너」를 통해서 「영원한 너」를 들여다 볼 수 있기 때문이다(Buber, 1958: 75). 따라서

---

11 부버가 말하는 「나」의 「너」에 대한 책임의 개념은 칸트의 무조건적 단언적 명령(categorical imperative)과 아주 유사하다. 즉, 타자를 수단으로 대하지 말고 항상 그 자체로서 가치 있는 목적으로서 대하라는 것이다. 그러나 양자 간에는 기본적인 차이가 있다. 칸트의 언명은 인간존엄성의 이념에 근거한 '당위'(ought)로부터 나온 것임에 반해 부버의 관련개념인 '타자와의 관계에 있어서의 현재성'(making the other present)은 자기 자신의 진리를 타자에게 강요하지 않는 것으로서 인간과 인간 사이의 삶의 존재론적 현실에 근거한 것이다. 그리고 칸트에게 있어서 타자들의 존엄성에 대한 존중은 우주 법칙들에 따라 행동해야 할 합리적 존재로서의 자기 자신에 대한 존엄성으로부터 나오는 반면에, 부버에게 있어서 목적 그 자체로서의 타자에 대한 관심은 그가 자신의 창조적 독특성의 실현을 통해 봉사하는 타자 및 보다 고차적인 목적과의 직접적 관계로부터 나온다. 이처럼 부버의 입장은 대화론적인 데 반해 칸트의 명령은 본질적으로 주관적(고립된 개인)이고도 객관적(보편적 이성)이다. 또한 칸트에게 있어서 이성의 '당위'는 충동의 '존재'('is' of impulse)와 분리되는 반면에, 부버에게 있어서 '존재'와 '당위'는 인간과 인간 사이의 삶을 참되게 만드는 본래적 인간실존의 필수조건 속에서 그것들의 긴장을 상실하지 않은 채 결합한다(Friedman, 1976: 200).

우리는 절대자를 통해서만 선을 발견할 수 있을 뿐이다. 즉, 인간이 세계와 맺는 관계 속에서 실현되고 구체화되는 본질적인 가치선택은 하나님에게로 이르는 길을 열어 준다는 것이다(Cohen, 1983: 59). 결국 절대자와 인간과의 관계를 명확히 깨닫는 데서 현대 사회의 위기가 극복될 수 있다고 보는 것이 부버의 종교적 윤리학의 기본인 것이다.

3) 부버 윤리론의 의미와 의의

이상에서 논의한 바와 같이 부버 윤리학의 기반은 그의 철학적 인간학과 대화철학에 있다. '인간의 전체성'에 대한 탐구를 강조하는 부버의 철학적 인간학은 그 출발점을 '인간과 함께 하는 인간'에 두고 있다. 즉, 인간특유의 본질은 인간과 인간 간의 살아있는 관계 속에서만 직접적으로 인식될 수 있는 것으로 봄으로써 종래의 고립된 개인을 극복하였다. 다시 말해 인간은 자기 자신과의 관계를 통해서가 아니라 타자와의 관계를 통해서 전체성에 이를 수 있는 것으로 봄으로써 인간이해의 지평을 더욱 넓혀 놓는 데 기여하였다. 또한 인간의 존재양상을 「나-그것」의 관계와 「나-너」의 관계로 구분하면서, 대화를 통해 「나-그것」의 관계를 극복하고 「나-너」의 관계로 방향전환하여 인간성 회복을 꾀하고자 한 대화철학도 주관-객관의 양분법으로부터 탈피하여 주관과 주관의 상호관계 영역으로 인간을 이끌어 들임으로써 인간이해의 지평을 한층 넓혀 주었다. 이처럼 철학적 인간학과 대화철학에 기반을 둔 부버 윤리론의 의미와 의의는 무엇인가? 이것을 분석하여 정리하면 다음과 같다.

첫째, 부버의 윤리론은 존재론적 윤리론이다. 그는 인간이 세계 속에서 갖는 존재의 두 가지 양상을 '거리와 관계'로 설명한다. 거리는 관계의 여지를 만들며, 이러한 관계 속으로 들어가느냐 아니냐는 인간의 책임이다. 즉, 거리는 인간의 상황을 제공하는 반면에 관계는 그러한 상황 속에서 인간됨에 기여한다. 따라서 부버 윤리론은, '지금 그리고 여기에서 개인이 직면하고 있는 독특한 상황에서의 개인의 본래적 응답'에 그 기반을 두고 있다. 따라서 자신의 전체성으로 상황을 직면하고 그 속에서 하나의 방향을 잡아야 하며, 그에 대해 전존재로 응답해야 하기 때문에 부버의 윤리론은 근본적으로 존재론적이다.

둘째, 부버의 윤리론은 종교적 윤리론이다. 절대가치의 강요를 부정하는 부버는, 단지 하나님만이 절대가치의 원천이 될 수 있다고 본다. 즉, 모든 올바른 가치는 하나님에게로 이르는 길 속에 있다는 것이다. 따라서 우리는 가치를 선택한다기보다는 「영원한 너」인 하나님과의 관계로부터 가치들을 '발견하는 것'이다. 하나님이 상황을 제공하는 반면에 인간은 응답을 해야 한다. 즉, 응답을 위한 결단을 해야 하는데, 이러한 가치판단은 본래적 가치의 차원에서 양심에 근거하여 이루어지는 것으로서 인간 자신에 대한 근본 자각을 의미한다. 구체적인 일상생활 속에서 인간에게 말을 걸어오는 하나님과의 대화에 기반을 둔 윤리적 삶이야말로 근본적으로 종교적이라 할 수 있다. 즉, 부버는 궁극적으로 인간의 윤리적 행동에 '당위'를 부여하는 것은 인간과 하나님과의 관계라고 주장한다. 인간이 타자와 세계를 신뢰하고, 그것들에 대해 책임의식을 느끼도록 힘을 부여하는 것은 인간과 하나님과의 관계이다. 하지만 하나님에 대한 신앙이 없는 개인들도 도덕적일 수 있음을 부버는 부인하지 않는다. 부버의 윤리론은 하나님의 개념을 제외한 도덕적 행동의 기반으로 「나-너」의 개념 하에 자율적으로 그 근거를 둘 수 있다. 이 경우에 절대성은 인간과 하나님 간의 관계로부터 유도되는 것이 아니라 「나-너」 관계로부터 유도된 직접성, 상호성, 본래성, 그리고 현재성으로부터 유도된다. 이런 면에서, 즉 부버가 인간 그 자체를 목적으로 본다는 점에서, 칸트의 도덕명령(moralimperative)과 매우 유사하다(Dickman, 1982: 87).

셋째, 부버는 여타의 정신분석가들과는 달리 인간의 죄를 존재론적 차원에서 규명하였다. 영혼은 결코 홀로 병드는 것이 아니라, 영혼과 타자 간의 상황, 즉 '사이'를 통해 병드는 것이다. 따라서 진정한 의미의 죄인 실존적 죄는 인간 내부에 있는 것이 아니라 세계의 정당한 주장과 말 걸어옴에 대해 자신의 전존재로 응답하지 못함으로서 나타난다는 것이다. 즉, 실존적 죄는 개인으로서 그리고 개인적 상황 속에서 한 개인이 자신에게 부과한 죄이다.

4) 부버의 윤리론이 도덕·윤리교육에 주는 시사

전술한 바와 같이 부버의 윤리론은 자신의 대화철학과 철학적 인간학을 그 기반으로 하고 있다. 그의 윤리론에 바탕을 둔 도덕·윤리교육이란 결국 인간의 전체성을 지향하는 교육을 의미할 것이다. 사실 오늘날의 도덕·윤리교육의 주류들[12]이 비판을 받는 부분들 중의 하나는 바로 이러한 인간의 전체성을 간과하는 데 있다고 볼 수 있다. 부버의 윤리론은 인간의 전체성에 관련되기에 그것이 어떤 특정한 커리큘럼에 별개로 적용될 성질의 것이 아니고 커리큘럼 전체에 적용되어야 할 성질의 것으로 파악된다. 동시에 학생을 수단적·도구적 존재로 보지 않고 목적적·인격적 존재로 보면서, 학생의 전체성에 관여하는 전인교육이다. 따라서 부버의 윤리론에 토대한 도덕·윤리교육이란 사실상 모든 교사를 통해 모든 시간, 모든 교과에서 이루어져야 할 것이다. 이러한 입장에서 그의 윤리론이 현장에서의 도덕·윤리교육에 주는 시사점들을 몇 가지로 정리해 보기로 한다.

첫째, 교사와 학생 그리고 학생과 학생 간의 대화적 관계를 확립하기 위한 교육적 노력 그 자체가 가장 근본적인 의미의 도덕·윤리교육일 것이다.

자기중심적인 인간은 타자 및 하나님과 관계할 수 없다고 보았기

---

12 예컨대 콜버그(Lawrence Kohlberg)를 중심으로 하는 인지발달적 접근법과 사이몬(Sidney Simon)을 중심으로 하는 가치명료화 접근법이 최근 도덕교육 연구방법의 주류라고 볼 때, 이들 공히 인간의 전체성을 바탕으로 논의하지 않고 어느 일면만을 지나치게 강조하고 있다고 볼 수 있다.

에, 부버는 인간이 타자 및 하나님과의 참된 대화적 관계를 통해 참된 인간이 될 수 있다고 보았다. 대화적 관계는 먼저 자기 자신의 내부로부터 성립하며, 자신의 인격성에 눈뜬 자는 아직 눈뜨지 못한 자에게 이를 가르칠 수 있기에, 교육적 만남이 성립하는 것이다. 이처럼 대화적 인격은 스스로 자라나는 인격일 뿐만 아니라 남을 자라게 하는 인격이기에 상호촉진적인 성격을 지니며, 동시에 인격적 「만남」을 통해 한 인간의 삶을 비약적으로 변화시키기도 한다. 우리는 「관계」 속에서 「너」를 만날 때만이 진정한 의미의 인간성을 체험할 수 있다. 교육의 본질은, 교육에 있어서 교사와 학생 간의 관계가 「나-그것」의 비인격적 관계로 빠지게 될 때 그 본래적 의미를 상실하게 된다. 그 결과가 비인간화, 비도덕적 현상으로 나타나는 것이다. 이런 의미에서 교사와 학생 그리고 학생과 학생 간의 본래적 관계의 회복은 곧 도덕·윤리교육의 원천이라고 할 수 있다. 따라서 지적 교육이든 정의적 교육이든 간에 모든 유형의 교육에 앞서 관계확립, 즉 「만남」이 선행되어야 할 것이다.

둘째, 문제에 대한 감수성을 학생들 내면에서 스스로 개발할 것을 촉구한다. 즉, 학생들이 문제제기하고, 질문하고, 자신들의 딜레마들을 나타내고, 문제해결에 참여하도록 하는 것이다. 부버에 의하면 개인이 자신의 딜레마에 대해 응답할 때 책임이 생긴다고 하였다. 요컨대 책임을 지기 위한 기회들이 제공될 때 책임학습이 잘 된다는 뜻이다. 따라서 학생들에게 그들 자신의 딜레마들을 나타낼 기회를 부여하고, 그것들을 해결하기 위한 대안들을 찾도록 하고, 그 대안에 대해 책임을 질 수 있는 기회를 부여하는 것이 바람직하다는 것이다. 이렇게 볼 때, 도덕교육의 주요과업은 학생들의 인격적 책임을 각성시키는 일이 된다. 우리의 일상생활 속에서 우리에게 일어나는 일들에 대한 전 존재적인 참된 응답이 있는 곳에 책임이 존재한다. 이러한 책임이란 내가 이행하기로 되어 있는 도덕적 의무가 아니라, 특수한 상황에서 내 앞에 있는 타자에게 행해야 할 「너」에 대한 응답인 것이다. 현대인은 집단에 몰입함으로써 인격적 책임을 회피하려 든다. 그런데 인격적 책임을 벗어난 삶은 무의미하며 무방향성이기에 그것은 악이 된다. 현대사회의 위기는 현대인의 무의미한 삶과 무방향성에 있으므로 교육은 이에 대한 책임을 적극적으로 떠맡아야 한다. 즉, 교육의 인간화를 통해서 사회의 인간화를 이루어야 한다.

셋째, 학급 내에서의 공동체 의식이 촉진되어야 한다.[13] 공동체란 항상 현존해야 하는 가치이다. 학생들은 학급생활 및 학교생활에서 일어나는 일들에 대해 책임을 져야 할 필요가 있다. 이러한 공동체 의식을 촉진하기 위해서는 그룹을 통해 공동으로 프로젝트 활동을 할 수 있는 기회가 부여되어야 한다. 이것은 경쟁 위주의 입시교육 하에서 개인적 이기주의와 시기·질투가 만연하고 있는 우리 교육의 풍토 하에서 특히 강조되어야 할 도덕교육의 영역이라고 볼 수 있다.

넷째, 학생들이 대화의 기본이라고 할 수 있는 진정한 자기표현이 가능하도록 교육적 분위기를 조성할 것을 촉구한다. 학교는 학생들이 자기표현을 할 수 있도록 언어를 분명히 사용하는 것을 가르치는 곳이 되어야 한다. 말하고자 하는 바를 분명히 나타내는 것은 중요한 가치가 있다. 때때로 도덕적 상황이란 대다수가 생각하는 것과 반대되는 관점이나 입장을 표명해야 되는 경우도 있다. 학급에서는 학생들이 자신의 체험들을 되새겨 보고 그것들에 대한 그들의 느낌이나 생각들을 진실하게 표현할 수 있는 기회들이 부여되어야 한다. 사실 솔직한 자기표현을 하는 데에는 많은 용기가 필요하다. 이런 의미에서 학급은 학생들의 진정한 용기가 개발되기 시작하는 곳이 될 수 있다고 본다.

다섯째, 도덕·윤리교육의 영역에 있어서 교사는 하나의 모델이다. 따라서 교육가의 모범이 가장 좋은 교육방법으로 권장되어야 한다. 부버가 생각하는 올바른 교수방법은 '전존재로부터 자발적·자연적으로 우

---

13 부버는 개인주의와 집단주의를 극복한 제3의 길, 즉 대화적 공동체(dialogical Community)를 희구했다(Avnon, 1998).

러나는 인격적 모범'이다(강선보, 1992: 216). 교사가 학생의 전존재에 실제로 영향력을 미칠 수 있으려면 교사 자신의 전존재와 전적인 자발성이 반드시 전제되어야 한다. 이처럼 학생들에게 가장 큰 영향을 미치는 것은 교사의 전존재이다. 그가 무엇을 가르치든 간에 그는 신뢰로워야 하고, 학생들의 독특성을 인정하고, 그가 가르친 것이 학생들의 전존재에 어떤 영향을 미치는지를 이해하고자 해야 한다. 부버가 말하기를, 교사는 그가 가르치는 과목에 정통해야만 하며, 그것을 풍부한 인간적 활동을 통해서 나타내야 한다고 했다. 즉, 교사가 그의 순수한 내적 체험을 진실한 행동으로 나타내 보였을 때 교사와 학생은 인격으로서 만날 수 있다는 것이다(Kneller, 1971: 261). 그가 강조하는 교사의 유형은 권위로써 자신의 주장을 제창하는 지도자(leader)가 아니라, 스스로 진리를 발견할 수 있도록 학생 개개인을 도와주려고 애쓰는 원조자(helper)이다. 하지만 불행히도 자신의 전존재로 활동하는 교사는 드물다. 그리고 오늘날의 시대 사회 속에서 전존재로 활동하는 그 자체가 쉬운 일도 아니다. 그럼에도 불구하고 교직은 성직이기에, 교사는 본래적 자기의 모습을 되찾아야 한다. 그래서 하시딕 현자인 부남(Simcha Bunam)의 "자신의 내면에 평화를 건설한 자는 세계 속에 그것을 건설할 수 있다(Shilpp & Friedman, 1967: 552)"라는 말씀이 더욱더 가슴에 와 닿는다. 부버의 윤리론이 종교에 터하고 있는 것이기에 도덕교육에 있어서도 성직자 같은 교직자의 상이 요구되는 것이다.

여섯째, 학생들로 하여금 통속적 양심으로부터 벗어나 고차적 양심으로 전향하도록 일깨운다. 도덕·윤리교육의 영역에 있는 교사들의 주요 과업 중의 하나가 바로 이것일 것이다. 즉, 심리요법가가 개인으로 하여금 자신의 양심을 규명하도록 도와주고, 성직자가 개인으로 하여금 고해와 참회를 통해 하나님과의 관계를 회복하도록 도와 주듯이, 교육가는 학생들로 하여금 내면의 심연에 있는 양심을 각성하도록 도와주는 원조자(helper)의 역할을 수행하여야 한다. 학생들로 하여금 스스로 자신의 죄를 직접적으로 직면하게 함으로써 책임을 유발하고, 이를 통해 자신의 삶을 변화시키도록 고무하는 것이 교육가의 역할일 것이다.

4_____사회교육론

부버는 키에르케고르로부터 사르트르에 이르는 실존주의자들과는 달리 인간을 고립된 실존으로 보지 않고, 인간과 인간 간의 관계 속에서 인간의 본질을 파악하고자 한다. 즉, 인간은 결코 홀로 실존하는 것이 아니라 항상 다른 인격과의 관계 속에서 사회적으로 실존한다고 본다. 이러한 관계는 하나의 인격과 다른 하나의 인격 사이의 관계이거나, 하나의 「나」와 하나의 「너」의 사이의 관계이다(Ott, 1979: 62). 그렇기 때문에 「너」로 말미암아 「나」가 존재하며, 「나」로 말미암아 「너」가 존재하는 것이다. 이같이 우리에게는 어떤 뜻으로나 아무 것도 그렇게 상호성을 포함하지 않은 것은 도무지 존재하지 않는다(Ott, 1979: 65). 「나」는 「나-너」의 관계에서 영원한 생명을 느끼고, 또한 「나-너」의 관계에서 「나」는 「너」와 더불어 현실에 참여하게 될 뿐만 아니라 「너」와의 접촉을 통하여 나의 인격이 나타나기 때문에 인간의 진정한 관계는 인격체들과의 상호관계에서만 존재하며, 인간교육 또한 공동체 안에서 비로소 가능한 것이다.

부버의 이같은 입장은 포이에르바하에 의해 많은 영향을 받은 것이었다. 즉, 포이에르바하는, 참된 변증법이란 고독한 사상가의 자기 자신에 대한 독백이 아니라 「나」와 「너」의 대화임을 주장하면서, "홀로 있는 개인은 도덕적 존재이든 사색적 존재이든 간에 본래의 인간존재를 지니지 못한다. 인간의 존재는 공동체 속에서만이, 그리고 인간과 인간의 통일성 속에서 성립된다. 그러나 이 통일성은 「나」와 「너」 간의 상이

한 현실성에 토대를 두고 있다"고 하였다(Brown, 1971: 102). 이러한 포이에르바하의 입장이 부버에 의해 「관계」의 철학으로 수용·발전되었다.

부버는 현대사회 속의 인간이 개인주의와 집단주의의 와중에서 우왕좌왕하고 있음을 개탄하면서 「나-너」 관계에 근원을 둔 공동체의 개념을 제시한다. 그는 인간세계의 두 가지 근본질서를 「나-너」의 관계에 바탕을 둔 진정한 대화가 이루어지는 인격공동체와 「나-그것」의 관계에 바탕을 둔 독백만이 이루어지는 집단적 사회로 구분한다. 따라서 인간을 고립된 실존으로서가 아니라 만나고 대화하는 실존으로 파악하면서, 전자에 바탕을 둔 사회가 진정한 사회라고 보았다.

「관계」 속에서 타인을 「너」라고 인정하는 것은 그에 대한 책임감을 가지게 되는 것을 의미한다. 그렇기 때문에 부버(1963: 47)는 오늘날의 공동체의 위기는 인격적 책임을 통해서, 즉 관계회복을 통해서 극복될 수 있다고 본다. 이것은 인간의 본질적인 본성이 타자와의 「만남」을 통해 발견될 수 있음을 의미한다. 즉, 인간은 「너」로 말미암아 「나」가 되기 때문에 개인의 존귀함은 공동체 속에서 비로소 드러날 수 있는 것이다. 그러므로 인간은 이러한 공동체를 떠나서 한순간도 존재할 수 없다. 또한 인간의 개별적인 존엄성이 인정되지 않는 곳에 참된 공동체가 형성될 수 없다. 이러한 공동체에서는 상호책임의 구조가 인간의 경험을 확립시켜 주며, 이 구조가 개인과 집단 사이의 질서를 이루는 틀이 되어 준다(南正吉, 1977: 57).

부버는 근본적으로 집단(collectivity)과 공동체(community)를 구분하여 설명한다(Buber, 1954a; Buber, 1966a; Cohen, 1983; Misrahi, 1966). 현대인의 위기는 기계문명의 세력 속에서 각 개인이 집단에다가 자기 자신을 구속시킴으로써 안전감을 추구하고자 하는 데 있다. 따라서 인간은 점차로 그 자신을 집단에 의존함으로써 인격적 책임을 회피하고 있다.[14]

---

14 집단의존적 인간들이 모인 사회는 도스토옙스키가 지적했듯이 개미무리들이요, 공동체가 아니다. 집단 속의 개개인은 어떤 강한 주체성의 의식이나 다른 사람과 함께 어울려 있다는 강한 의식도 없는

즉, 자율을 포기하고 복종을 추구한다. 그리하여 인간이 가장 소중히 여기는 재산-인간과 인간 간의 관계-의 상실을 허용한다. 이에 대해 부버는 다음과 같이 지적한다(Cohen, 1983: 89).

자율성은 그 가치를 상실하며, 인격적 관계는 고갈되고, 인간의 정신은 국가나 집단권력의 시녀가 된다. 인간은 사회집단의 생동감 있는 일원으로부터 집단체제의 한 부속품으로 변형된다. 그리하여 그는 노동에 대한 감각, 균형에 대한 감각과 함께 친교적 감각을 상실하기 시작한다.

이러한 상황은 위기적 상황이며, 평화를 위협하는 상황이다. 결국 집단주의란 개인으로부터 책임감을 박탈하는 것이다. 부버에 의하면, 집단이란 진정한 의미의 결속체가 아닐 뿐더러 인간 상호간의 운명공동체가 아니며, 단지 인간 상호간에 결정적인 인간관계를 상실한 채 병렬적으로 존재하는 별개적 개인들의 '꾸러미'[15]라는 것이다(Cohen, 1983). 또한 집단구성원들 간의 관계는 형식적일 뿐이며, 공동과업의 발전이 요청될 때만 인간관계가 존재한다. 따라서 이들의 결합은 실무적이다. 그리고 집단에서의 책임은 총체적이며, 공동사업을 위하여 공동사업의 이름 하에 책임이 존재한다. 이런 식으로 집단은 그 구성원들로 하여금 인격적 책임으로부터 벗어나게 해준다.

반면에 공동체는 인간과 더불어 존재하는 인간관계를 근본으로 한다. 여기에서의 각 개인은 병렬적이지 않고 각각 독립되어 있다. 이들은 공동의 목표를 추구하지만, 이것이 공동체의 주요 관심사는 아니며 또

고립된 원자들일 것이다. 원자화와 집단화는 잘 어울린다. 왜냐하면 그것은 집단화될 수 있는 정체불명의 고립된 개체들뿐이기 때문이다(Keen, 1984: 40).

15 집단체(collectivity)란 '파시즈(faces)'와 같다. '파시즈'란 동여맨 갈대묶음으로 고대 로마 제국에서의 권력의 상징, 즉 권표(權標)였다. '파시즘(fascism)'의 어원이 이것이다(Misrahi, 1966: 30).

한 개인의 인격적 책임을 면제시켜 주지도 않는다.

공동체의 구성원들 간에는 공감적인 친화력(sympathetic affinity)이 면면히 흐른다. 부버(1958b: 45)는 진정한 공동체가 두 가지 사실로 성립된다고 보았다. 즉, 사람들이 우선 하나의 살아 있는 중심적 존재(living center)와 살아 있는 상호관계를 맺은 후에 그 사람들끼리 서로 살아 있는 상호관계를 맺음으로써 진정한 공동체가 성립된다는 것이다. 따라서 인간의 공동생활의 조직은 그 조직의 각 부분까지 침투하고 있는 관계를 맺는 힘이 충만한 데서 그 생명을 얻는다. 다시 말해 공동체의 생명력은 「나-너」의 관계가 충만할수록 강해진다는 것이다.

부버는(1966a)는 집단과 공동체의 차이를 다음과 같이 요약한다.

> 친교가 풍성하지 못한 곳에는 공동체가 존재하지 않는다. 집단은 계획적으로 인격을 말살한다. 반면에 공동체는 개인들의 응집력 있는 목적을 추구하면서 인격을 신장하고 고양시킨다(135).

이렇게 보면 참된 인격교육은 공동체 속에서 가능함을 알 수 있다. 오늘날과 같이 규격화되고 기계화되어지는 사회적 상황 속에서 인간화 작업이 절실히 요청되는 분야는 다름 아닌 교육분야인 것이다. 즉, 인격적 책임을 각성시키는 교육적 노력이 무엇보다도 요청되는 것이다. 왜냐하면 이것이야말로 건전한 사회의 초석이 될 수 있기 때문이다. 이처럼 교육의 과업은 학생들에게 인격적 책임을 일깨워 주는 것이다.

부버는 또한 개인주의(individualism)와 집단주의(collectivism)를 모두 부정한다. 개인주의는 전체적 인간의 한 일면만을 보는 데 국한되어 있는 반면, 집단주의는 인간을 단지 더 큰 실체의 한 부분으로 생각하기 때문에 이 둘 다 인간의 전체성을 제대로 파악하지 못하고 있다. 따라서 부버는 "개인주의는 인간을 단지 그 자신과 관련하여 인식하며, 집단주의는 그와 반대로 인간을 단지 사회와 관련하여 인식한다. 전자는 인간의 이미지를 곡해하고 있으며, 후자는 인간의 이미지를 감추고 있다"고 논한다(Cohen, 1983: 82). 부버의 견해에 따르면, 현대의 개인주의와 집단주의는 동일한 인간상황으로부터 발생한 것이다. 그리고 양자간의 차이는 단순히 인간의 조건이 발전되어 온 단계상의 문제라는 것이다(Cohen, 1983: 82-83). 그가 언급한 인간의 조건이란 우주적·사회적인 고향상실, 자포자기적 존재로서의 자기인식, 그리고 인간 세계에서의 고독감을 말한다. 이러한 조건을 의식하게 됨에 따라 등장한 최초의 정신적 반응이 현대의 개인주의이며, 두 번째 반응이 현대의 집단주의이다.

인간은 개인주의를 선택함으로써 그의 조건을 거만스럽게 수락한다. 즉, 그가 본래 포기된 존재라는 바로 그 이유 때문에 그는 자신의 인격적 고독 속에서 그 자신을 고립시키고 그의 자포자기적 조건을 수용하는데, 그 이유는 그것을 통해 스스로 개아(個我)가 되기 때문이다. 따라서 그는 정말로 고독에 빠져들 뿐만 아니라 그것을 지나칠 정도로 찬양하게 된다.

한편, 집단주의의 반응은 개인주의의 반응이 실패한 이후에 나타나게 된다. 즉, 인간은 개인적 고립으로부터 탈피하기를 희구하면서 집단의 다수 속에 그 자신을 맡긴다. 이러한 인간에 대해 집단주의는 절대적인 안전감을 제공해 준다는 것이다. 따라서 집단에 맡기게 됨에 따라 개인은 그 자신의 의지를 일반적인 의지에 병합시키며, 복잡다단한 삶에 대한 개인의 인격적 책임을 포기한다. 바꾸어 말하면 개인으로부터 책임감을 박탈하는 것이 집단주의이다. 집단 속의 개인은 인간과 함께하는 인간으로 존재하지 못하기 때문에 여전히 고립을 면하지 못한다. 군중은 인간과 인간 간의 관계의 중요성을 경감시키면서 집단 그 자체를 위한 개인만을 강조한다. 부버에 의하면, 현대의 집단주의는 "인간이 그 자신과의 만남을 거역해왔던 마지막 장벽"이라는 것이다(Cohen, 1983: 83).

개인주의와 집단주의 모두를 거부했던 부버가 제시한 진정한 대안은 「사이」(between)이다(Cohen, 1983: 83). 사이 속에서의 인간은 그 자신의 자아 속에서 그 자신을 격리시키지도 않으며 그 자신을 집단 속으로 던져 넣지도 않는다. 인간이 그 자신과의 「만남」이 가능한 것은 단지 개인적 인간으로서 그의 동료들과의 「만남」이 있을 때라고 부버는 믿는다. 개인이 타인의 타자성을 인정하면서 타인을 인격체, 인간적 존재로서 인식하고 그같은 인식의 결과가 그에게 영향을 미쳤을 때 비로소 그는 고립적 장벽을 돌파할 수 있게 된다.

부버의 사회사상의 전면에 깔려 있는 이념은 인간실존의 기본 사실이 그 자신을 위한 인간의 실존에서나 사회 자체를 위한 사회적 실존에서 발견되는 것이 아니라, 인간이 인간과 더불어 실존한다는 데서 발견된다는 것이다(Buber, 1954a: 203). 따라서 그가 제안한 「사이」의 대안은 「나-너」 관계에 근원을 둔 진정한 인간공동체를 의미하는 것이다.

부버는 현대 사회주의(modern socialism)에 대해 매우 비판적인 태도를 취한다(Cohen, 1983: 96f). 왜냐하면 그것은 진정한 공동체를 파괴시킬 우려가 있기 때문이다. 현대 사회주의는 사회 경제적인 제반 활동들을 규제·관리하는 절대권력을 국가에 부여함으로써 현대생활의 원자화 및 구조적 붕괴를 타파하려 한다. 이러한 사회주의적 경향은 우리의 자율의지와는 관계없이 필연적으로 파멸의 길로 이끌게 된다고 부버는 보고 있다.[16] 물론 그는 현대 사회주의의 긍정적인 면도 인정하지만, 그가 진심으로 두려워하는 바는 그러한 현대 사회주의가 인간의 자발적 친교활동을 보장해 주지 못한다는 데에 있다. 즉, 현대 사회주의의 이데올로기가 정의에 입각하여 사회적 여건을 이룩하고자 하고는 있지만, 동시에 정신의 법칙(law of spirit)을 도구화할 수도 있으며 이로 인해 자유를 파괴하기도 한다는 것이다. 그래서 부버는 다음과 같이 예언한다(Cohen, 1983: 97).

---

16 현대 사회주의를 평가함에 있어서 부버는 베버(Max Weber)의 비관론에 공감한다. 즉, 베버는 개인의 정치·사회적 자유를 유지하면서 발전을 꾀하고자 하는 사회주의의 위험성에 관해 피력한 바 있다. 사회주의에 대한 자신의 의구심을 정당화하기 위해 베버는 중앙집권적인 사회주의의 경향, 그리고 국가기구 및 국가적 책략에 의해 인류에게 가해지는 관료적 통제의 가속화를 증거로 제시한다(Cohen, 1983: 96-97).

만약 사회주의 국가가 완전히 지배하게 된다면, 그것은 절대적인 지배가 될 것이며 거기에서의 규칙은 전적으로 공평무사할 것이고, 인간에 의한 인간의 착취도 용납하지 않을 것이며, 인간이 목적을 위한 수단적 존재로 타락되는 것도 용납하지 않을 것이다. 하지만 그것은 또한 공동체에 대한 성역도 부정할 것이다.

이처럼 부버는 사회주의 국가의 절대권력 앞에서 공동체의 본래적 위치가 상실된 것을 우려하였다. 따라서 그는 현대 사회주의의 대안으로 종교적 사회주의(religious socialism)의 이념을 제창한다.[17] 즉, 현대 사회주의가 기존제도에 대신하여 새로운 제도를 확립함으로써 인간관계의 근본적인 변화를 유발시킬 수 있다고 믿는 반면에, 종교적 사회주의는 제도의 창출에 전혀 중요성을 두지 않고 인간 상호간의 실제적인 삶을 변화시키는 데 중요성을 부여한다. 그런데 이러한 삶의 관계성은 국가적 체계 속에서 발생하는 것이 아니라 공동체 속에서 발생한다. 즉, 친교의 기능이 이해되면서 그것이 살아 움직이는 곳, 그리고 정서적·영적 감각이 살아 움직이는 곳에서 발생한다.

공동체는 엄격한 원리로 통제되는 곳이 아니다(Buber, 1966a: 134). 부버가 말하는 사회주의란 추상적 원리의 사회주의가 아니라 일상의 고통과 탐색에 직접적인 도움을 줄 수 있는 사회주의인 것이다. 따라서 부버는 행동이 결여된 사회적 믿음은 무의미하다고 본다(Kohn, 1983: 179). 즉, 믿음과 행동 간의 조화, 우리의 내적인 삶과 외적인 삶 간의 조화, 개인 간 인격으로서의 윤리와 사회의 한 구성원으로서의 윤리 간의 조화가 있어야 한다는 것이다.

---

17 부버는 그가 사회주의자였듯이, 그 나름대로의 사회학자이기도 했다. 그는 Franz Rosenzweig 외에도 Tolstoi 같은 사회주의자, Gustav Landauer, 철학자이자 사회학자인 Georg Simmel 등과 우호적 관계를 맺고 있었으며, 40개의 소책자로 된 사회학 서적 *Die Gesellschaft*의 편집자이기도 했다(Cahnman, 1965: 10). 이 총서에는 당시 독일의 유명한 사회학자들인 Tönnis, Simmel, Oppenheimer 등의 논문들이 게재되었다(Sills, 1980: 161).

오늘날에 와서 공동체들이 붕괴된 것은 현대국가의 체제 때문이라는 것이 부버의 견해이다. 그래서 그는 세포가 서서히 죽어가고 있는 유기체에 현대사회를 비유한다(Cohen, 1983: 98). 왜냐하면 현대의 사회체제는 인간에게 어떠한 정신적 희망도 보장해 주지 못할 뿐더러, 참된 사회적 보존을 구성하고 있는 유기체들에게 생명력을 불어넣어 줄 수도 없기 때문이다. 따라서 부버가 바라는 사회적·교육적 목표는 유기적인 사회조직을 부활시키고, 살아 있는 조직세포에 생명력을 불어넣어 줌으로써 인간을 해방시키는 데 있는 바, 환언하면 친교적 실존을 달성하는 데 있다(Cohen, 1983: 98). 즉, 그는 「나 – 너」관계에 근원을 둔 공동체를 요청하고 있다. 이러한 공동체들이 연합함으로써 건전한 사회와 국가가 형성될 수 있다는 것이다.

우리는 이러한 의미를 지닌 공동체의 건설에 마치 가정을 형성하듯이 헌신적으로 참여해야 한다. 그 이유를 부버는 다음과 같이 설명한다(Cohen, 1983: 99).

> … 이러한 소규모의 겸손한 창조적 건설활동은 거대하고도 장엄한 국가보다 낮게 평가되어서는 안되며, 오히려 국가가 지닌 중요성보다도 더 높게 평가되어야 함을 인식해야 한다. 즉, 친밀도가 높은 공동자치적 모임에 직접적으로 참여하는 것은 의회 참여에서 나타나는 것보다도 더 큰 정신적 힘을 발휘한다는 것을 인식해야 한다.

따라서 우리 시대의 위기를 해결하기 위해서는 인간을 각성시켜야 하는 것이 선결문제이다. 이를 위해 인간을 교육시키는 것이 교육가의 사명이다. 즉, 미래를 위해 인류를 가르치고 준비시키며, 이상을 설정하여 명료하게 밝히고, 인간의 사회적 지식을 내부로부터 부활시키는 것이 교육가의 사명이다.

이처럼 부버는 공동체 생활에 지대한 관심을 가졌다. 그는 짜딕의 역할과 하시딕 공동체에서 발견한 친교의 직접성과 온정으로 오늘날의 기계화된 국가관계, 사회관계, 가족관계 등을 소생시키고자 노력하였다. 왜냐하면 진정한 공동체보다도 더 나은 신성현시(神性顯示)는 없다고 보았기 때문이었다.

부버는 위기상황 속의 현대사회를 부활시키는 데 있어서 엘리트 (elite)의 교육적·사회적 역할에 큰 비중을 두었다. 그가 말하는 엘리트란 단순히 지식인들을 뜻하는 것이 아니라, "자신을 삶 속에 완전히 몰두시켜서 우리가 더 이상 그것을 정신이라고 알아볼 수 없게끔 하는 정신적 인간들(men of the spirit)"을 뜻한다(Cohen, 1983: 105). 이러한 엘리트는 집단의 구성원들에게 영향을 미치게 되는데, 말이나 개념으로서가 아니라 스스로의 실존으로 영향을 미친다. 그것은 자연이 인간에게 영향을 미치는 것과 똑같은 방식인 것이다. 이처럼 자기 자신의 모범에 의해 교육하는 것이 엘리트 집단이라고 보는 부버의 견해는 그의 사회관 및 교육관의 일면을 잘 나타내고 있다. 자신의 활기찬 모범을 통해 동심원적(同心圓的) 영향력을 방출하는 엘리트 단체들의 육성이야말로 우리 시대의 사회적 부활을 위한 필수조건인 것이다.[18] 따라서 부버가 생각하는 사회교육의 목적이란 바로 이러한 핵심적 엘리트를 양성하는 데 있다고 볼 수 있다.

부버가 원하는 사회는 「나－너」 관계에 근원을 둔 진정한 공동체들로서 구성된 사회이다. "인간실존의 근본적인 사실은 인간이 인간과 더불어 있다는 것이다"(Buber, 1954b: 165－166)라고 한 부버철학의 핵심

---

18 집단의 구성원들에게 자신의 실존적 모범을 통해 동심원적 영향력을 방출하는 핵심적 엘리트의 역할에 대해 부버는 다음과 같이 설명한다(Cohen, 1983: 105).

즉, ①에 속하는 사람들(엘리트)의 행위는 정신적·내면적이며, ②에 속하는 사람들의 공감은 단지 지적(知的)이며, ③에 속하는 사람들은 무관심하다. 이때 ①에 속하는 사람들의 영향력이 ②와 ③에 속하는 사람들에게 미치게 되는데, 이러한 영향력은 계획적이거나 예상된 방법으로 행사될 것이 아니라 실존적인 방법으로, 그리고 실존적 인물의 모범을 통해서 행사되어야 한다는 것이다.

사상은 그의 사회사상의 가장 기본적인 토대요, 출발점인 것이다. 우리가 인간의 삶을 좀 더 인간답게 만들려고 한다면 진정한 의미의 '관계 회복'이 요청되며, 이와 동시에 이웃 인간에 대한 사랑이 요청된다. 그래서 하시디즘에서 가장 강조하는 것 중의 하나가 "좀 더 사랑을 하라"는 것이다(Buber, 1958a: 118).[19] 바로 이러한 것들이 진정한 공동체를 부활시키고, 인간의 인간다움을 소생시키는 근본요인들이다. 따라서 이를 위한 교육은 머리에 호소하는 교육보다는 심장에 호소하는 교육이 되어야 한다고 본다.

부버가 원하는 사회는 단순한 집단이 아니라 실존적 인간관계에 그 근본적 특징을 두고 있는 집단으로써, 이는 인간과 인간 간의 관계의 상호성과 실현에 바탕을 두고 있다. 그가 말하는 인간 상호간의 의미는 인간들이 본질적으로 서로에게 자기 자신을 드러내어 준다는 것이 아니라, 한 사람이 그 자신의 인격적 존재 속으로 타인－그 자신을 드러내 줌으로써 공유의식을 갖는 자－이 참여함을 허락하는 것이다. 이것은 결국 대화적 관계를 의미한다. 이러한 부버의 사회관에 비추어 보면, 현대사회의 위기는 단순히 사회·경제적인 체제의 혼란에서 오는 것이 아니라, 인간실존의 근본을 위협하고 「나－너」 관계의 기능을 약화시키는 데에 있는 것이다. 따라서 이러한 현대사회의 위기는 교육이 그

---

19 가정교육, 학교교육, 사회교육에서 가장 핵심적인 교육내용과 방법이 되는 것은 '사랑'일 것이다. 하시디즘의 영향을 받은 부버도 무엇보다 사랑을 강조한다. 하시디즘에서는 인간에 대한 사랑이야말로 구원의 유일한 길이라고 본다. 그러므로 "인간을 사랑하지 않는 자는 하나님을 사랑하지 않는 자이다"라고 본다. 따라서 '좀 더 사랑하는 것(to love more)', 이것이 하시디즘의 기본적인 가르침 중의 하나이다. 하시디즘에서 나오는 사랑에 관한 두 가지 일화를 소개한다(Buber, 1958a: 118).
① 어떤 아버지가 랍비 바알 쉠(Baal－Shem)에게 와서 "나의 아들은 하나님으로부터 멀어지고 있습니다. 어떻게 하면 좋을까요?"라고 투덜대었다. 이 때 바알 쉠이 대답하기를 "좀 더 그를 사랑하라(Love him more)"라고 했다.
② 랍비 라파엘(Rafael)이 여행을 떠나기 전, 수레의 옆자리에 앉은 제자와 얘기가 오고 갔다. "제가 자리를 좁게 하는 것이 아닌가요?"라고 제자가 말하자, 랍비는 "그러니 우리가 서로 좀 더 사랑하자. 그러면 우리 둘이 앉고도 남을 충분한 여유가 생길 것이다"라고 말했다.

해결의 역할을 맡아야 한다.

5_____평화교육론

인류의 역사는 전쟁의 역사라고 해도 과언이 아닐 것이다. "유사 이래 인류가 치른 전쟁이 2만 6천여 회가 된다"(趙永植, 1984: 11)는 사실이 이를 입증한다. 특히 20세기 이후의 과학문명은 급속도로 발달하였으며, 그 부산물인 핵무기의 발달은 점차 인류를 공포의 도가니로 몰아가고 있어 인류 전체를 언제 멸종시킬지 모르는 상황으로 전개되고 있다. 이러한 상황에 대해 조영식(1984)은 다음과 같이 그 절박함을 지적한다.

> 온 인류가, 노인과 어린아이를 막론하고 모조리 3톤 이상의 TNT를 등에 걸머지고 화약고 속에 살고 있다는 사실과 또 우리 인류가 지금 저장하고 있는 핵만으로도 47억 인구를 무려 40회나 전멸시킬 수 있다는 끔찍한 일을 생각해 보면 전쟁과 평화문제가 더 이상 우리의 선택적인 문제가 될 수 없는, 생사를 가름하는 절대명제가 되었다고 할 수 있다(12).

이처럼 인간은 이제 무기를 지배하는 자가 아니라 무기에 의해 지배를 받는 궁핍한 처지가 되었다. 부버의 표현에 따르면, 「나-그것」의 세계가 「나-너」의 세계를 압도한 결과가 된 것이다.

그럼에도 불구하고 핵무기 지지론자들은 핵무기야말로 힘의 균형을 통해 세계를 지켜 준다고 보면서 뉴클리어리즘(Nuclearism)을 일종의 세속적 종교로서 신봉한다(Lifton, 1979). 과연 핵무기가 평화유지의 근본적 처방이 될 수 있는가?

오늘날의 전쟁은 승자도 패자도 없이 상호자멸을 초래한다. 따라서 우리는 공생공존을 하기 위해서라도 평화유지를 위한 의도적 노력에 박차를 가해야 한다. 그렇다면 평화유지는 핵무기와 같은 과학문명에 의해 가능할 것인가? 아니면 강대국들 간의 군축협상 등과 같은 국제정치 현상학적 차원에서 가능할 것인가? 이들 중 그 어느 것도 평화유지의 근원적 처방은 될 수 없을 것이다. 결국 전쟁과 평화 이 양자가 인간의 심성으로부터 비롯된다고 보면, 우리는 평화유지의 근원적 해결책을 인간으로부터 찾아야 할 것이다(강선보, 1987: 51-52). 그래서 랍비 부남(Bunam)은 다음과 같이 가르쳤다.

우리의 성현은 이렇게 말한다. 즉, "너 자신의 자리에서 평화를 구하라. 너 자신 속에서만이 평화를 발견할 수 있을 뿐이다"라고. 그리고 시편에는 이렇게 적혀있다. "나의 죄악 때문에 내 몸에는 어떠한 평화도 없다"라고. 따라서 인간이 자신의 마음 속에 평화를 이룰 때 전 세계의 평화를 이룰 수 있는 것이다(Buber, 1958a: 157-158).

기실 평화는 인간의 사회질서 문제이다. 이것은 인간과 인간 사이의 문제이다. 따라서 인간과 인간 사이의 「관계」는 중요한 의미를 지닌다. 그런데 「관계」의 상실은 비인간화로부터 비롯된다. 부버는 「관계」의 회복, 비인간화의 극복을 「만남」의 철학 또는 「대화」의 철학으로 이루고자 한다.

전쟁과 평화의 근본동인(根本動因)은 인간이고, 인간의 문제는 교육의 문제이므로 우리는 평화의 문제를 교육에서 다루어야 한다. 즉, 평화를 이룩하는 일(peace-making)은 평화교육을 통해서 이루어져야 한다. 왜냐하면 우리는 잘못된 교육이 평화를 파괴한다는 사실을 잘 알고 있기 때문이다.[20]

---

20 예컨대, 나치의 집단 처형장(death camp)은 고등교육을 받은 자들에 의해 계획되고, 건축되고, 조

부버는 인간의 평화문제에 많은 관심을 지니고 있었다. 좁게는 팔레스타인에 있어서의 유대 – 아랍인 간의 평화문제에, 넓게는 세계인류의 평화문제에 관심을 쏟았다. 그리하여 그는 자신의 대화철학을 통해이 문제를 해결하고자 하였다. 그의 철학이 오늘날의 교육에 특히 적절하다고 보는 이유는, 그것이 장차 나아가야 할 교육의 방향을 제시해주기 때문이다(Cohen, 1983). 즉, 교육은 더 이상 정보의 전달, 지적 능력의 개발에 헌신하기를 멈추고 진정한 대화를 촉진하는 방향으로 지향되어야 한다는 것이다. 따라서 진정한 의미의 평화교육이 이루어지기위해서는 학생들이 대화적으로 관계할 수 있게끔 학생들을 촉진시켜 줄수 있는 방향으로 교육이 나아가야 한다.

종교적 휴머니즘을 강조하는 부버는 종교적 평화주의자이다. 오늘날의 기계문명에 의한 전쟁위기를 기계문명으로 극복하기에는 너무나암울한 상황이다. 무기와 무기의 대결에 무기가 개입하여 이를 해결할수 있다고는 볼 수 없다. 결국은 종교적 차원의 평화운동, 평화교육만이이를 해결할 수 있으리라 본다. 부버의 철학사상은 이러한 입장에서 인간성 회복을 통하여 평화문제에 접근하고 있다.[21]

종되었으며(Liffel, 1980), 나치시대의 교육기관들은 프로퍼겐더의 수단으로 기여했을 뿐만 아니라 대학살(Holocaust)을 합리화하고 수행하는 데 필요한 인력을 제공하는 데 기여했다(Markusen & Harris, 1984). 따라서 Markusen과 Harris(1984)는 민주사회의 교육기관이 학생들과 시민들에게 핵무기와 핵전쟁에 관한 교육, 즉 평화교육을 하지 않는다면 그 사회의 생존문제에 치명적 손상을 입히게 될 것이라고 본다. 이러한 맥락에서 Rohrs(1983)도 교육담당중앙부서 내에 평화교육 담당국을 신설할 것과 대학 내에 평화문제연구소 및 평화학을 탐구하는 학과를 설치할 것을 주장한다 (Hahn, 1985에서 재인용).

21 부버의 「나-너」관계의 출발점은 형이상학이나 신학이 아니라 철학적 인간학(philosophical anthropology), 즉 인간의 문제이다. 결국 그의 철학적 인간학은 대화철학이 확장·발전된 것이다 (Buber, 1965). 그는 철학적 인간학을 '인간의 전체성(the wholeness of man)'에 관한 탐구로 규정한다(Buber, 1954a). 따라서 부버의 교육론의 주조음은 '학생의 전체성'에 관여하는 것이라고 볼수 있다. 그는 '인간'을 강조하면서, 절대자와의 관계 확립을 종교적 차원에서 강조한다. 비록 현재의 이스라엘의 상황(엄밀한 의미에서 국경이 없는 상황, 그리고 종교국가로서의 상황)이 우리 나라의 상황과 일치하지는 않지만, 그같은 부버의 인간학적 관점을 우리의 현실에 부분적으로 원용할

부버의 평화사상의 핵심은 결국 「만남」의 사상 혹은 대화철학으로 요약될 수 있을 것이다. 그는 가치의 상대화가 빚어낸 현대의 위기를 극복하는 길은 다시 도덕적 가치가 절대자와 인간존재의 참 관계에 기초하게 되는 데 있다고 본다(南正吉, 1977). 즉, 인간으로 하여금 절대적 가치에 접하게 하는 것으로써, 「나-너」의 「만남」의 계기를 이루게 하는 것이다. 그 절대적 가치는 선으로서 곧 절대자를 의미하며, 이에 접할 수 있는 길은 「나-너」의 「만남」과 진정한 대화를 통해서 가능하다고 본다. 왜냐하면 우리는 낱낱의 「너」를 통해서 영원한 「너」를 들여다볼 수 있기 때문이다. 이처럼 부버는 절대자와 인간과의 관계를 명확히 깨닫는 데서 현대사회의 위기가 극복될 수 있다고 본다. 부버를 종교적 평화주의자라고 보는 이유가 바로 여기에 있는 것이다.

부버는 자신의 철학적 입장과 정치적 입장이 별개의 것으로 해석되는 것을 원하지 않았다. 따라서 그는 철학적 영역으로부터 정치적 영역으로 이행하는 것은 철학적으로 타당성이 있다고 보았다. 즉, 그는 형이상학적 영역과 경험적 영역 간에 어떤 통일성이 있다고 보았다(Misrahi, 1966: 30).

부버의 이러한 관점에 대해 회의를 품는 사람들은, "당신의 대화철학은 매우 훌륭하나 너무 유토피아적이다. 그것은 어느 곳에서도 실현된 바가 없다. 그것은 현실세계, 즉 공장이나 사무실을 떠나 있다. 우리는 근본적으로 이러한 종교적 관계를 적용할 수 없다"라고 비판한다. 이에 대해 부버는, 신은 어디에건 존재하기 때문에 신에 대한 숭배는 어느 곳에서건 행해져야 한다고 보았다. 따라서 신과의 관계는 일상생활, 공장, 농장 등에서 여타 사람들과의 구체적인 관계를 통해 유지된다는 것이다. 예컨대 우리가 공장에서 대화적 관계를 갖는다는 것은 소유

수 있는 가능성은 충분히 있다. 즉, 그에 대한 시각을 유대교적 차원에서 국한하여 보지 않고 휴머니즘적 차원에서 본다면 그의 절대자관이 보다 쉽게 이해될 수 있다. 어쨌든 부버의 평화사상은 인간으로부터 출발하고 있다.

자와 근로자 간에 우호적이고도 호혜적인 관계를 갖는 것을 의미한다.

이처럼 부버에게 있어서는 형이상학적 철학과 구체적인 정치적 실제가 항상 밀접히 연결되어 있다. 그러면 구체적으로 이스라엘과 아랍 민족 간의 관계에 있어서 우호적 관계 내지는 대화적 관계가 실현될 수 있기 위해서는 어떤 조건이 필요한 것인가?

부버의 이론적 틀 안에서 우리는 두 가지 조건을 제시할 수 있다 (Misrahi, 1966: 31-34).

우선 각 민족은 집단주의를 선택해서는 안되며 가능한 한 공동체가 되어야 한다. 만약 우리가 서로 간에 대화적 관계를 확립하고자 한다면 적어도 내면적으로나 정치적으로나 대화적 관계를 확립하여야 한다. 개인들 간에 그리고 정당들 간에 대화적 관계가 확립됨으로써 상대 민족과의 위대한 대화적 관계의 확립이 가능해질 것이다. 이러한 공동체를 달성하기 위해 우리는 상호과장, 프로퍼겐더, 민족 속에 숨겨 있는 상호 두려움 등을 불식시켜야 한다. 따라서 어떤 유대인도, 아랍인과의 관계에 관한 여타 유대인들의 의견을 두려워해서는 안되며, 마찬가지로 어떤 아랍인도, 유대인과의 관계에 대한 여타 아랍인들의 의견을 두려워해서는 안 된다. 이렇게 되기 위해서는 용기와 자유주의적 비전을 필요로 한다. 즉, 새로운 형태의 정치학과 새로운 태도변화를 요청한다. 이것은 아랍인과 유대인을 위해서 뿐만 아니라 전 세계를 위한 진리이기도 하다. 이 일을 시작하려는 데 선두주자가 되는 것을 두려워해서는 안 된다. 다른 사람이 선두주자가 되기를 기다리는 한 이 세상에서 어떤 것도 실현되지 않을 것이다.

두 번째의 조건은 각 공동체는 진정한 공동체가 되어야 하며, 대화를 시작하려는 용기와 의지를 가져야 한다. 즉, 다른 공동체와의 관계 속에서 진정한 대화를 시작하려고 해야 한다는 것이다.[22]

---

22 "진정한 대화"란 어떠한 것인가에 대해서는 4장의 3절을 참조하기 바람.

이처럼 부버는 자신의 철학과 정치적 실제를 연결지어 생각하였다. 그래서 그러한 그의 입장을 실제로 유대-아랍인 간의 평화문제에 적용하였다. 그가 유대-아랍인 간의 실제적인 협력문제에 관해 최초로 공식적인 주장을 한 것은 1921년의 제 12차 시온주의자 대회에서였다. 그 이후 그는 줄곧 이러한 문제의 해결을 위해 노력하였다. 부버가 타계하여 예루살렘의 언덕에 묻혔을 때, 히브리대학교의 아랍인 학생들이 부버의 묘소에 헌화를 하였던 점으로 보아, 그가 유대-아랍인 간의 관계문제를 해결하기 위해 얼마나 헌신적이었는가를 미루어 짐작할 수 있다.

부버는 '평범한 평화(small peace)'와 '위대한 평화(great peace)'로 구분하여 평화를 논하였다(Hodes, 1970: 13f).[23]

'평범한 평화'란 전쟁의 일시적 휴지상태(休止狀態)에 불과한 것이다. 즉, 이것은 양민족 간의 근본적인 관계개선을 위한 노력이 결여된 휴전에 불과하다. 반면에 '위대한 평화'란 양민족 간의 격차문제를 제거해 가면서, 그들의 삶과 문화적 기준을 개선해 나가는 데 양측이 협력하는 것을 의미한다. 이를 위해서는 1) 양민족 공히 국경의식을 불식할 것, 2) 누적된 증오심을 기꺼이 떨쳐버리려는 의지를 지닐 것, 3) 공동의 선(善)을 추구할 것 등이 요청된다고 보았다.

요컨대 그는 민족들 간의 진정한 협력만이 평화를 확립할 수 있는 길이라고 보았다. 그러면 이러한 협력은 어떻게 실현될 수 있겠는가? 이에 대해 부버는 다음과 같이 대답한다.

대부분의 우리는 정치적 사고에 익숙해져 있기 때문에 냉전에 이어 열전이 계속되는 것으로 우리 시대를 개관하며, 동시에 냉전이 끝나는 어느 날 평화가 깃들 것이라고 생각한다. 즉, 규준적인 정치적 신념에 휴전을 통해 일어나는 평화는 진정한 평화가 아니다. 진정한 평화, 즉

---

23 1960년 플로렌스(Florence)에서 개최된 '지중해 회합'에서 연설한 것으로서, 그 회합에 참여한 이집트, 레바논 및 기타 아랍국가들의 대표들을 크게 감동시켰다.

진정한 해결책이 될 수 있는 평화란 유기적 평화(organic peace)이다. 위대한 평화란 협력(cooperation) 그 이상도, 그 이하도 아닌 것을 의미한다(Cohen, 1983: 200; Hodes, 1970: 13).

부버는 이러한 것이 어떻게 달성될 수 있는가에 대한 구체적인 청사진을 제시하지 않았다. 그는 그것이 정치적 수단을 통해서 성취될 수 있으리라고는 생각지 않았다. 그러나 그는 하나의 실제적인 접근방안을 제시하였다.

> 내 생각으로, 진정한 평화와 진정한 협력을 가져올 수 있는 유일한 것은 이스라엘이 새로운 사회적 삶의 형태를 창출하여 아랍인들에게 영향을 미치는 것이다. 아랍인들이 필요로 하는 것은 이러한 영향이다. 그들은 토지개혁, 농토분배, 그리고 소규모 공동체의 형성을 필요로 하는 바, 그것은 새로운 경제 및 새로운 사회의 유기적 구성요소가 될 수 있다(Hodes, 1970: 30).

이처럼 부버는 어떤 정치적인 행동에 후속해서 혹은 정치적인 행동과 병행해서 중동지역의 민족들에게 혁신적인 변화가 있어야 한다고 보았다. 즉, 그 변화는 보다 폭넓은 개방성과 상호이해 그리고 진정한 대화를 준비하는 방향으로 이루어져야 한다는 것이다. 다시 말해 삶의 방식이 변화되어야 한다고 본다(Buber, 1958a). 그런데 삶의 방식은 인지적 차원의 문제가 아니라 실존적 차원의 문제이므로 이 문제를 다루기 위해서는 존재론적 접근을 해야 한다.

부버는 유대인들과 아랍인들에게 역설하기를 서로 프로퍼겐더에 매달리지 말고, 서로 간에 경청하는 자세를 가지라고 한다(Hodes, 1970: 13). 사실 그가 바라는 것은 아랍인과 유대인이 정치적 틀 속에서 정치적 조직의 일원으로 관계하지 말고 양자 간에 인격적이고 개인적인 차원에서 인간적 관계, 즉 대화적 관계를 가져달라는 것이었다. 「만남」과 대화는 바로 이러한 접근으로부터 출발하기 때문에 평화문제에 기여할 수 있는 것이다.

부버의 평화사상은 그의 공동체관에서도 발견된다. 그는 근본적으로 집단과 공동체를 구분하여 설명한다(Buber, 1954a; Buber, 1966a; Cohen, 1983; Misrahi, 1966). 이미 앞의 절에서 살펴본 바와 같이 부버는 집단과 공동체를 구분하면서 공동체의 상대적 우위성을 강조했지만, 집단을 전적으로 무시한 것은 아니다.[24] 그는 건강한 사회적 유기체의 근본적·필연적 조건으로 집단의 존재가치를 인정한다. 하지만 집단이 공동체적 특성을 지니는 범위 내에서 조건적으로 집단의 존재가치를 수용한다. 그래서 책임을 회피하는 집단이나 단체를 인정하지 않는다.

요컨대 인격적 책임을 회피하는 집단의 융성은 위기의 징후인 것이다. 민족과 민족 간에 있어서도 서로가 타민족을 하나의 주체로서 대하는, 우호적인 민족의 '공동체'가 되는 것이 바람직하다(Misrahi, 1966: 30). 즉, 타민족을 하나의 주체로 생각하고, 서로를 필요로 하는 주체로 생각하는 것이다. 바로 이것이 평화의 전제조건인 것이다.

결국 부버의 평화사상은 그의 '대화적 관계'를 바탕으로 하여 그것을 개인, 사회, 민족 등에 확대시키고 있음을 알 수 있다. 다시 말해 그의 평화사상은 인간과 절대자와의 관계에 그 기초를 두고 있다. 따라서 평화를 위협하는 원인은 「관계」의 상실에 있으며, 그 책임은 인간에게 있는 것이다. 인간은 그 책임을 회피하기 위해 집단 속에 자신을 맡겨버린다. 이것이 무방향성의 딜레마에 빠져 표류하는 현대인의 모습이다. 이러한 상황은 평화를 이룩하는 일과는 너무나 동떨어진 상황이기에 위기의 상황인 것이다.

그럼에도 불구하고 인간은 그 책임의 소재를 신에게로 돌린다. 부

---

24 부버는 「나-그것」의 세계를 전적으로 무시하지 않는다. 즉, "「그것」없이 사람은 살 수 없다. 그러나 「그것」만을 가지고 사는 사람은 사람이 아니다"(Buber, 1958b: 34)라고 말한 바와 같이 단지 지나친 「그것」화를 우려한 것이다. 이런 맥락에서 집단과 공동체 간의 관계를 이해할 수 있다.

버(1963)에 의하면, 현대인들은 신의 이미지를 자꾸 파괴해 가면서 보다 더 위대한, 보다 더 순수한 신을 원하지만 상대적으로 불만의 심도는 더 깊어져 간다는 것이다. 사실 변화하고 타락하는 것은 신이 아니라 인간인 것이다. 따라서 불화의 원인을 인간 자신에게서 찾아야 한다. 그러기 위해서는 인간과 인간 사이의 「관계」를 회복하여야 하고, 신에 대한 믿음을 회복하여야 한다. 인간이 인간을 신뢰할 수 있을 때 신과의 신뢰도 회복될 수 있는 것이다. 그래서 부버(Buber, 1958a: 10; Buber, 1962: 82)는 "인간을 사랑하지 않는 자는 신을 사랑하지 않는 자이며, 진실로 신을 사랑하려는 자는 먼저 인간을 사랑하여야 한다"고 했던 것이다. 바로 이러한 것이 부버의 평화관인 것이다.

현대의 위기상황은 진정한 대화적 관계의 궁핍에서 비롯된다. 현대인들은 대화의 필수조건인 신뢰를 상실하였으며, 그로 인해 계속적으로 열전 및 냉전의 위협을 받고 있다고 부버는 주장한다(Cohen, 1983). 그에 의하면 인간들이 그들 상호간에 직접적으로 대화하기를 꺼려할 뿐만 아니라 직접적인 대화를 나눌 수 있는 능력이 없기 때문에 진정한 대화의 부재현상이 나타난다는 것이다. 이러한 현상은 이웃에 대한 신뢰의 결여 및 인간 상호간의 불신으로부터 기인한다. 하지만 부버는 이러한 인간의 질병이 치유될 수 있다고 확신한다.

그가 특별히 관심을 두고 있는 영역은 교육이다. 즉, 이와 같은 현대의 위기는 교육이 그 해결의 역할을 수행할 수 있다고 보았다(Buber, 1954a). 그에 의하면 이러한 위기는 단순히 사회경제적인 체제의 혼란에서 오는 것이 아니라 인간실존의 근본을 위협하는 데서 온다는 것이다(Cohen, 1983). 따라서 실존적 불신을 해소하고, 참된 대화적 관계를 수립하며, 평화를 위해 활동할 수 있게끔 교육이 이루어져야 한다는 것이다.

이렇게 보면 부버의 평화교육론은 인간 혹은 학생으로 하여금 대화적으로 관계할 수 있도록 스스로 학습하게 하는 것이 될 것이다. 그러자면 우선 실존적 불신을 제거하여야 한다. 실존적 불신이란, 한 사람

(혹은 민족)이 그가 속해있는 세계 속에서 그의 잠재력을 실현할 수 있는 권리 및 실존적 권리를 다른 사람(혹은 민족)에 의해 거부당하고 있다는 것을 믿을 때 양자(혹은 양민족) 간에 발생하는 관계를 지칭한다(Gordon, 1986: 4). 부버는 인간의 삶의 방식은 변화될 수 있다고 본다. 그런데 인간의 삶의 방식은 인지적 태도의 문제가 아니고 실존적 문제이므로 실존적 방법으로 변화시킬 수 있다는 것이다. 하지만 대부분의 사람들은 자기 자신을 생성적 존재로 보지 않고 완성된 존재로 보는 경향이 있다. 그들은 자신의 실존양식이 현재의 상황에 기여하고 있을 뿐만 아니라 그들의 삶의 방식을 의미 있는 것으로 변화시킬 수 있다는 사실을 모르고 있다. 즉, 타인을 신뢰하는 것을 학습할 수 있다는 것을 모르고 있다는 것이다(Gordon, 1986: 16). 따라서 이것을 각성시키는 교육이 부버가 원하는 평화교육의 방식인 것이다. 여기서 주목해야 할 것은 이러한 교육의 형태는 근본적으로 자기교육(self-education)[25]의 형태를 취한다는 것이다.

삶의 방식을 변화시킬 수 있는 또 다른 방법은 타자를 직면하는 것이다(Buber, 1965: 85f). 이것이 대화의 전제 조건임은 4장 2절에서 이미 논의한 바 있다. 대화는 심리적인 관계가 아니라 존재론적 관계이다. 타자를 직면함으로써 인간은 그가 대처해야 하고 반응해야 하는 존재론적 상황을 창조해 낸다. 이처럼 타자를 직면하는 것은 변화를 요구하는 태도이므로, 자신을 생성적 존재로 이해하는 사람은 자신의 삶의 방식을 변화시킬 수 있다는 것이다.

부버가 강조하는 또 다른 자기교육의 영역은 양심에 관한 문제이다. 그는 양심을 통속적 양심(vulgar conscience)과 고차적 양심(higher

---

25 자기교육을 가능하게 하는 것으로 실존철학을 들 수 있다. 만약 독자가 자신의 삶의 방식이 변화될 수 있고 또 변화시키기 위해 노력하면서 실존주의 저서들을 지침삼아 읽는다면 자기교육이 가능하다는 것이다. 따라서 자기교육이야말로 서로 달리 실존하는 방법을 실존철학으로부터 학습할 수 있는 유일한 방법이다(Gordon, 1986: 25f).

conscience)으로 구분하면서, 통속적 양심으로부터 비전 있는 양심 및 용기 있는 양심으로 고양시키는 것이 교육의 위대한 과업이라고 역설한다(Buber, 1965: 135). 통속적 양심은 인간으로 하여금 인간의 죄와 직면하게끔 해 주지 않으면서 고통을 주고 괴롭힌다. 따라서 인간은 자신의 죄와 함께 어울려 지내며, 책임을 유발시키지 못한다. 반면에 고차적 양심은 인격적 양심(personal conscience)으로써, 인간으로 하여금 자신의 죄를 직접적으로 직면하도록 고무한다. 또한 역으로 자신의 죄를 직접적으로 직면함으로써 보다 위대한 양심(greater conscience)을 계발할 수 있다. 위대한 양심은 책임을 유발한다. 고차적 양심은 문제를 직접적으로 직면하기 위해 지금의 자신의 삶을 변화시켜야 한다는 것을 알게 한다. 대부분의 사람들은 자기 자신을 감히 직면하지 않고 있다는 점에서 죄를 짓고 있는 것이다. 따라서 우리가 일단 자신의 죄를 인정하면 길이 열린다고 부버(1965)는 역설한다.

부버가 교육가에게 주장하는 것은 인간이 다른 인간, 자연, 그리고 정신적 존재와 더불어 발전시킨 관계들을 통해 우선적으로 그의 인격을 계발하고 실현하도록 하는 것이다(Buber, 1954a). 다른 사람들을 조정하고, 이용하고, 착취하는 사람들은 대화적 관계를 형성하려고 지속적으로 애쓰는 사람과는 다른 방식으로 존재하고 성장한다. 왜냐하면 후자는 그의 동료, 자연 및 신과 더불어 대화적 관계를 형성하고자 끊임없이 노력하기 때문이다. 조종자는 타인들을 이용과 향락의 객체로 간주하며, 이러한 객체들을 지배함으로써 최대한의 권력을 획득하고자 한다. 이러한 과정에서 그는 그 자신이 객체로서 행동하고 반응하는 것을 학습한다(Gordon, 1986: 35). 즉, 그는 「나-그것」의 영역에 속해 있다.

반면에 대화적 인간은 타인들, 자연 그리고 신과 더불어 심오한 인격적 관계를 형성하고자 할 것이다. 즉, 그는 반복해서 대화의 근본어인 「나-너」를 말하고자 애쓸 것이다(Buber, 1958b). 때때로 이러한 관계는 그를 고통스럽게 할지도 모른다. 그러나 그는 이러한 고통이 종종 주체로서의 그 자신에 대한 새로운 지식을 수반한다는 것을 학습한다. 이처럼 대화적으로 관계할 수 없거나 관계하지 않는 사람은 그의 인격의 보다 심오한 측면을 개발하지 못할 것이다. 즉, 그는 자신의 풍부한 잠재력을 실현하지 못할 것이다.

대화적으로 관계하는 데 있어서 어려움을 갖는 사람들이라 하더라도 그들의 실존양식(mode of existence)을 서서히 변화시킬 수 있을 뿐만 아니라 소정의 교육의 과정을 통해서 대화적으로 관계하는 것을 학습할 수 있다(Gordon, 1986: 36). 이것은 인간의 삶의 방식의 변화를 통해 대화적 관계를 수립할 수 있는 인간으로 변화시킬 수 있다는 교육의 가능성을 제시한 것이라 볼 수 있다. 예컨대 앞에서 우리는 대화의 세 가지 유형을 살펴본 바 있다. 즉, ① 두 사람 간의 독백, ② 실무적 대화, ③ 진정한 대화가 그것이다.

이 때, 독백은 대화의 탈을 쓴 거짓된 정치적 관계이며, 각자는 실제로 고립된 두 개의 개체나 민족으로 참여하고 있다.

실무적 대화는 진정한 대화의 제 1단계적 형태이기는 하지만 여전히 진정한 대화에 미치지는 못한다. 즉, 우리에게 있어서 이것은 중요한 단계이긴 하지만 단지 하나의 단계에 지나지 않는다. 그것은 법철학에서 사회계약이라고 부르는 것과 일치한다. 이러한 실무적 대화는 진정한 우정이 결여된 채 정치적이거나 실무적인 합의에 이르는 것을 의미한다(Misrahi, 1966: 32). 그러나 각 참여자들은 문서화된 합의 및 평화적 관계체제 수립의 유용성을 인식한다. 그 속에는 애정이 없고 단지 합의된 규칙이 있을 뿐이다. 부버가 안타까워한 것은 유대－아랍세계 간에 이러한 단계마저도 제대로 실현된 적이 없었다는 사실이었다. 그리하여 진정한 대화를 위해 우선적으로 성취해야 할 것은 바로 이 단계의 대화라고 보았다.

그러나 이 단계에 도달했다 하더라도 여기에 안주할 수 없다. 즉, 이 순간부터 진정한 대화의 제 2단계적 형태인, '유일한 형태의 본래적 대화'로 나아가야 하기 때문이다(Misrahi, 1966: 33). 이 단계야말로 부버가 말하는 진정한 대화의 단계이다.

진정한 대화에서는 각 참여자가 타자에게 진실로 책임을 진다. 즉, 자기 자신에게가 아니라 타자에게 몰두한다. 이 때 상호성(reciprocity)이 확립된다.[26] 이것은 정치적 관계를 떠나 타자와의 친교 및 타자의 문화적 배경과의 진실하고도 우호적인 교제에 바탕을 둔 것이다. 이것은 단지 유용성의 이유 때문이 아니라(그렇다면 이것은 이전 단계에 속한다), 진실로 사심(私心) 없는 동기로부터 이루어지는 것이다. 즉, 순수한 상호성, 그리고 타자의 삶과 실존에 대한 보다 차원 높은 관심으로부터 이루어지는 것이다. 바로 이러한 것이 평화교육의 근본이 되어야 한다.

부버는 대화적으로 관계하기 위한 학습은 가능하며, 그것은 곧 자기교육을 통해서 가능하다고 본다. 그러나 그는 자기교육의 구체적인 방법을 제시하지 않았다. 부버 그 자신은 보편타당성 있는, 구속력을 지닌 교육체계나 모델을 거부하는데 그 이유는 그러한 것들이 이미 결정되어진 선택을 주장하고 있기 때문이라는 것이다(Bender, 1969; Gordon, 1973; Cohen, 1983). 이처럼 부버는 엄격하고도 철저한 교육학설의 형성을 피했다. 따라서 부버의 주된 목표는 어떤 분명한 방법으로 우리를 가르치는 데 있는 것이 아니라 단지 우리가 따라야 하고 각성해야 할 '방향'을 제시하는 데 있다. 그러므로 교육가가 혼자서 그리고 자신의 인격 속에서 결단을 해야 하며, 가치 있는 것을 확인하고 무가치한 것을 배제하여야 한다. 그리고 부버는 교육목표라고 하는 것은 말로써 규정될 수 있는 것이 아니라 행동으로 실현되어야만 하는 것으로 보았다(Buber, 1954a). 다시 말해서 교육목표는 그 목표수행을 책임지고 있는 교육가가

---

26 진정한 대화적 관계는 상호적 관계이다. 이것은 「나-너」의 관계이다(Buber, 1958a: 4). 인간이란 결코 홀로 그리고 독자적으로 존재하는 것이 아니라 항상 다른 인격과의 공존적 관계 속에서 존재한다. 그러기에 너로 말미암아 내가 존재하며, 나로 말미암아 너가 존재하는 것이다. 부버가 키에르케고르에서 사르트르에 이르는 실존주의자들과 구별되는 점은 바로 여기에 있다. 그는 인간을 한낱 고립된 존재로서가 아니라 만나고 대화하는 실존으로 파악한다.

결정하여야 한다는 것이다. 하지만 참된 인간성의 완성과 실현을 보장하는 궁극적 목표는 인간의 소명감(召命感)에 달려 있다고 부버는 생각한다.

즉, 그것은 「나-너」 관계에 대한 인간의 의식적인 수용성에 달려있으며 특히 신에 대한 인간의 방향전환에 달려 있다는 것이다(Buber, 1954a; Cohen, 1983). 이처럼 부버는 평화사상과 교육사상의 원형을 절대자와 인간 사이의 관계에서 찾고자 한다. 부버의 이러한 관점들을 수용한다면 결국 진정한 교육가는 대화적으로 관계할 수 있는 교육가이어야 한다. 이러한 교육가야말로 평화를 이루는 자(peacemaker)이다. 우리는 진정한 대화관계의 수립을 통해 인간성을 회복할 수 있으며, 그것은 곧 평화를 이룩하는 일이므로 우리 각자는 누구나가 이 일의 주체가 될 수 있음을 자각해야 한다. 동시에 교육가는 이것을 교육의 마당으로 이끌어들여야 할 의무가 있는 것이다. 이러한 노력이야말로 현대의 위기를 극복할 수 있는 지고(至高)의 정신적 노력인 것이다.

오늘날의 상황에 대해 부버는, 인간에 의해 형성된 테크놀로지가 이제는 오히려 인간을 압도하면서 노예화하려 든다고 주장한다. 즉, 기계문명이 휴머니티에 대항하여 힘을 행사하고 있다는 것이다. 따라서 현대인들은 점차 기계의 부속물이 되어 가고 있으며, 그러한 매몰성이 인간의 지배력을 벗어나고 있기 때문에 인간은 도리어 괴물(기계문명)이 지닌 거대한 힘을 빼앗을 수 있는 비결을 터득해야만 한다(Buber, 1954b). 부버의 이러한 지적은 그때 이래로 실증되어 오고 있으며 평화의 위협요인이 되고 있다.

그렇다면 그같은 비결을 어디에서 찾아야 하는가? 부버는 그것을 인간과 인간 간의 관계 회복을 통해 찾을 수 있다고 보았다. 즉, 대화적관계의 수립을 통해 인간성을 회복할 수 있다는 것이다. 그것은 절대자와 인간 간의 관계확립에 그 기초를 두고 있다. 그러기에 부버는 종교적 평화주의자이다.

부버의 평화사상은 그의 대화철학으로 요약된다. 그에 의하면 대화는 학습될 수 있는 것이다. 따라서 진정한 의미의 평화교육이 이루어지기 위해서는 학생들의 대화적으로 관계할 수 있게끔 학생들을 촉진시켜 줄 수 있는 방향으로 교육이 나아가야 한다. 즉, 교육의 방향은 진정한 대화를 촉진하는 방향으로 지향되어야 한다는 것이다. 오늘날의 한국교육은 숱한 비인간화 요인을 지니고 있다. 그 원인은 부버가 지적한 바와 결코 무관하지가 않다. 다시 말해 학생의 인격과 개성을 무시한 주지주의 일변도의 우리 교육은 문자 그대로 비대화적 관계의 단면을 그대로 드러내고 있다. 분단국가인 우리 나라의 교육에서 평화교육이 갖는 의미는 중차대하다. 이런 점에서 부버의 대화철학에 토대를 둔 평화교육론은 우리에게 많은 시사를 준다.

한편 인간의 진리는 개인의 인격적 책임에 의존한다고 부버는 역설한다. 그런데 개인으로부터 책임감을 박탈하는 것이 곧 집단주의이다. 현대인은 집단에 몰입함으로써 인격적 책임을 회피하려 든다. 부버는 이것 또한 평화의 위협요인이라고 본다. 따라서 대화적 관계에 기초한 공동체의 형성을 통해 무방향성의 딜레마를 벗어나야 한다고 주장한다. 왜냐하면 이러한 공동체에서의 개인은 인격적 책임을 수반하기 때문이다. 학생의 자유와 개성을 존중하지 않는 교육에서는 인격적 책임을 각성시킬 수가 없다. 따라서 학생의 지적 문제에만 관심을 쏟고, 학생의 실존적 문제는 등한시하는 한국 교육의 풍토는 이같은 관점을 타산지석으로 받아들여야 할 것이다.

현대의 위기상황 속에서 평화교육이 갖는 의미는 크다. 그럼에도 불구하고 고오든(Gordon, 1980: 309)이 지적한 것처럼, 교육가들조차도 평화교육에 무관심하다는 것이 큰 문제이다. 왜냐하면 현대의 위기와 비인간화 현상을 극복할 수 있는 것은 부버가 지적한 것처럼 교육의 힘을 통해서 가능하기 때문이다. 그러므로 일차적으로 교육가의 각성이 요청된다.

진정한 교육가는 대화적 교육가이며, 대화적 교육가는 평화를 이루는 일에 헌신하고 있으므로 평화를 이루는 자이다. 따라서 교육가는 평화를 만들기 위해 대화철학을 교육의 마당으로 끌어들여야 한다. 대화의 학습가능성은 부버가 시사한 바 있다. 물론 그는 참된 교육의 방향만을 제시하고 구체적인 방법론을 제시하지는 않았지만, 위대한 교육가는 부버가 의도하고자 하는 방향으로 교육을 실현할 수 있다. 부버의 대화철학을 평화교육에 적용한 사례도 있으므로,[27] 우리는 이 문제에 좀 더 많은 관심을 지녀야 한다. 왜냐하면 유대–아랍인 간의 갈등 못지않게 우리도 분단상황을 현실적 문제로 당면하고 있기 때문이다.[28] 동시에 부버의 대화철학에 입각한 평화사상 및 교육론은 우리의 정치, 사회, 교육 등의 영역에도 많은 시사점을 줄 수 있으리라 본다. 따라서 교육가들은 평화교육에 각별한 관심을 쏟아야 함과 동시에 평화교육의 내용 및 방법개발에 적극적인 참여를 하여야 한다. 왜냐하면 이것은 우리의 생존문제와 관련된 절대명제이기 때문이다. 공생학습(learn to live together)이 절박한 교육문제가 될 수밖에 없는 이유가 바로 여기에 있는 것이다.

27　고오든(Gordon, 1986)은 유대인과 아랍인들로 구성된 부버학습집단(Buberian Learning Group)을 통해, 1979–1982년에 걸쳐 평화교육 프로젝트(Education for Peace Project)를 수행하였다. 이것은 부버의 대화철학을 평화교육에 적용한 최초의 장기간에 걸친 연구이다. 이 프로젝트의 목적은 유대–아랍인들 간의 실존적 불신을 해소시킴으로써 참된 대화적 관계를 수립하고, 양자(兩者)가 평화를 위해 공동으로 활동하도록 교육시키는 데 있다. 고오든은 이 프로젝트의 결과가 성공적이었다고 평가한다. 이 프로젝트의 내용은 다음의 6장에 소개되어 있다.

28　이러한 맥락에서 한국교육계의 일각에서도 평화교육의 중요성을 역설하고 있는 학자가 있음은 실로 다행스런 일이다. 즉, 김정환(1988)은 평화를 이룩하는 여러 방법 중 가장 근본적인 방법이 교육을 통한 방법임을 강조하면서, 현대교육의 당면과제 중의 하나가 평화교육임을 제창하고 있으며, 오인탁(1987, 1988)도 평화교육의 이념과 내용을 제시하면서 그 중요성을 역설하고 있다.

6 _____교사-학생 관계론

현대사회가 도전받고 있는 가장 큰 문제 중의 하나는 아마도 비인간화[29] 현상일 것이다. 즉, 현대사회의 물질적 풍요 속에서 인간성이 점차로 마멸되어 가고 있다. 따라서 현대인은 타인을 하나의 인격적 주체로 대하는 데 점점 더 인색해지고 있다. 그러나 더 큰 문제는 이같은 사회의 비인간화 현상에 교육이 편승하고 있다는 사실이다. 교육의 본래적 사명이 사람임(Menschsein)을 사람됨(Menschwerden)으로 이끄는 일이라고 본다면, 이러한 교육현상은 미래사회를 더욱더 불투명하게 하는 촉진요인이 될 것이다. 그러기에 많은 학자들이 학교교육의 비인간화 현상에 극심한 우려를 표명한 나머지 학교교육의 유해성(有害性)과 무용성(無用性)을 역설하였다(Reimer, 1971; Silberman, 1970; Illich, 1970; Freire, 1970; Rich, 1971). 따라서 인간성 회복의 문제는 여러 각도에서 밀도 있게 다루어야 할 현대교육의 당면 과제로 부각되었다.

이같은 문제의식 하에서 교육에 대한 인간주의적인 접근이 꾸준히 고조되어 왔는데, 그 중에서도 교사-학생 간의 관계의 중요성을 역설하면서 이에 대한 인간학적 접근을 강조하는 경향이 돋보인다.[30]

---

29 '비인간화' 개념은 여러 각도에서 파악될 수 있다. 여기서는 '인간을 목적적 존재로 보지 않고 수단적·도구적 존재로 보는 경향'으로 파악하고자 한다. 비인간화(dehumanization) 및 비인간화 상황(dehumanizing situations)에 대해서는 John Martin Rich(1971)의 *Humanistic Foundations of Education*, 74-80을 참조하기 바람.

30 Heath(1967: 187)는 오늘날의 시대상황이 심각한 교육적 변화를 요구하고 있다고 지적하면서 학교교육의 인간화를 주장하고, 특히 교사와 학생 간의 관계 및 학생 상호 간의 관계의 중요성을 역설하였으며, Lapp 등(1975: 195-204)은 인간성이 인간화된 환경 속에서 계발될 수 있다고 하면서 교사와 학생 간의 인간관계를 강조하였고, Patterson(1973: 61-62)은 휴머니티를 지닌 교사의 필요성을 논하면서 교사와 학생 간의 인간관계가 학습의 본질적인 조건이 된다고 하였으며, Rich(1971: 205-236)는 학교와 사회의 비인간화 현상을 논하면서, 교사와 학생 간의 인격적 관계를 강조하였고, 김정환(1976: 58)은 오늘날의 교육의 비인간화는 현대문명의 역기능적 소산임을 지적하면서, 그것은 스승·제자·부모 상호

이러한 관계가 자주 교육의 문제로 부각되는 이유는 학생의 인간성(사람됨)은 인간적인 교사의 인간적인 교육방법에 의해 계발될 수 있기 때문이다. 즉, 교육내용이 아무리 인간적인 것이라 하더라도, 이것이 인간성이 결여된 교사에 의해 비인간적인 방법으로 가르쳐진다면, 학생들은 결국 비인간적인 '어떤 것'을 학습하게 된다. 사실 교육이란 근본적으로는 살아있는 인간이 또 하나의 자유로운 인간을 만나는 것이다. 따라서 교육이란 그 가장 깊은 본질적 차원에 있어서는 역시 기계적인 기술이 아니고 인간과 인간 사이의 삶의 대결이다(이규호 역, 1967: 3). 이렇게 보면 결국 인간화 교육은 인간적인 교사에 의해 이루어질 수 있으며, 교사가 학생을 수단시하지 않고 인격적 주체로 파악하는 상호인격적 관계 속에서 가능하다고 본다.

그러기에 교사와 학생 간의 참된 관계는 교육내용에 선행한다고 볼 수 있다.[31] 따라서 부버의 「만남」의 사상은 바로 교사-학생 간의 관계 본질의 요약인 것이다. 모든 참된 삶이 「만남」이듯이, 참된 삶을 다루는 교육도 「만남」 그 자체여야 한다. 이러한 입장에서 부버는 여타의 실존주의자들과는 달리 교사와 학생 간의 관계를 중요시한다 (Bedford, 1972: 303). 주지하다시피 실존주의 운동은 교육가들에게 막연한 의미를 부여하였으며, 게다가 어떠한 지도지침도 제시하지 않았다. 하지만 부버의 경우는 예외적이다. 즉, 의미 있는 교사-학생 간의 관계를 위한 준거 및 바람직한 교육풍토를 위한 준거의 제시는 현대교육철학에 명백한 의미를 부여하였다(Goodman, 1978: 70).

그러면 부버의 「만남」의 사상과 교육관에 투영된 교사-학생 간의

간의 올바른 관계 상실에서 비롯됐음을 강조하였으며, 홍웅선(1976: 285-292)은 Zahorik(1972) 및 Combs(1970) 등의 이론을 근거로 하여 학교교육의 인간화를 논하면서 인본적인 교사의 역할 및 학생과의 인간적인 관계 형성을 역설하였고, Burbules(1993: 8)는 교육상황 속에서 교사와 학생, 학생과 학생 간에 대화적 관계의 필요성과 그 교육적 중요성을 강조하였다.

31 Patterson(1973: 97)도 이같은 입장에서 훌륭한 교사와 훌륭하지 못한 교사의 구분은 교육방법에 있는 것이 아니라 교사의 인격에 있다고 보았다.

관계를 분석해 보기로 하자.

첫째, 상호인격적 친교(親交)의 관계이다.

이는 교사와 학생 둘 다 자유로이 활동하는 인격체로서 각각의 인격이 「서로 만남」하는 것을 의미한다. 따라서 교사는 학생을 항상 하나의 인격체로서 목적시하여야 하며 수단시하지 말아야 한다. 왜냐하면 교육의 일차적 목적은 지식을 전달하는 데 있는 것이 아니라 개개 학생을 책임적인 인격 존재로 이끌어 주는 데 있기 때문이다. 학생을 수단시하였을 때 교사와 학생의 관계는 「나-그것」의 관계로 전락하고 만다. 인격적 관계의 기초는 교사가 학생을 「너」라고 부를 수 있고 또한 학생이 교사를 「너」라고 부를 수 있는 데서 비롯되는 것이다. 「너」라고 말할 수 있는 것은 내가 다른 인격을 생각해 주고, 또한 그가 나를 생각해 주는 것이며, 내가 남을 향할 수 있고 남이 나한테 향하는 체험을 할 수 있다는 것을 뜻한다(Ott, 1979: 58). 이러한 인격적 상호관계는 단순한 반응 관계가 아니다. 자동판매기도 반응을 하지만, 사람과 같은 감정을 서로 주고받을 수 있는 인격적 친교작용은 이루어지지 않는다. 그러므로 교사와 학생 간의 인격적 친교작용이 없다면, 그 관계는 동전을 집어넣으면 기계적 반응을 하는 자동판매기와의 관계와 다를 바가 없는 것이다. 즉, 「나-그것」의 관계로 비인간화하는 것이다.

인격적 관계형성을 위해서는 교사 자신이 먼저 인격화되어야 한다. 김병옥(1981: 14-15)은, 인격적-실존적 관계는 먼저 자기 자신의 내부로부터 성립하며, 자신의 인격성에 눈뜬 자는 아직 눈뜨지 못한 자에게 이를 가르칠 수 있다고 하면서, 이리하여 교육적 만남(Pädagogische Begegnung)이 성립한다고 보았다. 이처럼 대화적 인격은 스스로 자라나는 인격일 뿐만 아니라 남을 자라게 하는 인격이기에 상호 촉진적인 성격을 지니며, 동시에 인격적 「만남」을 통해 한 인간의 삶을 비약적으로 변화시키기도 한다. 부버(1962)는 이것을 다음과 같은 비유로 설명한다.

… 어떤 사람이 노래를 부르는데 목소리를 더 이상 높일 수 없는
음(音)이 있다. 바로 그때, 또 다른 사람이 다가와 그와 함께 노래를
부르는데 그 사람은 그 이상의 목소리를 낼 수 있는 사람이다. 그러면
첫 번째 사람도 또한 그의 목소리를 높일 수 있게 될 것이다. 바로 이
것이 영혼과 영혼 사이의 결합의 신비이다(84).

바로 이것이 교사와 학생 간의 관계인 것이다. 즉, 교사는 학생의
잠든 영혼, 인격을 일깨워 줄 수 있어야 하는 것이다. 그러기에 교육의
본질이 영혼과 영혼의 접합이며, 인격과 인격의 「만남」인 것이다.

키에르케고르(1975: 34)는 "교사는 하나의 상호적인 관계에 있다.
즉, 그의 생활과 환경은 그가 교사가 되기 위한 우연이었으며 그는 또
한 그 반대로 다른 사람들이 무엇인가 배우기 위한 우연이 되었던 것이
다. 그러므로 그의 태도는 자기공명적(自己共鳴的)인 동시에 타인공명적
(他人共鳴的)인 요소를 똑같이 지니고 있다"라고 하였다. 이처럼 자기 자
신과 관계하는 동시에 타자와 관계하는 실존적 계기 속에서, 즉 자기공
명적인 동시에 타인공명적인 인격 대 인격의 「만남」속에서 사제(師弟)
가 진리의 공동생산에 참여할 때야말로 참다운 교육작용이 이루어진다
고 볼 수 있을 것이다. 이것은 교사가 학생을 하나의 인격으로 생각하
고, 학생도 교사를 마찬가지로 하나의 인격으로 생각하고 인정하는 데
서 비롯되는 것이다. 즉, 하나의 인간, 하나의 인격체인 「너」를 만남으
로써 「너」는 「나」의 교사가 되는 것이다. 이처럼 훌륭한 교사상은 「나
-너」의 관계에서 나타난다.

오늘날의 교육의 위기는 학생을 하나의 인격체로써 목적시하지 않
고 수단시하는 데서 비롯됐다고 본다. 즉, 지식전달이 교육의 전부라고
보는 교사는, 지식을 수용하는 기계로서 학생을 수단시하기 때문이다.
참된 교육은 학생의 인격을 일깨워 주는 것이며, 이것은 한 인격과 한
인격의 「만남」을 통해 가능하기에 교육은 이를 중시해야만 하는 것이

다. 이는, "참된 교사는 지식이나 기술보다도 먼저 길을 가르쳐 주어야 한다(師, 敎人以道者之稱也)"고 보는 동양적 교육관과도 부합된다.

둘째, 구도적 동반자(求道的 同伴者) 관계이다.

이는 교사와 학생과의 관계를 우열적 상하관계로 보지 않고 진리와 삶 앞에 적나라하게 서 있는 동등한 구도자의 관계로 보는 것이다(殷俊寬, 1980: 64). 이것은 부버(1954a: 101)가 말하는 우정의 관계이다. 이때 교사가 학생이 되기도 하며, 학생이 교사가 되기도 한다. 진리와 삶 앞에서는 교사가 교사이기를 그치고, 학생은 학생이기를 그치는 한에서 「만남」이 가능한 것이다. 그러므로 비록 학생이 교사와 만나는 경우라고 하더라도 그것은 특별한 교육학적 만남의 특수 형태가 아니라, 어디까지나 단순히 인간과 인간의 만남이라는 것이다(李奎浩, 1977: 138). 따라서 삶과 진리 앞에 교사와 학생이 동등한 구도자적 인간으로 마주 설 때 「만남」이 가능한 것이다. 인도의 성자 '선다 씽'의 이야기에 나오는 다음의 예를 검토해 보자.

눈 내리는 추운 겨울날 나그네가 길을 떠났다. 목적지에 도달하기 위해서 깊은 산을 넘어야 했다. 계곡을 가다보니 웬 나그네 하나가 추위로 인해 눈 위에 쓰러져 있었다.

1) 이 나그네는 망설였다. 쓰러진 나그네를 보살피거나 업고 가다가 지체하면 자기마저도 동사(凍死)할 것이라는 생각에 못 본 체하고 지나쳤다. 결국 이 나그네도 얼마 못 가 추위로 동사(凍死)하고 말았다(「나 - 그것」의 관계의 결말).

2) 이 나그네는 쓰러진 나그네를 업고 목적지를 향해 부지런히 걸었다. 이마에는 구슬 같은 땀이 흘렀으며, 등에서는 따스한 체온이 발(發)하여 업힌 나그네의 가슴으로 전달되어 언 몸을 녹여 주었다. 결국 둘 다 살았다(「나 - 너」의 관계의 결말).

이 예에서 보듯이 1)의 나그네는 삶과 진리 앞에 떳떳이 맞서지 못했기에 결국 공멸(共滅, dying together)하고 말았지만, 떳떳이 맞선 2)의 나그네는 공생(共生, living together)을 하게 되었다. 즉, 1)에서는 '너도 죽고(lose) 나도 죽었지만(lose)', 2)에서는 '너도 살고(win) 나도 살은 것 (win)'이다. 이처럼 부버(1962: 84-85)는 진흙에 빠진 사람을 구하기 위해서는 진흙 속으로 뛰어들어야 한다는 하시딕 가르침을 강조한다. 따라서 교사도 학생의 실존에 동참해야 한다.

현대사회가 지나치게 「나-그것」화로 치닫는 것은 정말 비극적인 상황이다. 오늘날의 학생들은 쓰러진 나그네처럼 항상 진리와 삶의 문제로 방황하며 고뇌한다. 교사는 이러한 학생들을 지나쳐 버려서는 안 된다. 구도자적 자세로 그들과 동참하여 동반자로서 고뇌할 때 교사와 학생의 삶 모두가 보장되며, 서로 일깨움을 주고받음으로써 진리의 공동생산이 가능해진다. 즉, 동붕동행적(同朋同行的) 자세를 견지하여야 한다. 그러기 위해 진정한 교사는 그 자신이 항상 행동적으로 인격적 모범을 보여야 한다. 그러기에 부버 자신도 그러한 삶을 살았다고 한다 (Gordon, 1980: 389). 이것은, '스승은 사람의 모범이 되는 사람(師者, 人之模範也)'이라고 하였던 동양적 교육관과도 부합된다.

셋째, 상호포용적 관계이다.

이는 교사와 학생이 정체성(identity)을 지니면서 상대편의 삶에 동참함으로써 자기 생의 실현을 맛보는 것이다.[32] 「나-너」 관계의 이상적인 형태는 훌륭한 결혼에서 잘 표현이 되는데, 여기에서 각 반려자는 자기 자신을 상대방에게 비이기적으로 주며, 또 그 주는 것 안에서 자기 삶의 실현을 보게 된다(大韓基督書會編, 1977: 89). 이처럼 참된 교사는 학생들의 삶에 동참하면서 자기 자신을 비이기적으로 주는 아가페적 사랑 속에서 진정한 자기 삶을 발견하는 것이다. 즉, 교사의 사랑의 포용성에 의해 학생들은 그들 자신의 삶을 또한 교사에게 드러내어 주는 상

---

32 '포용'의 구성 요소 및 의미는 제 5장의 2절을 참조할 것.

호포용적 관계가 형성된다.

교사는 학생에게 비이기적으로 주는 가운데서 삶의 실현을 맛본다. 예컨대 제자의 성공을 자신의 성공으로 여기며, 그것을 통해 교사로서의 삶의 실현을 맛본다. 교사의 학생에 대한 사랑의 포용은 곧 학생의 교사에 대한 사랑의 포용을 낳는다. 그러기에 교사는 학생에게 무한한 아가페적 사랑을 베풀어야 한다. 교직을 성직에 비유하는 이유가 바로 여기에 있을 것이다. 실제로 무한한 사랑을 베풀었던 성 프란시스(St. Francis)의 일화와 기도문을 예로 들어보자.

어느 날 저녁 프란시스의 집에 문을 두드리는 사람이 있었다. 그가 나가 보았더니 한 험상궂은 나병환자가 서 있었다. 그는 몹시 추우니 잠시 방에서 몸을 녹이기를 간청했다. 프란시스는 그의 두 손을 잡고 방으로 안내했다. 그 환자는 다시 저녁을 함께 먹게 해 달라고 했다. 두 사람은 같은 식탁에서 함께 저녁을 먹었다. 밤이 깊어지자 그 환자는 침대에서 재워달라고 했다. 프란시스는 그렇게 하기를 허락했다. 그 환자는 다시 부탁하기를 자기가 너무 추우니 프란시스에게 알몸으로 자기를 녹여 달라고 했다. 프란시스는 입었던 옷을 다 벗어버리고 자신의 체온으로 그 나병환자를 녹여 주었다. 그 이튿날 프란시스가 일찍 일어나 보니 그 환자는 온데간데없었다. 뿐만 아니라 왔다간 아무런 흔적조차 찾아볼 수 없었다. 프란시스는 곧 모든 것을 깨닫고는 무릎을 꿇고 자기와 같이 미천한 사람을 찾아와 주신 하나님께 감사 기도를 올렸다. 이 기도가 유명한 성 프란시스의 기도문이다.

주여, 저를 평화의 도구로 써 주소서
미움이 있는 곳에 사랑을,
상처가 있는 곳에 용서를,
의심이 있는 곳에 믿음을,
절망이 있는 곳에 희망을,

어둠이 있는 곳에 광명을,
슬픔이 있는 곳에 기쁨을 심게 하소서.
오, 거룩하신 주여, 저로 하여금
위로받기보다는 위로하고,
이해받기보다는 이해하며,
사랑받기보다는 사랑하게 하소서.
우리는 줌으로써 받고
용서함으로써 용서받고
죽음으로써 영생을 얻기 때문입니다.

교사는 바로 이러한 성직자와 같이 무한한 사랑을 학생들에게 베풀어야 한다는 것이다. 자신을 온전히 비워내고 거룩한 하나님의 마음으로 채우려 했던 성 프란시스의 마음가짐이야말로 교사가 따라야 할 마음가짐이다.

"네 이웃을 네 몸과 같이 사랑하라"(누가 10: 27)라는 기독교 정신이 바로 이러한 것이다. 다시 말해 이웃을 버리는 것은 자기 자신을 버리는 것이다(Buber, 1962: 83).[33] 환언하면 학생을 버리는 것은 교사가 자신을 버리는 것이다. 학생은 미성숙자이기 때문에 결점 투성이다. 학생의 결점조차도 사랑할 때에, 즉 학생의 삶을 있는 그대로 포용할 때, 학생도 교사의 삶을 포용하게 되어 비로소 상호포용적인 관계가 성립되는 것이다. 이는 잠언 27장 19절의 말과 같이, 물과 멀리 떨어져 있을 때 자기의 물에 비친 모습은 자기와 두 사람을 이루나, 물에 아주 가까이 접근할 때 둘은 하나로 직접 결합하여 일치를 이룬 자기만이 존재하듯이 우리 인간들이 가까운 사이가 되면 사랑에 의한 통일을 완전히 이룰

---

33 하시디즘에서의 이웃 사랑의 논리는 다음과 같다. 즉, 자기 자신의 수많은 결점을 가장 잘 알고 있는 자는 곧 자기 자신이다. 그럼에도 불구하고 개의치 않은 채 자기 자신을 사랑한다. 이와 마찬가지로 우리가 이웃 사람에게서 아무리 많은 결점을 발견한다 하더라도 개의치 않고 그를 사랑해야 한다는 것이다(Buber, 1962: 83).

수 있다는 것을 시사한다(Buber, 1962: 79-80; 南正吉, 1977: 63).

이처럼 자기 자신과 관계하는 동시에 남과 관계하는 실존적 계기 속에서 「만남」은 가능한 것이다. 그러므로 교사는 솔직하고 성실한 자세로 학생들의 삶에 동참하면서 자기 자신을 드러내어 주게 된다. 즉, 학생은 교사의 삶을, 교사는 학생의 삶을 진지한 자세로 포용하게 된다.

성경(요한 13: 5)에 예수가 제자의 발을 씻겨주는 구절이 있다. 백번의 사랑한다는 말보다도 예수의 이같은 단 한번의 행동에 얼마나 깊은 감동이 묻어 나는가? 이러한 예수에게 무한한 사랑과 신뢰를 가지지 않은 사람이 어디 있겠는가? 바로 이것이 부버(1954: 171)가 주장한 바 있는 인간의 혼과 혼이 서로 포용하는 우정인 것이다. 교사와 학생 간에 우정이 존재하는 것이야말로 바람직한 교육적 상황인 것이다.[34]

넷째, 상호개방적 신뢰의 관계이다.

이는 교사와 학생이 신뢰의 분위기 속에서 서로의 삶 앞에 자기 자신을 드러내어 주는 것을 의미한다. 교사의 가장 중요한 과제는 배우는 자의 신뢰를 깨우쳐 주는 일이다(Howe, 1981: 112). 즉, 학생과 인격 대 인격으로 접하며 그들의 삶에 동참하면서 가르침과 배움에 꼭 필요한 신뢰를 가지도록 일깨워 주려고 노력하는 일이다. 이렇게 교육은 구원의 행위에 참여하는 것이다(Howe, 1981: 112). 그러기에 교사는 학생들의 반응이 아무리 감정적이고 방어적인 것이라 할지라도 이를 무한한 사랑으로 감싸주어야 한다.

---

34 교사와 학생 간에 이러한 우정관계가 성립되지 않으면, 학생은 교사를 거리감 있는 권위적 존재로 경원시하게 된다. 즉, 마주 대하기 어려운 존재로 교사를 파악하게 된다. 예컨대 우리의 경우 여러 조사결과를 보면, 학생들이 고민거리가 있을 때 주로 상담하는 대상은 교사나 부모가 아니라 친구나 선배라는 사실에 주목해야 할 필요가 있다 이러한 결과들은, 학생들이 보기에 우리의 교사나 부모는 너무나 권위적인 존재여서 편하게 마음을 털어놓기 어려운 상대임을 암시하고 있다. 이러한 결과들이 우리에게 시사하는 바는 교사나 부모들의 권위적인 태도가 바뀌어야 한다는 것이다. 즉, 우정관계가 성립할 수 있는 **"친구 같은 교사"**, **"친구 같은 부모"**로 변했을 때 비로소 아이들이 그들의 친구들에게 털어놓듯이 교사나 부모에게 그들의 속마음을 털어놓을 것이다.

신뢰의 전제가 되는 것은 개방이다. 석류는 익으면 스스로 자기의 배를 갈라 보인다. 이처럼 자신을 먼저 상대방에게 드러내어 보여야 비로소 상대방도 그를 믿고 자신을 드러내어 보인다. 다음의 우화를 예로 들어보자.

여우와 늑대가 같은 방향으로 걸어가고 있었다. 앞에서는 늑대가 걸었고 뒤에서는 여우가 걸었다. 늑대와 여우의 거리는 어느 정도 일정하게 유지되고 있었다.

앞에서 걷는 늑대가 깊은 생각에 잠겼다(지금 여우는 내 뒷모습을 보며 걷겠지. 내가 고개를 뒤로 살짝 돌리면 여우의 얼굴을 보겠구나).

늑대는 더 밝은 곳을 기다렸다. 다행히 저 앞에 아주 밝은 곳이 펼쳐져 있었다. 그곳에 이르자 늑대는 고개를 살짝 돌려 여우와 얼굴을 훔쳐보았다.

다시 앞을 바라보며 늑대가 큰 소리로 외쳤다.

"너는 내 뒷모습을 보며 걷지만 나는 너의 얼굴을 봤다."

여우가 빙그레 웃으며 입을 열었다.

"나도 방금 전에 네 얼굴을 봤다. 상대방의 얼굴을 보려면 먼저 자신의 얼굴을 보여줘야 한다구!"

이 우화가 시사하는 것처럼 상대방의 마음의 빗장을 열기 위해서는 먼저 자기 자신의 마음의 빗장부터 열어야 한다. 마음의 문을 열지 않는 사람을 어느 누가 신뢰할 것인가?

교사는 학생들을 고통스러운 순례자처럼 돌봐 주어야 한다. 물론 교사가 자기 자신을 개방하고 신뢰로운 분위기를 형성하기 위해서는 용기와 진실한 태도, 그리고 상당한 원숙성을 필요로 한다. 즉, 자신을 진리 앞에 내어놓고 그 결과가 어찌되든 기다린다는 뜻이다. 이것은 가장 넓은 의미에서 자기를 내어 던진다는 뜻도 된다(Howe, 1981: 90). 바로 이것이 교육의 모험적 성격이기도 하다.

어쨌든 교사는 신뢰의 분위기 속에서 학생과의 「만남」을 위한 여지를 확보하고자 진지한 자세로 상호간의 삶을 직시해야 한다. 이러한 신뢰는 노력에서 얻어지는 것이 아니라 자기와 관계하는 사람(학생)의 생활에 직접적이고도 꾸밈없이 참여함으로써 그리고 이러한 참여에 대해 책임을 짐으로써 얻어진다(Buber, 1954a: 107). 그러므로 교사가 학생의 삶에 동참하였을 때 신뢰의 분위기가 형성될 수 있으며 「만남」이 이루어질 여지가 열리는 것이다.

따라서 「만남」의 준비를 위해 특별한 자료가 필요한 것이 아니다. 교사와 학생의 주변생활 그 자체가 학습자료이며, 교사와 학생 사이에서 일어나는 행위와 태도 그 자체가 곧 커리큘럼인 것이다. 「만남」의 교육적 효과는 바로 사람됨의 문제이기에 교사는 「만남」을 중시해야 한다. 그러기에 교사는 신뢰와 개방으로 학생에게 자기 자신을 드러내어 주는 용기와 능력을 지녀야 하며 동시에 학생들의 드러내 주는 삶을 포용할 수 있는 용기와 능력을 갖추어야 한다.

그런데 신뢰와 개방은 반드시 교육적 성공을 보장하지는 못한다. 즉, 신뢰와 개방이 모험적 성격을 지니기 때문에[35] 그것들이 학생들에 의해 거부되는 상황 속에서 교육적 실패를 수반할 수도 있는 것이다. 그럼에도 불구하고 교사가 학생들을 신뢰하고 자기 자신의 내면성을 개방하지 않을 수 없는 이유는, 신뢰와 개방의 모험 없이는 위대한 교육적 성과가 이루어질 수 없다고 보기 때문이다(李奎浩, 1977: 141－143; Bollnow, 1977: 143f). 그러므로 교사는 때때로 실패의 벽에 부딪치게 되지만, 그가 교사이기 때문에 또 다시 신뢰의 힘을 회복하고 자기 자신을 개방하여야 하는 것이다.

부버(1954a: 106)는 참된 학습이 성립되기 위해서는 무엇보다도 신

---

35 모험은 윤리적 책임과 관련되어 있기 때문에, 어떤 사람이 모험에서 실패하면 그는 그의 인격의 핵심에 있어서 실패하는 결과가 일어난다. 교육에 있어서 모험의 요소로는 결단, 신뢰, 개방 등이 있다(李奎浩, 1977: 139－143).

뢰(confidence)가 전제되어야 한다고 본다. 즉, ① 교사가 학생을 인격으로 대하고, ② 학생은 교사가 자기를 인격으로 확인하고 있음을 느끼게 하고, ③ 학생의 교사에 대한 신뢰가 형성되고, ④ 학생은 교사를 하나의 인격으로 수용하고, ⑤ 이리하여 묻고 배우는 교육작용이 성립된다고 보았다. 이처럼 학생의 전존재에 참으로 영향력을 행사할 수 있는 것은 오직 교사의 전존재와 자발성뿐이다(Buber, 1954a: 103). 교직(敎職)의 어려움은 바로 이러한 것이며, 그러기에 교직을 성직(聖職)에 곧잘 비유하는 것이다.

다섯째, 상호 개성의 조화적 관계이다.

이는 교사와 학생이 각각 자유로운 개성적 존재로서 「서로 만남」하는 관계를 의미하는데, 이를 통해 창조활동이 이루어진다고 본다. 부버는 이 세상의 모든 참된 관계가 개별화에 근거해 있다고 하였다(Buber, 1958: 99). 즉, 우리는 개별화되어 있기 때문에 서로 다른 사람끼리 알게 되며 또 만나기도 하는 것이다. 그러나 바로 이 개별화 자체가 관계의 한계가 되기도 한다. 왜냐하면 개별화된 상태에서 우리는 상대를 완전히 알기도 어렵기 때문이다. 이처럼 우리는 개별화로 인해 「너」가 「나」와는 다름을 알게 된다. 즉, 타자성을 인정하게 된다. 그러므로 교사는 학생들의 독자적인 타자성을 인정하며, 진리에 대한 자신의 관계를 그들에게 강요하지 않는다(Howe, 1981: 158). 왜냐하면 뚜렷하고 특색 있는 독립적 인격을 서로가 보장할 때 대화적 관계가 성립될 수 있기 때문이다.

오늘날의 사회는 독특한 개인의 인격을 비인격적인 대중으로 환원시켜 버리는 경향이 농후하다. 그러기에 현대인은 대중 속에서 자기를 상실하는 무력한 인간이 되어 버린다. 마찬가지로 오늘날의 교육은 대량교육 속에서 학생들의 독특한 인격을 획일화된 교육 내용과 교육 방법으로 마멸시켰다. 대량교육의 풍요 속에서 자기를 상실한 채 소외의식을 느끼는 학생들이 점차로 증가하는 것도 바로 이러한 데 원인이 있는 것이다. 그러므로 교사가 학생들 각자의 개성과 가치를 인정하고 이를 앙양하여 줄 때, 학생들은 자신의 삶의 의미를 발견할 수 있게 되는 것이다.

인격과 인격의 관계는 결코 주관과 객관의 관계가 아니라 주체와 주체 간의 관계이기 때문에(南正吉, 1977: 80) 교사는 학생을 하나의 개성적 인격으로 파악하여야 한다. 오케스트라 연주에서 보듯이, 여러 악기들은 제각기 독특한 음을 내면서 한데 어우러져 앙상블(ensemble)을 이룬다.[36] 즉, 개개 악기의 개성을 유지하면서 조화를 통해 새로운 예술세계를 창출하는 것이다. 이처럼 교사와 학생은 자유로운 개성적 존재로서「서로 만남」할 때, 진리의 공동생산이 가능해지는 것이다.

여섯째, 대화적 관계이다.

이는 교사와 학생이 대화를 통하여 서로의 인격을 부화(孵化)시켜 주는 관계이다. 부버(1954a: 99-101)는 대화관계의 주요 형태를 세 가지로 구분한다.

그 첫째는 추상적이긴 하지만 포용의 상호체험에 의존한다. 여기서 우리는 타자에 대해 우리 자신을 개방하며, 타자를 승인함으로써 우리들의 구체적인 존재와 일체를 이룬다. 우리가 함께 하는 진리를 타자도 똑같이 함께 한다는 사실은 실존적 진리이다. 이렇게 하여 우리는 타자를 승인한다. 그러나 존재와 삶의 현실성이 배제되고, 정신적 인격으로서의 인간에 대해서만 관계를 갖기 때문에 추상적인 것이다. 다음의 두 형태에서는 충분한 현실성의 포용이 이루어진다.

둘째는 교육의 관계인데, 이는 구체적이긴 하지만 일방적인 포용의 체험에 근거한다. 교육은 한 인격으로 하여금 다른 인격에 영향을 미치는 작용이라고 볼 수 있다. 즉, 한 인간의 삶이 다른 인간의 삶에 영향

---

36 그리스어로 '평화'는 '이레네(ειρήνη)'인데, 그것은 '조화로운 음악'이라는 뜻에서 나왔다. 즉, 평화를 이룬다는 것은 서로 다른 소리가 다함께 울린다는 것이다. 따라서 개성 혹은 다름이 존중되는 사회는 평화로운 사회다.

을 미친다는 것이다. 이 경우, 교사와 학생 간의 관계에 있어서 상호성
이 아무리 강하다 하더라도 그 포용은 상호적이라 할 수 없다. 왜냐하
면 교사는 학생이 교육받고 있음을 체험할 수 있지만, 학생은 교사가
교육하는 것을 체험할 수 없기 때문이다. 학생이 자기 자신을 상대편에
내어 던져 상대편 쪽에서 체험할 수 있는 그 순간에 교육관계는 와해되
고 우정으로 바뀐다.

셋째는 우정인데, 이것은 구체적이고도 상호적인 포용의 체험에 근
거하고 있다. 이것이야말로 인간의 혼과 혼이 상호작용하는 진정한 포
용인 것이다.

부버는 인간이 단독자로서는 불완전하다는 것, 즉 고립된 존재는
인간이 아니라는 점을 역설하면서 고립된 개인을 강조하던 종래의 실존
주의를 극복하였다. 그래서 그는 참된 삶이란 서로 만나는 일, 사람과
사람과의 관계 속에 사는 데 있다고 보았다. 이렇게 만난다는 것은 대
화의 삶을 말하는 것이며, 이러한 대화 속에서 한 사람이 다른 사람에
게 말을 건네고, 삶이 자기에게 무엇을 의미한다는 것을 상대방에게 제
시하게 된다. 우리가 한 인격으로서 다른 인격에게 전달할 때 나의 전
인격이 당신에게 무엇인가 말을 해 주며 당신의 전인격이 나의 생활에
침입하는 그 무엇을 말해 주게 되는 것이다(Johnson, 1979: 62). 이러한
대화관계에서는 내가 만나는 인격을 결코 나의 경험의 대상이나 이용의
대상으로 보지 않고 주체로서 파악하게 된다. 그러기에 대화의 관계는
「나-너」의 관계인 것이다.

대화란 「너」를 향하여 말하려는 「나」의 의지만이 아니라(그것뿐이
라면 그것은 독백이 되고 만다), 「너」가 「나」에게 말하려는 바를 듣고자 하
는 의지 사이의 민감성인 것이다(殷俊寬, 1976: 297). 이처럼 대화적 관계
는 자신의 입장을 상대방에게 강요하지 않는다.[37] 대화는 상호관계이며,

---

37 부버 그 자신도 이러한 입장에서 결코 그의 견해를 다른 사람들에게 강요하려고 애쓰지 않았다. 즉,
   그가 자기의 입장을 떼쓰듯이 주장(argue)하지는 않았지만 그가 이해한 현실(reality)을 지적했다.

각자가 상대방의 처지를 체험하면서 참된 말을 주고받는 것이다. 따라서 대화는 무책임한 "예"보다는 책임적인 "아니오"를 더 존중한다(Howe, 1981: 68). 왜냐하면 진실한 대화 속에서만이 참된 인격적 친교가 이루어질 수 있기 때문이다.

루빅젝(Roubiczek, 1964: 142)은 부버의 「만남」의 사상을 독서, 청강, 그리고 대화의 셋으로 구분하여 비유적으로 설명하면서 「만남」의 의미는 진실한 대화 속에 있다고 하였다.

즉, 독서를 할 때 그 책의 저자는 우리에게 영향을 미치고 있다. 그러나 우리는 다른 생각을 할 수도 있고, 주의가 산만해지기도 하며, 책을 집어던졌다가 다시 읽기도 하며, 그리고 독서하는 동안 잠이 들 수도 있다. 그러므로 우리가 완전히 참여되지 않았기 때문에 이것은 부버가 의미하는 「만남」이 아니다.

또한 청강을 할 때 강사와의 인격적 관계가 큰 역할을 할 것이다. 그러나 우리는 여전히 다른 생각을 할 수도 있고 또 잠이 들 수도 있다.

그러나 대화의 경우, 그것이 진실한 대화라면 우리는 분명히 줄곧 그 대화에 참여하고 집중하게 된다. 만약 우리가 듣지 않으면 응답을 할 수가 없을 뿐만 아니라 상대편의 주의를 끌지도 못하게 된다. 따라서 우리는 정말로 상대방을 이해시키려고 노력해야 하며 또 이해하도록 노력해야 한다. 그리고 상대방을 믿게 하도록 노력해야 하며 믿기 위해 노력해야 한다. 이러한 상황 속에서 우리가 완전하고 솔직한 응답을 하게 될 때 우리는 부버가 요구하는 인격적 만남을 경험하게 되는 것이다. 이같은 입장에서 보면 실존적 영역의 교육에서뿐만 아니라 지적 영역의 교육에서도 이같은 대화적 방법이 적절히 원용될 수 있다.[38] 그러

예를 들면 그의 손녀들이 극좌익 운동에 가담하려고 할 때 그는 스탈린 통치의 두려움을 묘사한 책을 그들에게 읽어 주었다(Gordon, 1980: 389).

38 물론 부버는 지적인 문제(intellectual problem)와 실존적 문제(existential problem)를 구별하고 있다. 그에 의하면 지적인 문제들은 지적으로 만족할 만한 풀이를 통해 해결되어 질 수 있으나 고독

나 사실은 어떠한 교육이든 간에 교사와 학생 간의 관계는 대화적 관계로 형성되어야 하리라 본다.

이상과 같이 부버의 사상에서 드러나고 있는 교사와 학생 간의 관계 본질을 크게 여섯 가지로 항목화하여 고찰하였다. 이는 결국 「나-너」의 관계의 요약에 불과할 것이다. 왜냐하면 여기서 제시된 각각의 관계가 지향하는 바는 곧 「만남」이기 때문이다. 다시 말하면 이같은 관계 그 자체가 「만남」의 관계일 수도 있으며 동시에 「만남」을 이끌어들이기 위한 과정임을 의미하기 때문이다. 오늘날의 교육에 있어서 가장 중요한 당면과제 중의 하나는 이미 지적한 바와 같이 비인간화 현상의 극복 문제이다.

소크라테스와 유대 예언자들 이후의 위대한 교사들이 제안했던 것처럼, 정당하고 의미 있는 삶으로 학생들을 인도하려는 교사는 ① 학생들의 생활양식과 관련하여 그들이 현재 어디에 서 있는가를 알아야 하고, ② 그들이 계발되어야 할 방향을 알아야 하고, ③ 철저하고도 계속적으로 그들을 그 방향으로 인도하여야만 한다(Gordon, 1980: 386). 부버도 이러한 입장에서 교사와 학생 간의 「나-너」의 인격적 접촉에 의해, 한 인간의 삶이 비약적 변화를 가져올 수 있다고 보았다.

오늘날의 교사는 학생들의 진정한 삶을 도외시한 채 지식교육에 치중하고 있으며, 학생들 또한 그들 자신의 진정한 삶을 발견하려는 진지한 노력 없이 주어진 상황에 무기력하게 순응하면서 지식을 맹목적으로 받아들이고 있기 때문에 그들의 비약적인 삶의 변화를 기대하기 어렵다. 부버가 정말 원했던 것은, 비록 지식의 종류나 정도는 다를지라도

이나 죄 같은 실존적인 문제들은 그와 같은 방법으로 해결되어질 수가 없다. 단지 사람들은 이러한 문제들을 대화적으로 수행하는 생활양식을 추구함으로써 대처할 수 있을 뿐이라고 본다(Gordon, 1980: 387). 따라서 오늘날의 교사는 이러한 실존적 문제의 해결을 교육마당에서 중요시하여야 하며, 이것은 학생과의 대화적 관계에 의해서 가능하게 되므로 교사는 이러한 교육적 일면을 항상 의식하여야 한다. 최근의 각종 청소년 문제들은 학교교육이 지적인 문제에만 급급하여 학생들의 실존적 문제들을 등한시함으로써 나타나게 되는 필연적 산물이라고 본다.

교사와 학생이 휴머니티에 의해 동등한 위치에 서 있는 교육, 그리고 그러한 관계 속에 있는 각 개인이 둘 다 교사이고 학생인 유형의 교육이었다. 그래서 그는 가장 바람직한 교육상황이란 우정이 존재하는 곳이라고 주장했는데, 그것은 「나-너」의 관계를 요약한 것이다.

교육의 본질은, 교육에 있어서 교사와 학생 간의 관계가 「나-그것」의 비인격적 관계로 빠지게 될 때 그 본래적 의미를 상실하게 된다. 그 결과가 비인간화 현상으로 나타나는 것이다. 그러므로 오늘날 교사와 학생 간의 관계회복의 문제는 시급한 과제라 아니할 수 없는 것이다.

현대사회 및 현대교육의 비인간화 문제는 그 심각성이 날로 더해가고 있다. 아마도 고도산업사회화가 가속되면 될수록 이 문제의 비중은 더욱 커져만 갈 것이다. 이러한 시대적 상황 속에서 무엇보다도 중요한 것은, 이같은 비인간화 현상의 원인을 사회의 탓으로만 돌릴 것이 아니라 교육이 적극적으로 그 책임의 일부를 져야 한다는 것이다. 다시 말하면 교육의 인간화를 통해 사회의 인간화를 도모하고자 하는 적극적 책임의식을 가져야 한다.

교육의 인간화 방안은 여러 가지 측면에서 고찰될 수 있겠으나 그 중에서도 특히 교사와 학생 간의 참된 과제가 인간화 교육의 가장 중요한 핵심이라고 본다. 왜냐하면 교사와 학생은 교육내용 및 방법에 선행하기 때문이다. 인간화 교육을 위해서 교사는 학생과의 관계를 중시해야 하며, 그 자신 또한 인간적인 품성(humanistic character)을 지녀야 한다.

부버는 말하기를, 교사는 그가 가르치는 과목에 정통해야만 하며, 그것을 풍부한 인간적 활동을 통해서 나타내야 한다고 했다. 즉, 교사가 그의 순수한 내적 체험을 진실한 행동으로 나타내 보였을 때 교사와 학생은 인격으로서 만날 수 있다는 것이다(Kneller, 1971: 261). 부버가 강조하는 교사의 유형은 권위로써 자신의 주장을 제창하는 지도자(leader)가 아니라, 스스로 진리를 발견할 수 있도록 학생 개개인을 도와주려고 애쓰는 원조자(helper)이다.

지적 교육도 정의적 교육도 모두 다 중요하다. 하지만 지식 이전에 인간이 앞서야 한다. 그럼에도 불구하고 현대교육이 지나치게 지적 교육에 치중하는 데서 비인간화 문제가 발생하는 것이다. 지적 교육과 정의적 교육이 조화를 이룰 때 학습효과의 극대화는 물론 인간성 회복의 실마리도 풀릴 것이라고 본다.

7_____성인교육론

부버는「만남」의 철학을 통해 20세기의 철학, 심리학, 종교학, 교육학 등 다방면의 학문영역에 많은 영향을 미쳤다. 그는 학문적인 이론 탐구뿐만 아니라 이론의 실제 적용 문제에도 관심을 가졌는데, 특히 성인교육에 있어서 그러하다. 즉, 독일에서 생활하던 그는 유대인 신학자들인 로젠쯔바이크(Franz Rosenzweig), 시몬(Ernst Simon) 등과 함께 1920년에 설립된 성인교육기관인「유대인 개방학교」(Freies Judisches Lehrhaus)의 교사로서 활동하였다. 그리고 그는 1938년 봄에 팔레스타인으로 이주할 때까지 독일에서 대학교수로서 뿐만 아니라 성인교육 교사로 활동하였으며, 그 때까지 독일의 유대인들을 위해 1934년에 설립된「유대성인교육센터」(Center for Jewish Adult Education)의 소장으로 활동하였다. 또한 팔레스타인으로의 이주 후에도 그가 오랜 기간 동안 몸담았던 히브리 대학교의 교수생활을 1951년에 은퇴하고, 히브리 성서를 독일어로 완역하기 위하여 예루살렘에 정착하였을 때, 정부는 그에게「성인교육원」(Adult Education Institute)을 맡아 줄 것을 요청하였는데, 이 기구는 2년 전에 부버 자신이 창설하여 활동한 기구였다. 이 기구의 목적은 이스라엘로 이주해 온, 삶의 배경이 서로 다른 이주민들을 가르치는 교사들을 훈련시키는 것이었다. 여기서 부버는 자신의 교육이론을 적용하였다. 즉, 이질적인 배경 및 세계관을 지닌 사람들과의 대화적 교육을 통해 그들의 삶의 스타일을 변화시키고자 하였다(강선보, 1992).

부버는 1938년에 팔레스타인으로 돌아온 이후 줄곧 성인교육의 중요성을 강조하였고, 실제로 그가 몸담고 있었던 히브리 대학교의 중점 과업도 성인교육에 두어야 한다고 주장하였다. 또한 부버(1963)는 이스라엘의 당면문제로 ① 국외로부터 이주해 온 유대인들의 사회적·문화적·경제적 이질성으로 인한 갈등과 절망감, ② 현 시대의 문화를 지배하고 있는 합리주의와 과학주의로 인해 이스라엘 젊은이들의 영혼이 병들어 감, ③ 이스라엘의 건국과 더불어 발생한 '국수주의적 민족주의'(chauvinistic nationalism) 등을 제시하면서 이들 문제들이 성인교육을 통해서 해결되어야 할 것을 촉구하고, 이를 위해 선각자로서의 성인교육가들은 유대민족의 고유한 특성 및 정체성을 회복하는 데 주력하여야 한다고 보았다.

이러한 실제 사례에서 보듯이 부버는 이론탐구뿐만 아니라 실제문제에도 많은 관심을 가졌다. 그는 여러 철학자들과 교육자들에 의해 제안된 성인교육 이론들과 여러 나라들에서 실행된 성인교육 프로그램들을 자신의 「만남」의 철학을 토대로 하여 검토·평가하였으며, 이를 통해 새로운 시각의 성인교육철학을 형성하였다. 그리고 이러한 철학을 바탕으로 성인교육의 실제문제를 논의하고 구체화하였다. 부버가 죽은 지 7년 후에 히브리 대학은 「성인교육 및 계속교육을 위한 마르틴 부버 센터」(Martin Buber Center for Adult and Continuing Education)를 설립하였다. 이센터는 공동체 정신의 증진을 도모한 부버의 사회철학에 입각하여 그의 성인교육의 이상을 실현하고자 하였다(Murphy, 1988: 201).

여기에서는 부버의 성인교육철학과 그것의 실제 적용을 분석한 후, 그것들이 우리의 성인교육에 주는 시사점들이 무엇인지를 살펴보기로 한다.

1) 성인교육의 철학적 배경

부버철학의 기본 주조음은 「만남」이다. 부버(1958b)에 의하면 인간이 세계에 대하여 가질 수 있는 두 가지의 주요한 태도(혹은 관계)는 「나－그것」의 관계로써 표현되는 사물세계와 「나－너」의 관계로써 표현되는 인격적 만남의 세계이다. 이처럼 부버는 관계의 개념으로 인간의 위치 및 본질을 파악한다. 참다운 인간존재는 고립된 실존 속에 있는 것이 아니라 관계형성을 통해서 드러난다고 보기 때문에, 부버에게 있어서 인간이란 관계를 통해 그의 실존을 형성해 나가는 창조자로 파악된다. 이러한 맥락에서 그는 그의 철학적 인간학의 기본사상을 "인간실존의 기본적인 사실은 인간이 인간과 더불어 함께 있다는 것(Buber, 1954: 203)"으로 함축성 있게 표현하였다.

부버에게 있어서 '만남', '관계', '대화', '사이' 등의 용어는 거의 같은 개념으로 사용된다. 따라서 그의 철학은 '만남의 철학', '관계의 철학', '대화의 철학', '사이의 철학' 등으로도 불린다. 그러나 '만남'과 '대화'를 동일한 개념으로만 보아서는 안 된다(강선보, 1992: 111). 왜냐하면 모든 「나－너」의 관계는 「만남」이지만, 모든 「대화」가 「만남」은 아니기 때문이다. 또한 대화는 학습될 수 있지만 「만남」은 학습될 수 없기 때문이다. 그래서 부버(1958a: 11)는 「나」와 「너」의 「만남」은 은혜(grace)를 통해 이루어지는 것이지 찾는다고 해서 발견되는 것이 아니라고 말한다.

그러면 부버가 대화적 관계를 강조하는 근거는 어디에 있을까? 이것을 살펴보기 위해 앞장에서 언급한 관계의 본질로 돌아가 보기로 한다. 부버는 「나－너」 및 「나－그것」의 두 관계가 인간실존에 필수적인 것으로 본다. 즉, 인간의 삶은 이 두 관계를 오가는 것이라고 파악한다. 이처럼 그는 인간존재를 두 관계 사이를 오가는 존재로 파악한다. 또한 「나－그것」의 관계가 없는 삶은 불가능하며, 「나－너」의 관계가 없는 삶은 무의미함을 강조한다.

어쨌든 「너」가 「그것」이 될 수밖에 없는 인간실존의 우울함은 「영원한 너」—만물 속에 드러나는 모든 존재의 신성한 근원—와 더불어 제3차원의 대화 속에서 그 구원을 발견한다. 하나님은 「영원한 너」이며, 모든 「나—너」 관계를 가능하게 하는 힘을 지니고 있다. 이처럼 부버는 「나—그것」 및 「나—너」의 이원론을 극복하고 대화적 차원으로 이행한다. 하나님의 무한한 「그것」(the Infinite It of God)은 무의미하다. 따라서 부버는 만날 수 있고, 2인칭으로 「너」라고 부를 수 있는 하나님을 발견한 것이다(Schachter, 1960: 216). 즉, 인간이 하나님을 영접하는 곳에서는 어디든지 하나님이 나타난다고 보는 것이 부버의 입장이다.

이처럼 부버는 인간이 대화적으로 참여하는 곳에 하나님이 나타난다고 본다. 부버의 관계 개념에 비추어 볼 때, 대화적 상황은 존재론적·실존적으로 파악될 수 있기 때문에 개인적 실존으로부터 파악될 수가 없다. 그것은 두 개인의 실존을 통해서 파악될 수 있는 것이 아니고, '사이'(between)가 실존하면서 그들 두 개인을 초월하는 것으로부터 파악되어야 한다. '사이' 속에서의 인간은 그 자신의 자아 속에서 스스로를 격리시키지도 않으며 그 자신을 집단 속으로 던져 넣지도 않는다. 즉, 개인주의와 집단주의 모두를 극복한다.

「나—그것」의 관계는 쉽게 기술할 수 있고 정의내릴 수도 있다. 「그것」은 인간의 세계에 질서, 안정, 그리고 객관성을 부여한다. 그리고 인간은 자신의 목적과 필요를 위해 세계와 관계한다. 하지만 「나—너」의 관계는 기술할 수 없다. 이것은 인간과 세계 간의 관계의 영역, 즉 조건화되지 않은 「만남」의 영역이다. 이는 기술 가능한 객관이 아니라 인간이 말을 걸고 응답하는 주관적 관계이다.

이처럼 부버는 종교적 차원에서 대화적 관계의 원형을 발견해 내고, 그러한 관계의 필요성을 역설하였다. 즉, 위기상황의 현대사회 속에 살고 있는 현대인들에게 부버가 끊임없이 제기하고 실제로 행했던 것은 바로 대화적 삶이었다. 이러한 대화철학이 부버가 강조하는 성인교육의 철학적 토대가 됨은 두말할 나위가 없다.

한편 부버의 사회철학은 유대교의 전통, 특히 하시딕 공동체의 사회교육과 관습에 그 뿌리를 두고 있다. 물론 부버의 「만남」의 철학 그 자체가 유대교의 경건주의적 신비운동인 하시디즘을 발판으로 형성된 것이기 때문에, 그의 사회철학의 뿌리도 결국 하시디즘에 있다고 보아야 할 것이다. 이러한 바탕 하에서 부버(1963)는 유대교의 다양한 사회교육의 특성을 공동체의 지향, 개인의 책임 강조, 사회적 실천, 그리고 정신적·문화적·사회적 이상의 통합으로 규정한다. 따라서 그는 성서를 토대로 하여 공동체의 이상을 제시하고 있다. 즉, 공동체란 모든 물자가 공정하게 분배되고, 사회적 불화가 최소화되며, 개개인이 일상생활의 어려움을 서로 돕고, 모든 개인들의 정신적·문화적·윤리적·사회적 자율성이 보장되는 사회라고 보았다(Murphy, 1988: 188). 부버는 이러한 사회철학적 관점을 바탕으로 현대 사회의 현상들을 비판하고 그 대안을 제시하고 있다.

부버는 현대사회의 인간이 개인주의와 집단주의의 와중에서 우왕좌왕하고 있음을 개탄하면서 「나-너」 관계에 근원을 둔 공동체의 개념을 제시한다. 그는 인간세계의 두 가지 근본질서를 「나-너」의 관계에 바탕을 둔 진정한 대화가 이루어지는 인격공동체와 「나-그것」의 관계에 바탕을 둔 독백만이 이루어지는 집단적 사회로 구분한다. 따라서 인간을 고립된 실존으로서가 아니라 만나고 대화하는 실존으로 파악하면서, 전자에 바탕을 둔 사회가 진정한 사회라고 보았다(강선보, 1992: 154).

개인주의는 전체적 인간의 한 일면만을 보는 데 국한되어 있는 반면에, 집단주의는 인간을 단지 더 큰 실체의 한 부분으로 생각하기 때문에 이 둘 다 인간의 전체성을 제대로 파악하지 못하고 있다. 그래서 부버는 개인주의와 집단주의를 모두 부정한다.

그는 또한 현대 사회주의(modern socialism)에 대해서도 매우 비판적인 태도를 취하는데, 그 이유는 그것이 진정한 공동체를 파괴시킬 우려가 있다고 보았기 때문이다. 그는 사회주의 국가의 절대권력 앞에서 공동체의 본래적 위치가 상실될 것을 우려하면서 그 대안으로 종교적 사회주의(religious socialism)의 이념을 제창하였다.

공동체는 엄격한 원리로 통제되는 곳이 아니다(Buber, 1966a: 134). 그래서 부버는 공동체 이념의 기본철학으로 분권적 사회주의(decentralistic socialism)를 제창한다(Murphy, 1988: 188). 즉, 그는 자본주의나 공산주의 사회체제에서 전형적으로 나타나는 엄격한 정치적 중앙집권주의가 공동체적 삶을 저해하는 주요 요인이라고 보았다. 이렇게 볼 때, 오늘날에 와서 공동체들이 붕괴된 것은 현대국가의 체제 때문이라는 것이 부버의 견해이다. 그래서 그는 세포가 서서히 죽어가고 있는 유기체에 현대사회를 비유하기도 하였다. 어쨌든 그는 「나-너」관계에 근원을 둔 공동체를 요청하고 있다. 왜냐하면 오늘날의 공동체의 위기는 각 개인이 인격적 책임을 지는 삶을 영위함으로써 극복될 수 있기 때문이다(Buber, 1963: 47). 따라서 이러한 공동체들이 연합함으로써 건전한 사회와 국가가 형성될 수 있으므로 우리는 공동체의 건설에 헌신적으로 참여하여야 한다.

부버는 공동체 형성의 세 가지 조건으로 ① 공동체 내에서의 개인들의 진솔한 태도 및 공동체들 간의 진솔한 태도(진솔한 말걺, 경청, 그리고 친교), ② 인격적 양심, ③ 개인적 책임 및 실천을 제시한다(Buber, 1954a: 69-70; Buber, 1965: 89f; Murphy, 1988: 189-191). 따라서 그는 성인교육 및 공동체 교육을 계획할 때에 이 세 가지 조건이 창출될 수 있도록 우선적으로 고려하여야 함을 강조한다. 아울러 공동체의 이상을 촉진시키기 위해서는 교육가들의 적극적인 헌신적 참여가 필요하다고 본다. 특히 유대교는 실천적인 진리를 추구하며, 그 목적은 이론창출이나 예술활동에 있는 것이 아니라 참된 공동체의 건설에 있다고 역설한다(Murphy,

1988: 191). 이처럼 부버는 유대교의 실천적 성격을 재차 강조하면서 교육가들이 공동체 정신의 창출에 적극적으로 참여해 주기를 당부한다. 이때 교육가의 일차적인 의무는 자신의 삶 속에서 공동체 이상의 실재를 보여줄 수 있는 생생한 증거를 제시하는 일이다. 동시에 교육가들에게 요구되는 바람직한 자세는 그 자신의 인격적 모범을 보이는 일이다. 부버 자신도 공동체의 이상을 실현하기 위해 스스로 많은 노력을 하였는 바, 예컨대 유대인과 기독교인 간의 대화를 증진시키려는 노력, 유대인 대학살의 후유증 속에서 유대인과 독일인 간의 대화를 증진시키려는 노력, 1948년 팔레스타인의 분할을 전후해 유대인과 아랍인 간의 대화를 증진시키려는 노력 등에서 드러난다(Murphy, 1988: 192–195). 특히 그는 성인교육운동을 통하여 이러한 갈등상황을 해결하고자 노력하였다. 이런 관점에서 부버가 제시하는 성인교육 및 공동체교육의 목적은 개인 간·공동체 간 대화를 바탕으로 한 적극적인 평화증진에 있다. 결국 교육의 목적은 지속적으로 평화의 기초를 튼튼하게 하는 '신뢰'를 창조하는 것이라고 볼 수 있다.

이상에서 부버의 성인교육론의 철학적 배경으로 그의 대화철학과 사회철학을 살펴보았다. 그는, 대화철학에서는 「나─너」 관계를 형성할 수 있는 진정한 대화를 촉구하고, 사회철학에서는 「나─너」 관계를 바탕으로 한 종교적 사회주의의 건설을 촉구하고 있다. 요컨대 그의 논조는 대화철학을 바탕으로 개인주의와 집단주의 그리고 자본주의와 공산주의를 극복하고 종교적 사회주의를 건설하자고 하는 것이다. 따라서 부버가 제시하는 성인교육의 목적도 공동체 사회주의(community socialism)와 밀접히 관련되어 있음을 알 수 있다.

2) 성인의 교육가능성과 위기의 문제

(1) 성인의 교육가능성

부버는 교육을, 보편적 인간을 지향하는 교육과, 환경에 의해 결정된 인간을 지향하는 교육으로 구분하였다(Friedenthal-Hasse, 1991: 49). 이것을 결정짓는 요인 중의 하나가 연령이다. 예컨대 우리가 아동기, 청년기, 성인기로 구분하는 것이 그러하다. 교육은 교육가능성(educability)을 전제로 한다. 따라서 성인교육의 가능성은 성인이 교육 가능한가 아닌가에 달려있다. 이러한 맥락에서 교육가능성의 의미는 일반적인 학습능력과 다른 의미이다. 즉, 학습하기 위한 성인의 능력, 즉 새로운 지식과 능력을 획득하기 위한 역량은 이미 주어진 것으로 간주된다. 그러나 이와는 달리 교육가능성은 '내면적 영향력'(intrinsic influence)이라는 의미에서 교육의 가능성을 지향한다. 이런 면에서 성인의 교육가능성은 불확실하다. 왜냐하면, 성인들은 완전히 성숙했기 때문에 더 이상 교육이 가능하지 않다는 해석이 가능하기 때문이다. 즉, '성인기'(adulthood)는 내적 완전성, 다시 말해 이미 통일되고 꽉 찬 성격과 정신으로 표현되기 때문이다. 그래서 성인들은 일반적으로 내적인 변화를 싫어한다. 이것을 부버는 인습화(stylisation)라는 용어로 설명한다(Friedenthal-Hasse, 1991: 50). 즉 부버는, 성인의 삶의 주요 특징은 성인이 이미 범주화되어 있음을 당연하게 여기며, 그를 둘러싸고 있는 여러 문화에 의해 관련되어져 있다는 것이다. 하지만 바로 이것 때문에 성숙한 사람(mature person)은 틀에 박히거나, 고립되거나, '껍데기에 갇혀지는' 위험에 놓이게 된다. 그래서 부버(1937)는 "불행하게도 사람들이 대부분 그들의 삶의 체험을 토대로하여 형성하는 의견들이 껍데기로 덮여져 갇혀지고, 그들로 하여금 어떤 새로운 것을 체험하고 환기시키는 것을 방해하며, 이러한 새로운 체험으로부터 정직한 의견들을 창조해 내는 것을 방해하는 것이 실상이다"라고 지적한다(Friedenthal-Hasse, 1991: 50에서 재인용). 성인들은 의도적으로 성숙한 성인, 즉 폐쇄적인 성인의 타입을, 편견 없이 수용적인 젊은이와 대비하여 규정화 한다. 예컨대 젊은이들은 자유롭게 될 수 있으며, 혁신적인 원리에 대해서도 수용적일 수 있는 반면에 성인들은 그렇지 못하다는 것이다. 이러한 양극화는 전형적인 수식어에서도 표현되고 있다. 즉, 성인의 경우에는 '고정된', '폐쇄된', '멈추어진', '완고한', '껍데기로 덮여진' 등의 수식어가 사용되는 반면에, 젊은이의 경우에는 '자유로운', '열렬한', '융합하는', '부드러운' 등의 수식어가 사용된다. 또한 이미 실현된 것으로서의 성인기와, 장차 도래하게 될 어떤 것으로서의 청년기를 대비하기도 한다.

이렇게 연령에 따라 뚜렷한 구분을 하는 것은 결국 이미 결정된 발달의 법칙(a fixed law of development)에 기인한다. 부버는 이러한 입장에 반대한다. 즉, 집단과 사회적 집합체의 특성이나 연령 집단의 범주 속으로 개인을 일괄 처리하는 것은 그의 철학적 인간학에 상반된다는 것이다. 다시 말해 각 개인은 독특한 개성적 주체이므로 각자 자기 나름대로의 독특한 삶의 방식을 택해야 한다고 보기 때문에 부버는 정형화를 거부한다(강선보, 1992: 142). 따라서 그는 획일적인 태도 모델, 강제력, 여러 사람에게 일률적으로 적용되는 준거틀, 유사성 등을 배척한다.

이러한 관점에서 그는 성인기에도 젊은이처럼 개방성을 유지할 수 있는 가능성이 있다고 본다. 성인기에 인격의 성장이 가능하다고 하는 것은 부버 자신의 새로운 용어 해석에서 나타나는 바, 그것은 다음에서 보는 바와 같이 '성장하는'(growing, Erwachsenden)것과 '성장된'(grown, Erwachsenen) 것을 구분하여 말하는 데서 나타난다(Friedenthal—Hasse, 1991: 51). 독일에서 성인의 개념은 성장의 종말을 의미한다. 'Erwachsenden'이라는 말과 관련하여, 부버는 성인임(being adult)이 과정의 본질을 지니며, 미래는 개방적이라고 제안하고자 한다. 즉, 그는 정적인 개념을 진행 중인 동적인 개념으로 파악하고자 한다. 성인은 단지 제한된 범위 내에서 교육될 수 있다는 주장과, 성숙한 자(mature person)의 성장능력을 강조하는 부버의 입장 간의 모순은 인간행동의 내·외적 조건들에 대한 면밀한 검토를 통해 설명될 수 있다. 즉, 인간의 고정적인 경향은 단지 평상적 상황(normal situation)에서만 주장될 뿐이다. 따라서 그것은 '골수까지' 강타하는 심각한 위기 그리고 안전을 위협하는 심각한 위기에 의해 예의 평상적 상황이 방해받을 때는 달라진다는 것이다. 이 때 '위기'는 즉각 철저하게 그를 공격하며, 그의 폐쇄되고 '종결된'(finished) 인격을 해체한다. 그리고 연령집단들 간의 경계는 무너지고, 젊은이는 성인들의 상황을 공감하며, 성인들은 다시금 교육을 필요로 한다. 위기 상황 속에서 그들은 과거처럼 제2의 청년기에 들어설 수 있다. 이러한 현상을 부버는 성인기의 '위기 청년'(crisis-youth, Krisen-Jugend)이라는 개념으로 표현한다(Friedenthal-Hasse, 1991: 51). 따라서 성인기 동안에 어떤 사람들-이미 완전히 성숙한 듯한 사람들-은 제2의 '위기 청년' 을 재발견한다. 바로 여기서 성인교육이 성인에게 본질적인 영향을 미 칠 수 있다는 가능성이 위기현상에 의해 드러나게 된다. 이것은 결국 "성인교육에 있어서는 위기가 곧 기회이다"라는 것을 보여준다(Cohen, 1983: 232). 그런데 이러한 위기들은 인간생활에 끊임없이 실제로 존재하 며, 필연적으로 인간의 삶의 본질에 속하는 것이다(Bollnow, 1967: 37). 이처럼 부버는 위기개념을 가지고 성인의 교육가능성을 역설하였다. 요 컨대 위기가 인간의 삶의 본질에 속하고, 그것이 곧 교육의 기회가 된 다는 점에서 성인의 교육가능성의 여지가 확보된다는 것이다.

(2) 위기(crisis)

위에서 살펴본 것처럼 부버는 위기개념을 도입하여 성인의 교육가 능성을 논의하였다. 그러면 평상적 상황(normal situation)과 대조하여 사 용하는 부버의 위기개념은 무엇인가? 부버 사상에 있어서 위기는 인간 실존의 조건을 결정하는 데 기본적이고도 핵심적인 개념이 된다. 희랍 어에 언어적 배경을 둔 위기라는 용어를 부버는 신중하게 사용하였다. 희랍어 Krisis는 원래 결단(decision)과 판단(judgement)을 의미한다. 좀 더 구체적으로 보면, 희랍어 동사 krinein은 가르다, 가려내다, 선택하 다, 판단하다, 판정하다, 결정하다 등의 뜻을 가지며, 동사에서 파생된 명사 krisis는 그 동사에 대응하여 분리, 결정, 평가, 판단, 정화(淨化) 등 을 뜻한다(Bollnow, 1967: 27).

부버의 위기개념은 의학분야로부터 전용된 이 용어의 의미를 그대로 담고 있다(Friedenthal-Hasse, 1990: 52-53). 즉, 위기란 항상 가장 진지한 자세로 중요한 결단을 해야 하는 상황으로서, 그것은 궁극적 가치의 실현 또는 궁극적 가치에의 저항과 관계된다. 그것은 퇴보, 몰락, 죽음의 가능성을 내포하거나 아니면 구원, 치유, 새로운 시작의 가능성을 내포한다. 볼르노(1967)도 이러한 관점에서 위기를 판가름이라고 보면서, 그 의미를 두 가지 가능성 가운데서 하나를 선택하지 않으면 안 되는 경우라고 풀이하였다. 결국 두 갈래 길에서 그 중의 하나를 선택하지 않으면 안 되는 상황이 위기적 상황인 것이다. 부버(1965)는 의학으로부터 도출한 은유를 사용하여 위기의 본질을 다음과 같이 규명한다. 즉, "심연 속에서, 위기는 있는 그대로의 적나라한 결단이다. 그것은 악화와 개선 간의 동요가 아니라 조직(tissue)의 파괴와 재생 간의 결단"이라는 것이다(Friedenthal-Hasse, 1990: 52). 치유의 잠재성 또한 위기의 현실 속에 있으며, 정말로 그것을 극복할 수 있게 희망을 부여하는 것은 바로 위기의 심연이다. 따라서 부버에게 있어서 위기의 개념은 재앙 내지는 절망적인 파멸의 개념과는 구별된다.

인간은 기본적으로 위기에 의해 영향을 받으며, 이러한 위기상황 속에서 철저한 의심에 빠지게 된다. 위기 속에서 그리고 위기 때문에 혼란, 고립, 고독, 침묵이 발생한다. 인간은 현실과의 관계에 대해 의심을 한다. 그래서 부버(1953)는 "위기 속의 인간은 자신의 문제를 담화 중에 더 이상 터 놓지 않는 사람이다. 왜냐하면 필요조건인 신뢰가 그에게서 이미 상실되었기 때문이다."라고 말한다(Friedenthal-Hasse, 1990: 53). 그러나 바로 이 점에서 위기가 어떤 대처방안을 강구할 수 있는 특징이 있다. 즉, 포기하는 대신에, 의심을 극복하는 자는 '독창적인 힘들'(original strengths)을 상기시킬 수 있으며, 그것들을 이용해서 상황의 반전을 꾀한다. 부버에게 있어서 반전(reversal)이란 인간됨의 근본적인 가능성들 중의 하나이다. 그에 의하면 인간에게 불가해하게 주어진 어떤 것, 즉 발단(beginning)이 있는데 이 발단은 반전이 일어날 때 가장 강하게 그 자신을 드러낸다는 것이다. 따라서 반전이란 '죄로부터 자유로운' 이전 상황으로의 복귀가 아니라, 주어진 조건들, 즉 상황의 변혁을 의미한다. 인간에게는 신성한 힘, 즉 선한 정신적 힘이 있기 때문에 방향의 전환이 가능하다고 부버(1958a)는 본다(강선보, 1992: 146). 이는 신학적 이해에 터한 것이다. 신학적 관점으로 볼 때, 위기는 인간실존의 근본적인 측면이다. 즉, 인간은 위기에 처해있는 피조물이라는 것이다. 이처럼 위기의 말기에 가능한 변혁의 과정을 부버는 '비약적 발전'(breakthrough)이라고 부른다(Friedenthal–Hasse, 1990: 53). 우리는 비약적 발전을 통해 완전히 새로운 사고방식을 가질 수 있게 된다. 즉, 이전에 전혀 생각할 수 없었던 어떤 것을 생각하고 말할 수 있게 된다는 것이다. 이처럼 인간은 개인적 위기와 사회적 위기(전쟁, 실업, 기근 등)를 통해 비판적 사고를 할 수 있게 되며, 위급한 때에 "위기순간의 체험"을 통해 자신의 적나라한 실제 모습을 보게 된다. 이것은 민족의 경우에도 마찬가지이다.

위기로부터 생겨난 이러한 비약적 발전, 변혁, 그리고 새로운 발단은 종교적 감정, 영혼, 도덕적 통찰 또는 이념의 변화뿐만 아니라 전인성을 깨닫게 하고 가능하게 한다. 진리는 '입증된' 것이며, 단지 '삶에 의하여 그 자체를 입증'함으로서만이 현실에 대한 새로운 관계가 강화될 수 있고, 위기가 극복된다.

부버(1954a)는 현대 사회에 있어서 위기의 결정적인 요인들로 사회적인 것과 심리적인 것 모두를 든다. 사회적 요인은 사람과 사람의 관계와 관련된다. 부버에 의하면 '사회적 안정감'의 상실은 인간의 고독이 증대됨으로써 나타나는 결과라는 것이다. 두 번째 요인은, 지성사 내지는 정신사에 의하여, 인간이 기술, 경제, 그리고 정치에서 형성한 관계들 및 그것들 속에서 생산해 왔던 것들과의 관계와 관련된다. 즉, 현대 위기의 특징은 '인간 자신이 만들어 낸 생산물로부터 소외된다는 사실'과 그가 창조한 세계에 더 이상 대처할 수 없다는 데에 있다. 부버는 현대사회의 위기를 이렇게 진단하면서, 교육을 위기극복에 대한 자조 (self-help)의 수단으로서 이해한다. 따라서 우리는 그의 교육개념이 꿋꿋이 서려는 힘과 극복하려는 힘을 지향하고 있음을 발견할 수 있다. 이러한 그의 교육관은 성인교육에서도 그대로 반영된다.

(3) 위기와 교육

많은 학자들(Rosenstock, 1926; Steinmetz, 1929; Mattmüller, 1973; Berger & Luckmann, 1980; Werder, 1980; Künzel, 1984; Schütz, 1984; Strzelewicz, 1985) 이 위기와 교육간의 관계를 논의하여 왔다(Friedenthal-Hasse, 1990: 45-47). 이들은 위기와 위기상황을 인간과학의 한 탐구영역으로 보면서, 위기와 교육 간의 관련성을 논의하고 있다. 즉, 인간은 자신의 삶 속에서 어려운 위기를 맞게 되었을 때 자신의 일상생활에 대해 의구심을 가지게 된다고 보았다. 다시 말해 개인적 위기(질병 등) 및 사회적 위기(전쟁, 기근 등)가 비판적 사고를 가능하게 할 수 있는 출발점이라고 보았다. 이들은 일상을 초월할 때, 극심한 정치적 격량의 시기에, 그리고 실존적 분열의 시기에 인격의 심연에 이를 수 있는 성인교육이 가능하다고 보았다. 이런 입장에서 학습이란 '일상생활에서 일어나는 위기들에 대처하는 것'이며, 성인교육은 위기상황의 사회 속에서 의사소통을 위해 열려진 광장이므로 '복잡한 현대사회를 통합'하는 역할을 한다는 것이다.

부버는 1933-1938년 사이 유대인의 권리가 박탈당하고 박해받는 독일에서의 비정상적인 역사적 상황 속에서 성인교육의 교사로 활동했다. 이 시기의 위기는 급박했으며, 그의 교육활동에서 피할 수 없는 하나의 현실이었다. 따라서 부버에게 있어서 이 때에 위기는 이미 주요 개념으로 각인되어 있었다. 그는 위기상황에서의 성인교육의 개념을 설정하기 위해 자신의 체험과 관찰을 바탕으로 위기상황에서 고통받는 대중들의 욕구, 가능성, 한계 등에 관해 광범위하게 검토하였다. 이처럼 부버는 개인적·사회적·역사적 위기의 순간들에 대한 체험들을 교육문제와 연결시켰다.

부버에게 있어서 위기상황에서의 교육목적은 위기에 꿋꿋이 대처하고 그것을 극복하게 하는 데 있다(Friedenthal-Hasse, 1990: 55). 즉, 그러한 자는 어떤 상황도 감당할 수 있는 자, 어떤 상황에서도 정직한 인간의 영혼을 감지함으로써 영혼이 평온한 자, 흔들리지 않는 기반을 견지함으로써 안정감을 가지고 현재의 문제들을 극복할 수 있는 자라고 볼 수 있다. 위협적이고 파괴적이고 무기력한 상황, 즉 불확실하고 기반이 흔들리는 상황에 직면하였을 때, 흔들리지 않는 안정성을 제공하는 힘들을 발견해 내는 것이 필요하다. 성인교육은 이러한 힘들에 대한 방향을 개인과 공동체에 제시해 줄 수 있다. 그러자면 우선 철저한 자기성찰(stock-taking)이 이루어져야 하는 바, 이 자기성찰은 현실을 솔직하게 그리고 자기 비판적으로 이해하려는 의도를 가지고 끝까지 철저하게 수행하여야만 한다. 솔직한 자기성찰은 인간의 삶의 길의 시작이다. 즉, 그것은 인간다운 길의 거듭남인 것이다(Buber, 1958a: 126; Buber, 1966c: 9). 따라서 진정하게 수행된, 자신의 삶에 대한 자기성찰의 결과는 미래의 가능성들에 대한 전망들을 제시해 줄 것이며, 특히 개선의 가능성들에 대한 전망들을 제시해 줄 것이다. 자기성찰의 과정은 그 시기의 진정한 상황을 인식하는 데 필요한 전제조건이며, 삶의 깊은 내면에까지 이르게 해 주며, 사람들 간의 결속이 가능하도록 해 준다. 이런 점들이 교수-학습 공동체, 즉 상호적으로 학습하는 공동체를 형성한다. 따라서 부버는 "결속은 선의지나 이데올로기로부터 생겨나는 것이 아니라 단지 자기성찰로부터 생겨난다"고 하였다(Friedenthal-Hasse, 1990: 56). 이렇게 볼 때, 부버는 교육의 목적을 공동체를 확립하는 데 두면서, 자기성찰을 그 출발점으로 보고 있음을 알 수 있다. 따라서 부버는 교육목적 및 내용의 결정은 주어진 상황에 의존할 것이 아니라, 그러한 상황에 직면하여 깊은 내적 성찰을 통해 이루어져야 함을 역설하고 있는 것이다.

3) 성인교육의 실제

(1) 성인교육의 목적

일반적으로 성인교육은 성인들의 계몽을 위해 유익한 정보를 보급할 목적으로 짜여진 교육활동을 지칭하지만, 부버는 다소 견해를 달리하고 있다. 즉, 이러한 일반적 정의의 저변에는 교육을 단순히 지식의 축적과 문화의 습득으로만 파악하려는 의도가 깔려있다는 것이다. 따라서 부버는, 학습이란 정보가 전체적인 정신적 통일체에 유기적으로 통합되었을 때에만 존재할 수 있다고 보았다(Cohen, 1983: 229). 이처럼 학습은 사실(지식)의 단순한 축적이나 기억이 아니고, 그것이 깊이 검토되고 비판됨으로써 '활동적 지식'(active knowledge)이 될 때에 한해서 이루어진다는 것이다. 이러한 부버의 생각은 화이트헤드(A. N. Whitehead)의 '무기력한 관념'(inert idea)에 대한 경고와 유사하다. 즉, 비활성적 관념은 우리의 의식 속에만 존재하는 관념일 뿐, 새로운 패턴에 재결합시킬 수도 없고 실제로 사용할 수도 없는 무기력한 관념이라는 것이다. 또한 부버는 그룬트비(Nikolai Frederik Severin Grundtvig: 1783-1872)의 제자인 콜트(Kristen Kold)의 생각, 즉 성인교육의 목적은 유기적으로 통합된 정신활동을 촉진하고 회복시키는 데 있다는 생각에 동의한다. 이처럼 부버는 인간의 기억에 의존하여 다양한 지식을 가능한 많이 습득하게 할 것이 아니라, 오히려 지식이 인간 실존의 유기적 부분이 되게 하는 방식으로 가르칠 것을 제안하였다. 따라서 이러한 목적을 달성하기 위해서는 성인교육이 전인교육이 되어야만 한다고 주장하였다(Cohen, 1983: 229-230). 이것은 '인간의 전체성'에 관한 탐구를 주장하는 부버의 철학적 인간학의 기본 주조음과 맥락을 같이한다(강선보, 1992: 134).

부버는 교육의 주요과업을 활동적인 정신(active spirit)을 계발하는 것이라고 본다. 따라서 성인교육의 주요 기능은 성인의 현재 경험과 학교에서 획득한 정보를 가지고 성숙한 사람이 되도록 가르치는 것이다.

그리고 그들을 지적으로 독립되게 적응시키고, 자신의 삶과 집단의 삶의 실재에 건전하게 토대를 둔 개인적 견해를 형성할 수 있도록 하는 것이다. 또한 부버는 교육의 기능을 거짓된 자기확신의 기저를 조사하게 하고, 본래적 자율성을 획득할 수 있도록 개인의 정신성을 일깨우고, 그가 부분으로 속해 있는 집단에 봉사하는 것뿐만 아니라 자신의 삶을 깨닫도록 학습시키는 것이라고 보았다(Cohen, 1983: 230). 부버에 의하면, 성인교육의 과업을 단지 정보를 전달하는 것이나 보충강의를 제공하는 것으로 규정하는 한, 성인교육은 일시적이고 우연적인 교육적 영향력 이상으로 이해될 수 없다(Cohen, 1983: 231). 성인교육은 자기 자신을 교육받은 사람이라고 믿으며 더 이상의 교육은 필요 없다고 믿는 그러한 저항심을 극복시키고, 자신의 실재를 지각하고 실재와 능동적으로 관계를 맺는 등 순수한 자율성을 촉진하도록 도와줄 때에만 그 실질적인 목적을 달성할 수 있다. 이런 입장에서 부버는 고려할만한 가치가 있는 유일한 '발달'은 자기개발(self-development)이며, 성인교육의 과업은 학생 스스로 교육하도록 돕고 인도하는 것이라는 점을 강조한다. 따라서 그의 관점에서 보았을 때, 성인교육을 위한 학교는 대학의 대용물도 아니며, 초·중등학교의 연장도 아니다. 그것의 주요 목적들 중의 하나는 사회가 특수한 역사적 상황에 처했을 때 자신의 사회를 위해 기여할 성인을 준비하는 것이다(Cohen, 1983: 256). 이것은 '위대한 성격의 소유자'를 준비함을 의미한다. 즉, 성격교육을 가치 있는 교육으로 보는 부버는, 위대한 성격의 소유자를 '그의 행위와 태도로써 전존재를 건 반응을 하기 위해 깊은 준비성을 가지고 상황의 요구를 만족시키는 사람이며 동시에 그의 행위와 태도의 총체성이 책임의식을 가지고 그의 존재의 통일성을 표현하는 사람'이라고 보았다(Buber, 1954a: 113). 오늘날의 획일화된 사회에서는 틀에 박힌 반응들이 일상적인 규칙이 되고 있다. 그러나 위대한 성격의 소유자는 틀에 박힌 반응, 즉 획일적인 반응을 하지 않는다. 그는 인격적 책임을 지니고 상황에 대응하는 자이다.

부버가 추구하는 성인교육의 목적은 앞 절에서 살펴본 바 있는 공동체 사회주의(community socialism)와도 밀접한 관련이 있다. 그는 공동체 교육의 궁극적 목적이 개인 간 및 공동체 간의 대화를 바탕으로 한 적극적인 평화의 증진에 있다고 보았다(Murphy, 1988: 194). 모든 윤리적·문화적·정치적 갈등의 근원은 개인 간 및 공동체 간의 관계로부터 비롯되기 때문에, 평화를 위한 해결방안 또한 관계의 차원에서 설정될 수 있다고 본 것이다. 즉, 바람직한 관계의 확립, 다시 말해 바람직한 대화적 관계의 확립이 우리 사회의 평화를 보장해 준다는 것이다. 따라서 교육의 목적은 지속적으로 평화의 기초를 튼튼하게 하는 '신뢰'를 창조하는 것이 되어야 한다는 것이 부버의 생각이다. 요컨대 부버의 성인교육은 공동체 건설에 그 목적을 두고 있다. 집단(collectivity)은 인격성의 쇠퇴에 근거하여 성립하지만, 공동체는 인격적인 상호관계가 발생하는 곳에 존재한다(Buber, 1954: 31). 즉, 생성적 공동체는 개개 인간의 병렬적 꾸러미가 아니라, 상호간에 더불어 사는 인간사회이다. 이러한 맥락에서 부버는 교육활동의 목적을 "사람들 간에 정직한 협력관계를 달성하는 일"이라고 규정하면서, 다원론적·간문화적·민주적 교육활동의 기본개념을 "공동체는 살아 움직이는 통일성(living unity) 속에서 타자성을 극복하는 것"이라고 표현하였다(Friedenthal-Hasse, 1990: 57). 따라서 공동체 교육은 다양성의 인식과 그것의 상호연결을 추구한다. 이 때의 다양성은 고차적인 통일성에 의해 지탱되는 다양성을 의미한다. 인격의 통일성, 존재의 통일성, 행동의 통일성, 삶의 통일성은 개인주의와 집단주의를 모두 극복하게 한다. 즉, 이러한 통일성은 인류의 통일성을 보장할 수 있다는 것이다(Buber, 1954: 116). 앞에서 언급한 위대한 성격의 소유자는 존재의 통일성을 지닌 자이며, 이런 맥락에서 참다운 성격교육이야말로 참다운 공동체 교육인 것이다.

이상에서 살펴본 것처럼 부버는 성인교육의 목적을, 참된 공동체 형성을 위한 전인적 인간의 양성에 두고 있음을 알 수 있다. 따라서 그는 인간의 전체성과 유리된 지식과 정보의 단순한 기억과 저장을 반대하고, 지식과 정보가 인간의 전체성 속에 유기적으로 살아 움직이면서 통합될 수 있는 그러한 유형의 성인교육을 원했다. 이러한 관점에서 성인교육의 목적은 1) 자신의 사회를 위해 기여할 수 있는 자인 통일된 인격의 소유자, 즉 위대한 성격의 소유자를 양성하는 것, 2) 개인 간 및 공동체 간의 관계의 재정립을 통해 참된 공동체를 건설하는 것으로 요약할 수 있다.

(2) 성인교육의 내용 및 방법

가. 성인교육의 내용

앞에서 살펴본 것처럼 인간의 자율성을 강조하는 부버는 자기개발을 교육의 주요과업으로 본다. 따라서 그가 성인교육에서 강조하는 것도 자기교육(self-education)이라고 할 수 있다. 부버는 지식의 보충과 정보의 습득이 비록 부수적인 것이기는 하지만 성인교육의 한 기능임을 인정한다. 이를 위해서 학생들은 학습과정에서 세 가지의 능력을 습득해야 한다고 강조한다(Cohen, 1983: 234). 첫째, 학생은 자신의 환경에 대해 전망을 지니고 그것에 대한 체험을 하여야 한다. 특히 부버는 인격적 체험에 가치를 부여하고, 어떤 실체에 대한 진정한 이해를 할 수 있는 비판적 근거로서 체험을 강조한다. 부버의 관점에서 볼 때, 자신의 현실에 대한 이 같은 체험이 결핍되고 그것에 대한 공평한 인식이 결핍된 자는 또한 그 자신의 편협된 세계를 초월하고 더 넓은 세계관을 성취할 수 있는 능력이 결핍된 자라는 것이다. 자신의 환경에 대한 부단한 실험과 지속적이고도 비판적인 검토를 통해 획득한 개방적 체험은 사람으로 하여금 변화하는 세계를 이해하게 하고, 그것의 구조를 인식하게 하며, 그것의 발달을 예견하게 하며, 그것의 본질을 변화하게 한다. 의식은 삶의 현실 속에서 활동하는 과정이며, 그것은 항상 변화하는 것을 따른다. 둘째, 학생은 자료의 본질적 측면들을 드러내고 활성화시키기 위하여 자료를 응용하고 정제하는 방법을 학습해야 한다. 셋째, 학생은 지식을 통해 활력적이고 인격적인 통일체를 창조할 수 있도록 노력해야 한다. 이런 측면에서 보면, 부버의 교육관은 제임스, 듀이, 미드(George Herbert Mead) 등과 같은 실용주의자들의 아이디어와 유사하다. 즉, 개인의 경험을 강조하고 진리의 발견과정에 스스로 참여한다거나, 행동과 실행을 강조한다거나, 이론과 실제의 통일을 강조하는 것 등이 그러하다.

하지만 부버는, 성인교육이 상술한 지식의 보충과 정보의 습득 그이상의 것을 추구해야 한다고 본다. 즉, 유대정신에 대한 교육이다. 이것은 덴마크의 그룬트비의 관점과 유사하다. 사실 부버의 성인교육사상에 가장 큰 영향을 미친 사람은 시인, 신학자, 그리고 교육가인 그룬트비로서, 실제로 그는 덴마크의 성인교육에 지대한 공헌을 하였다. 그는 당시의 국가적 상황하에서, 종교적·민족적 전통에 의해 배양되는 농민문화를 개발하고자 하였으며, 그것을 통해 정신의 독립과 개인의 책임감이 일깨워지기를 바랐다. 그는 자유가 정신적 공동체의 기초가 된다고 믿어 사고와 표현의 자유 그리고 타자의 의견존중을 강조하였다. 1864년, 그는 덴마크 농민계급의 지적 개발을 통해 자립적인 사회·문화를 창조하여야 한다고 믿어, 「성인들을 위한 자유학교」(The Free School for Adults)라고 명명한 평민대학교(folk high school)의 설립을 구상했다. 이 학교의 목적은 덴마크 국민들의 특별한 요구에 부응하는 삶의 양식을 개발하는 데 있었다. 그리고 학습 프로그램의 핵심은 고전문학, 성경, 고대 덴마크의 문학작품 등이며, 교육방법으로는 대화적 방법을 강조하였다(Cohen, 1983: 237). 부버는 그룬트비의 교육운동을 면밀히 검토한 후, 그것이 현 시대의 성인교육에 많은 시사를 준다고 보았다.

부버는 덴마크의 민중교육 운동을 검토하면서 대학교와 같은 전통적 고등교육기관과 성인교육기관의 특징을 구분하였다(Murphy, 1988: 197). 즉, 전통적인 고등교육기관은 특정 분야에서 체계적으로 사고하는 것을 훈련시키지만, 성인교육기관은 사회 시민으로서 봉사하도록 훈련시킨다. 또한 대학교에서는 사회적·문화적 책임보다는 학문적 책임을 강조하지만, 성인교육기관에서는 공동체적 책임을 강조한다. 따라서 성인교육기관에서는 그 기능과 정책 −교육과정, 교수방법, 그리고 여타의 모든 활동− 이 공동체적 책임을 키워주는 방향으로 집행된다. 예컨대, 부버는 성인들의 비판의식 개발을 특히 강조한다. 이것은 교수방법 및 교사−학생 간의 관계본질에 중요한 의미를 지닌다. 학생이 자신의 생각과 신념을 명료화하여 질문하도록 촉진하는 것은 중요하다고 본다. 이러한 생각은 나중에 프레이리(Paulo Freire)의 교육사상에도 영향을 미친다. 어쨌든 부버는 성인교육에서도 책임을 일깨우는 인격교육을 강조하고 있다.

나치 권력이 발흥하던 때에 부버는 독일에 거주하고 있었다. 유대인이 박해받는 상황 속에서 그는 유대 성인교육의 필요성을 절감하게 되었다. 「유대 성인교육센터」(Center for Jewish Adult Education)의 활동에 참여하던 1934년 5월에, 부버는 헤를링겐(Herlingen)의 한 지방교육센터에서 회의를 소집하였는데 여기에 참석한 자들은 유대 성인교육운동의 프로그램에 관심을 가지고 있는 지식인과 교육자들이었다. 부버는 그룬트비의 교육운동을 소개하면서, 독일의 유대인들이 경험하고 있는 현대의 위기에 대응할 것을 역설하였다. 이 교육센터의 학생들은 랍비, 유대 청년운동의 지도자들, 공립 초·중등학교의 교사들, 유대 교육기관의 간부들 등과 같은 유대사회 및 교육기관에서 활동하는 사람들이었다. 이들은 함께 마을 기숙사에 기거하면서 다양한 공동체적 프로그램에 참여하였다. 즉, 함께 운동하고, 기도하고 성서를 읽으며, 하시딕 설화를 낭송하고, 은혜의 말씀을 나누기도 한다.

이 센터의 교육프로그램의 초기 단계에는 학생들에게 많은 양의 일거리를 부여하는데, 이것은 동료들과 보다 친숙한 관계를 형성하게 하기 위한 교육적 배려이다. 저녁에는 강의나 합창 등과 같은 다양한 사회활동에 참여한다. 이 센터의 수업들은 매년 각 계절마다 다양한 장소에서 개최되며, 각 계절과 장소에 따라 차별적 성격을 띠게 된다. 부버는 이 센터의 교장으로 활동하면서 다양한 교과들을 가르쳤는데, 특히 성서연구 분야에 주력했다. 그의 수업에서 학생들이 경험한 것은 구태의연한 수업이 아니라, 성서적 사명의 본질을 해명하기 위한 지적 모험과 정신적인 만남이었다(Cohen, 1983: 246-247). 우리는 여기서 부버의 성인교육 철학이 부분적으로 실현되고 있음을 발견할 수 있다.

특히 부버는 1948년 이스라엘 국가가 수립된 후 외국으로부터 이주해 온 수많은 이스라엘 국민들의 요구를 충족시켜야 하는 상황에 직면하여 성인교육과 성인교육가의 문제에 대해 깊이 생각하였다. 오랜 이국생활 후에 이스라엘로 이주해 온 사람들은 언어, 세계관, 관습, 윤리적 배경 등이 상이하였다. 따라서 하나의 강력한 문화적 정체성(cultural identity)을 확립하는 것이 당면과제였다. 이러한 문제를 해결하기 위해 부버는 새로운 엘리트 집단으로서 성인교육가를 양성해야 한다고 주장하였다. 이때 성인교육가는 유대 문화의 전통에 정통해야 할 뿐만 아니라 성서, 히브리어, 히브리 문학, 이스라엘 역사 등의 교육을 잘 받은 사람이어야 한다(Murphy, 1988: 199). 즉, 그룬트비와 마찬가지로 부버는 성인을 위한 교사교육기관의 커리큘럼의 기초를 민족의 역사적·전통적·신화적 토대와 현대사회의 요구에 터해 제안하였다(Weinstein, 1979: 32).

또한 부버는 지속적인 성인교육을 통해 각 세대 간에 정신적 결속을 갖게 하여야 하며, 이를 위해 성인교육가와 학생들 간의 대화를 통해 이스라엘의 역사, 전통, 사명과 만나게 하여야 한다고 보았다. 부버는 전통을 형성하고 창조하는 계획에 미래의 세대를 참여시켜야 하며, 이러한 계획이 지속적으로 추진됨으로써 생명력 있는 전통이 생성된다고 보았다. 이때의 계획이란 행동적 계획이며, 미래의 세대가 과업을 분담 받아 자기역할을 수행하는 계획이다(Cohen, 1983: 245). 이처럼 선각자로서의 성인교육가들은 유대 민족의 고유 특성 및 정체성을 회복하는 데 주력하여야 한다.

부버의 견해로는, 성인교육의 중요한 역할 중 하나는 정치적 가치 등과 같은 가변적인 가치가 아니라 영원한 가치에 대한 애착을 불러일으키는 것이다(Cohen, 1983: 248-249). 즉, 영속적인 가치는 그것이 민족의 전통을 이루는 가치들로부터 도출되어 현재의 민족적 삶에 현실적으로 도입될 경우에 비로소 한 민족의 영원한 전통이 될 수 있다. 물론 유대민족이 유대정신을 만나는 데 있어서 경계하여야 할 점은 있다. 그래서 부버는 민족교육에는 찬동했으나 국가주의 교육에는 반대하였다. 그의 민족적 휴머니즘(national humanism)에 의하면, 유대민족은 인간적인 유대주의의 본질의 실현을 통해서 민족 사명을 완수하기 위해 존재하는데 만약 민족교육이 전인적인 인간성을 배제한 채 편협하게 이루어진다면 파국을 자초하게 될 것이라고 강조한다(Cohen, 1983: 249). 따라서 민족교육이 유대주의를 완성하는 수단이라면, 국가주의 교육은 유대주의의 내용을 공허하게 하는 수단이기 때문에 국가주의 교육은 반민족적이라는 것이다. 그가 강조한 것은 ① 전통과의 만남, ② 과거의 쓰라린 역사에서 오는 증오심의 청산, ③ 유대민족에 대한 그릇된 오만심이었다. 이러한 제반 사항들을 고려하여 부버는 히브리어와 문학, 팔레스타인의 역사와 지리, 그리고 유대 성경이 성인교육의 핵심이 되어야 한다고 제안하였다(Murphy, 1988: 196).

나. 성인교육의 방법

부버는 이스라엘뿐만 아니라 유대인이 기주하고 있는 세계 각지에 민중교육기관(institution of popular education)을 설립해야 한다고 주장한다(Cohen, 1983: 245). 부버는 그러한 교육센터의 모델로서 19세기에 덴마크의 그룬트비가 설립했던 평민대학의 유형을 든다. 그러나 그룬트비의 모델이 유대인들에 의해 그대로 모두 수용될 수 없기 때문에, 유대교의 독특한 성격에 맞도록 근본적으로 재생되어야 한다는 것을 분명히 했다.

부버가 기획한 민중학교는 16세에서 25세 사이의 젊은이들을 대상으로 전원에서 그들의 교사와 함께 5개월 동안 합숙하며 공부하고 놀이하는 것으로 되어 있다(Cohen, 1983: 245-246). 이처럼 교사와 학생이 함께 숙식을 하고 친밀한 인간적 만남을 가짐으로써 교사가 제시하는 교육프로그램이 훨씬 더 용이하게 수행될 수 있다고 본다. 이처럼 부버가 강조하는 것은, 정해진 시간에 행해지는 교과의 내용 전달보다는 교사-학생 간의 상호성과 친밀성이다. 부버는 사전에 계획된 프로그램에 따라 진행되는 교수보다는 미리 계획되지 않은 교수를 선호한다. 부버의 학교에서는 규칙적이고 학문적인 학습이 강조되지 않는다. 왜냐하면 이 학교는 대학도 아니요, 연구센터도 아니며, 특수한 목적을 위한 특수 전문지식을 학생에게 교수하는 곳도 아니다. 이 학교에서 가르치는 지식은 교육의 통합적인 한 부분으로서 전수되며, 교과의 선정과 방법의 선택은 정신적 이행과 살아있는 전통을 이어주려는 열망에서 생겨나야 한다.

부버는 이러한 학교들이 국내외에 설립되어야 한다고 본다. 왜냐하면 이러한 학교들은 집중적으로 민중교육을 할 수 있으며, 살아 움직이는 전통을 전수하는 데 용이하다고 보기 때문이다.

부버는 교수(instruction)와 교육(education)을 구분한다(Weinstein, 1979: 34). 즉, 교수는 학생의 마음에 많은 양의 정보를 전달해 주고 이 지식이 필요할 때 사용할 수 있다고 생각하는 것이다. 반면에 참된 교육은 습득한 지식이 유기체의 일부분이 되도록 하는 것이다. 따라서 성인교육은 인간의 마음뿐만 아니라 인간의 전체를 목표로 해야 하고, 따라서 성인교수가 아니라 성인교육이 되어야 한다는 것이다.

또한 부버는 성인교육의 방법에 있어서 교화(indoctrination), 선전(propaganda), 그리고 훈계를 거부했다(Weinstein & Schwartz, 1979: 205; Cohen, 1983: 244). 그에 의하면, 인간의 삶과 정신의 형성에 영향을 주는 두 가지의 근본적인 방법이 있는데, 그것을 프로퍼겐더와 교육이라고 하였다(Friedman, 1956: 101-102; Weinstein & Schwartz, 1979: 205). 전자의 경우, 자신의 정신적 행위가 정말로 독특하다는 식으로 타자에게 자기의 의견과 태도를 강요한다. 후자의 경우, 자기 자신의 내면에서 정당하다고 인식한 것을 타자의 영혼 속에서 발견하고 촉진하는 것이다. 그것이 정당한 것이기 때문에 개방될 필요가 있는 하나의 잠재력으로서 그리고 여러 가능성들 중의 하나의 가능성으로서 타자 속에 살아 움직여야 한다. 이때의 개방은 강의를 통해서가 아니라 「만남」을 통해서 이루어져야 하며, 방향을 발견한 자와 방향을 찾고 있는 자 간의 실존적 교통을 통해 이루어져야 한다.

따라서 성인교육 교사는 우월하거나 유리한 입장에서 학생들을 권위적으로 대해서는 안 된다고 말한다(Cohen, 1983: 254; Murphy, 1988: 200). 교사와 학생 간에 가장 필요한 것은 동반자로서의 진실한 상호성이다. 따라서 그가 학생에게 제기하는 질문은 시험적이어서는 안되며, 이미 알고 있는 정답을 요구하는 것이어서도 안 된다. 성인교육가의 목적은 학생으로 하여금 예전에는 지적으로 평가할 기회를 못 가졌던 개인적 체험을 의식하고 표현하도록 북돋아 주는 것이다. 그리하여 교사와 학생 간에, 그리고 학생들 상호간에 우애정신을 바탕으로 개방적인 대화가 이루어질 수 있다. 부버가 보기에, 대부분의 사람들은 대화 기술을 상실하고 있으며, 그들이 대화적 기능을 재습득하기 위해서는 지도가 필요하다(Cohen, 1983: 254). 성인교육가는 자기 자신이 끊임없이 배우는 사람으로서 타인을 가르치고 있다는 사실을 염두에 둘 경우에만 사람들을 대화에 참여하도록 도와줄 수 있다(Cchen, 1983: 254-255). 이렇게 볼 때, 성인교육의 요체는 교수(teaching)에 있지 않고 교사(teacher: 모범, 인생관, 대화적 자세 등)에 있음을 알 수 있다. 즉, 부버는 "가르치는 것은 교과내용이 아니라, 교사 자신이다. 왜냐하면, 소크라테스식의 교사는 교재나 교육내용을 통해 영향을 주는 것이 아니라, 교사 자신의 전인격을 통해 영향력을 행사하는 것이기 때문이다"라고 주장한다

(Weinstein, 1979: 34). 결국 훌륭한 교사는 교사와 학생 상호간의 인격적 접촉을 통해 교육하는 자이다. 이는 교재나 교육내용에서의 전문성뿐만 아니라 학생에 대한 친밀성도 강조되어야 한다는 것을 의미한다. 지적·정신적 교통이 성인교육의 근본 토대가 된다(Weinstein, 1979: 34). 왜냐하면 교육이라는 불꽃은 교사와 학생의 인격이 서로 만남으로써 점화되기 때문이다. 훈련과 달리, 진정한 교육은 교사로부터 학생으로의 일방통행이 아니라, 성숙된 교사의 마음과 형성력 있는 학생의 마음이 상호교통하는 것이다. 이러한 상호과정에서 교사와 학생 모두 서로의 상대가 되어, 서로 구속하지 않으면서 주고받는 대화에 참여하게 된다.

물론 교사는 전공분야에 해박한 지식을 가지고 과학적인 연구성과도 보급해야 하지만, 그 이상의 것을 목표로 하여야 한다는 것이다. 즉, 과학적인 연구성과도 중시되어야 하나 어디까지나 그 정신 위주로 다루어져야 한다. 그럼으로써 휴머니즘과 과학 간의 결속이 이루어질 수 있다고 본다.

종합대학이 연구의 방법을 훈련하는데 주력하는 데 반해서 성인교육기관은 사고의 독립성을 개발하는 데 주력해야 한다. 그것은 특히 삶 자체에 의해 제기된 문제들과 그 해결에 대한 독자적인 이해를 배양하는 데 집중해야 한다. 즉, 자기교육 능력을 길러야 한다는 것이다.

요컨대 부버의 성인교육 방법은 정신적·문화적 전통의 수용으로부터 시작하여, 대화의 길을 따르며, 자기교육으로 끝난다(Cohen, 1983: 256). 즉, 부버의 성인교육은 대화를 통한 자기교육을 그 목표로 하고 있음을 알 수 있다. 그리고 이러한 목표는 교사-학생 간의 인격적 관계의 발달을 촉진할 때 가능하다고 본다.

4) 성인교육론의 평가 및 시사점

부버가 제시하는 성인교육의 목적은 공동체 사회주의와 밀접히 관련되어 있다. 그는 독일에서의 성인교육 체험과, 귀국 후 이스라엘에서의 성인교육 체험을 토대로 성인교육 및 공동체 교육의 이상에 대한 자신의 견해를 정립하였다.

부버의 성인교육론은 인격적 「만남」을 바탕으로 한 대화철학과 사회철학에 그 토대를 두고 있다. 진정한 대화를 통해 「나-너」 관계에 근원을 둔 참된 인간공동체를 실현하자는 것이 그의 성인교육의 이상이다. 요컨대 진정한 대화를 바탕으로 종교적 사회주의를 건설하자는 것이다. 이러한 그의 교육사상은 제 3세계의 교육가인 카마라(Helder Camara)와 프레이리(Paulo Freire)에게도 많은 영향을 주었다(Murphy, 1988: 202-203). 즉, 부버를 비롯한 이들은, 현대사회가 안고 있는 인종 간·분파 간의 갈등, 경제적·사회적 착취, 사회적 차별정책 및 불공평 등과 같은 문제들을 공동체 개혁에 대한 비전을 통해 해결할 수 있다고 보았다. 다시 말해 개인 간·공동체 간 상호 대화를 촉진하고, 비판의식 및 인격적 책임을 각성시키며, 협동과 신뢰를 고양시킴으로써 가능하다고 보았다. 그리고 이러한 사회·공동체 개혁의 이상이 성인교육에서 실현되어야 한다고 보았다.

그러면 그의 성인교육론이 우리의 성인교육 현실에 주는 시사점은 무엇일까? 그것을 몇 가지로 항목화 하여 살펴보기로 한다.

첫째, 부버는 위기의 개념을 도입하여 성인의 교육가능성과 성장가능성을 역설한다. 우리는 흔히 최종적인 학교교육이 교육의 끝이라고 생각하며, 나아가 성인의 머리는 굳어버려서 교육이 어려운 것으로 생각하는 경향이 있다. 그러나 부버는 위기가 곧 기회이며, 이러한 위기가 인간의 삶 속에 끊임없이 실재하므로 성인에게도 발전가능성이 있다고 봄으로써 성인교육의 의미와 중요성을 더욱 부각시켰다.

둘째, 부버는 성인교육의 목적이 단순히 지식이나 정보의 전달로 끝나지 말아야 한다고 본다. 그는 여기서 한 걸음 더 나아가 성인교육의 목적을 참된 공동체 형성을 위한 전인적 인간의 양성, 즉 위대한 성격의 소유자의 양성에 있다고 본다. 이러한 부버의 관점은, 작금의 우리의 성인교육이 형식에만 치우쳐 지식과 정보의 전달에만 급급하고 있지는 않은지 반성의 근거로 삼을 만하다.

셋째, 부버는 성인교육의 내용으로 전인적 인간성과 민족적 휴머니즘을 토대로 한 유대정신을 강조하였다. 따라서 정신적·민족적 전통과 관련된 교과를 중시하였다. 이것은 유대민족의 고유 특성 및 정체성의 회복을 지향한 것이다. 우리의 성인교육 프로그램에 우리 민족의 고유 특성과 정체성을 회복하기 위한 내용들이 얼마나 제시되어 있는지 반성적 검토를 해 볼 필요가 있다. 가뜩이나 들떠있는 세계화의 바람 속에서 우리의 것을 계승·발전함으로써 문화적 정체성을 확립하는 일은 분명 의의 있는 일일 것이다.

넷째, 부버는 성인교육의 방법에 있어서 훈계와 권위를 거부하고, 교사-학생 간의 진실한 상호성·친밀성·개방성을 강조하였다. 즉, 성인교육 교사는 교육내용의 전달뿐만 아니라, 교사-학생 간의 상호 인격적·대화적 관계의 형성에 주력하여야 한다는 것이다. 교육에 있어서 교사와 학생은 교육내용 및 방법에 선행한다(강선보, 1992: 192). 교육의 본질은, 교육에 있어서 교사와 학생 간의 관계가 「나-그것」의 비인격적 관계로 빠지게 될 때 그 본래적 의미를 상실하게 되고, 그 결과가 비인간화 현상으로 나타나게 되는 바, 이것은 진정한 인간공동체 형성이라는 성인교육의 이상과 배치되는 것이다. 따라서 성인교육에서 지향하는 바는 교사와 학생 간의 대화적 관계를 바탕으로 학생들로 하여금 자기교육의 능력을 길러주는 일이다. 요컨대 부버의 성인교육 방법은 정신적·문화적 전통의 수용 → 대화적 관계의 형성 → 자기교육의 능력 형성의 순으로 이루어진다.

우리의 성인교육 교사의 경우, 교사-학생 간의 친밀한 인격적 접촉 없이 주어진 시간에 지식과 정보의 전달에만 급급하고 있지는 않은지 반성해 볼 필요가 있다. 예컨대 지명도에 의존하여 단골 강사에 단골 메뉴만 늘어놓는 이른바 시간 때우기 식의 성인교육이 되고 있지 않은지 반성해 볼 필요가 있다.

다섯째, 부버는 성인교육기관을 유대인이 거주하고 있는 국내외에 설립하여야 한다고 주장한다. 즉, 유대정신의 맥을 잇기 위함이다. 오늘날 우리 한국인들은 세계 도처에 산재해 있다. 이들 한민족들에게 한국정신의 맥을 잇게 하기 위해서는 그들이 거주하는 곳에 성인교육 기관을 설립하고, 이들 교육기관에 교육받은 성인교육 교사를 파견하여야 할 것이다. 이를 위해서는 국가적 차원의 적극적 관심과 지원이 필요할 것이다.

여섯째, 부버의 성인교육론은 우리의 통일교육에 많은 시사를 준다. 이스라엘 국가의 수립 이후, 새로운 사회의 목적은 이스라엘로 이주해 오는 이주민들을 사회·문화적으로 통합하는 일이었다. 즉, 세계 도처에서 이주해 온 이주민들 간의 서로 다른 문화·언어·생활방식 등의 통합뿐만 아니라, 기존 정착민들과 새로운 이주민들 간의 서로 다른 그것들의 통합이었다. 부버는 성인교육을 통해 이 문제를 해결하고자 하였다.

우리의 경우, 통일 이전에는 탈북 귀순자들의 사회·문화적 통합 문제, 그리고 통일 이후에는 남북한 주민 간의 이질성 극복을 통한 사회·문화적 통합 문제가 현안문제로 부각되고 있는 실정이다. 부버가 실천한 이스라엘에서의 성인교육이 비록 우리의 상황과는 다른 차원에서 이루어졌지만 유사한 측면도 있다고 보기에, 그것을 통해 통일대비교육의 일환으로 우리 실정에 적합한 성인교육 프로그램을 개발하는 데 많은 시사를 받을 수 있을 것으로 본다.

CHAPTER 06

부버철학의 교육적 원용사례

Martin Buber's Philosophy of Meeting

6

부버철학의 교육적 원용사례

부버의 「만남」의 철학을 교육학 영역에 접목시키려는 이론적 노력이 부단히 전개되어 온 것이 사실이다. 그러나 부버의 「만남」의 철학을 교육실제에 원용한 사례는 찾아보기가 어렵다. 그런데 이스라엘의 벤구리온 대학교(Ben-Gurion University)의 교육학과 교수인 고오든(Haim Gordon)은 부버의 철학을 실제로 교육상황에 적용한 바 있다.

그는 유대인들과 아랍인들로 구성된 '부버학습집단(Buberian Learning Group)'을 구성하여, 1979-1982년간에 걸쳐 평화교육 프로젝트(Educa-tion for Peace Project)를 수행하였다. 이것은 부버의 철학을 평화교육에 석용한 최초의 장기간에 걸친 연구이다. 이 프로젝트의 목적은 유대-아랍인들 간의 실존적 불신을 해소시킴으로써 참된 대화적 관계를 수립하고, 그들 모두가 평화를 위해 공동으로 활동하도록 교육시키는 데 있다. 부버철학의 교육적 원용에 대한 관심을 촉구하는 의미에서 고오든의 평화교육 프로젝트를 여기에 소개하고자 한다.[1]

---

1 여기에서 소개하는 내용은 Gordon(1980, 1982, 1983, 1986, 1987)의 평화교육 프로젝트에 관련된 논문과 저서를 주로 참고한 것임.

고오든은 부버의 철학을 실제교육에서 실현할 수 있는 방법을 오랫동안 연구하였다. 그는 유대인과 아랍인들 간의 갈등문제에 깊은 관심을 가지고 평화교육 프로젝트를 수행하게 되었다. 그가 진단한 유대−아랍인 간의 문제들 중의 하나는 상호간의 무지(無知)였다. 즉, 유대인과 아랍인들이 각각 서로에 대해서 아는 바가 거의 없다는 것이었다. 이러한 근본적인 무지는 상호간의 인격적 관계 및 국가적 관계의 바람직한 형성을 저해하는 매우 혼란스런 질병이라고 진단하면서, 고오든은 이것을 실존적 불신(existential mistrust)이라 칭하였다.

실존적 불신이란, 한 사람(혹은 민족)이 그가 속해 있는 세계 속에서 그의 잠재력을 실현할 수 있는 권리 및 실존적 권리를 다른 사람(혹은 민족)에 의해 거부당하고 있다는 것을 믿을 때, 양자(혹은 양민족) 간에 발생하는 관계이다. 이 관계는 태도로써 표현된다. 불행히도 실존적 불신은 사람의 전존재를 지배하기 위해 암적으로 자랄 수 있다. 이같은 사람은 타자를 적으로써 관계한다. 따라서 그는 타자를 억압하거나 파멸시키고자 할 것이다. 동시에 그의 악행들은 그를 더욱더 의심의 구렁텅이로 몰아 넣으며, 때때로 그는 실존적 불신으로 넋을 빼앗길 수 있다. 셰익스피어 소설의 멕베드(Macbeth)를 생각해 보라! 이같은 사회 속에서 실존적 불신의 확산에 대한 생생한 묘사가 소련의 스탈린 시대에 관한 솔제니친의 작품들 속에서 발견될 수 있다(Gordon, 1980: 292).

요컨대 유대인과 아랍인 간의 계속적인 충돌이 실존적 불신을 자라게 해 온 원인이었다. 이러한 불신은 유대인과 아랍인 간의 진실한 관계확립을 방해하며, 때때로 불신받는 자의 삶의 방식을 왜곡한다. 따라서 평화를 위해 교육가가 행해야 할 당면 과제는 아랍인들과 유대인들 간의 실존적 불신을 제거하는 일과 신뢰가 뿌리내릴 수 있는 터전을 준비하는 일이었다.

실존적 불신을 제거하기 위해서 각 개인은 자신을 위협하는 현실적 역경에 대해, 그리고 불리한 현실에 처해 있는 사람들에 대해 서로 다르게, 그러면서도 신뢰롭게 관계하는 것을 학습해야 한다. 이때 교육가는 실존주의자들의 저작들을 통해 이러한 변화를 유발하기 위한 가이던스를 모색하여야 한다고 고오든은 본다. 그는 학생들이 신뢰롭게 그리고 진솔하게 살도록 격려할 수 있는 교육 프로그램을 개발하려 했을 때, 부버의 저작들에서 많은 가이던스를 발견하였다고 토로했다. 부버뿐만 아니라 도스토옙스키, 니체, 사르트르 및 기타 실존주의자들로부터 많은 영향을 받았는데, 특히 부버의 철학을 통해 '부버학습집단'의 이론적 틀을 형성하게 되었다는 것이다.

부버는 대화적으로 관계하는 데 있어서 어려움을 갖는 성인들이 그들의 실존양식을 서서히 변화시킬 수 있을 뿐만 아니라, 교육을 통하여 대화적으로 관계하는 것을 학습할 수 있다고 믿었다. 하지만 그는 자기교육(self-education) 외에는 어떤 구체적 방법도 제시하지 않았다.

고오든의 평화교육 프로젝트의 특징은 평화교육을 시도하기 위한 접근방법으로써 '부버학습집단'을 개발한 데에 있다. 이 집단은 다음과 같이 상호관련된 세 가지 영역 속에서 활동한다.

첫째 영역은, 부버의 대화철학을 가르치고, 일상생활의 관계 속에서 그러한 철학을 실현하기 위해 시도해야 할 방법들을 가르치는 것이다. 이것은 타자를 신뢰하고, 대화적으로 관계하는 것을 학습함으로써 이루어진다.

둘째 영역은, 실존적 불신을 경감시키고, 일상행위 속에서 평화에 대한 책임을 지도록 고무하는 실존적 저작들을 가르치는 것이다.

셋째 영역은, 유대-아랍인 간의 근본적인 실존적 갈등요인들을 학습하고, 그동안 학습해 온 특수한 갈등의 해결방법들을 적용하는 것이다.

전술한 세 가지 영역 및 전 교육과정 속에 부버의 대화철학이 침투하고 있음에 주목해야 한다.

부버에 의하면 진정한 대화에 있어서의 각 참여자는 타자나 타자와의 회화를 조종하려 하지 않고, 그가 할 수 있는 것을 개방적으로 제공한다는 것이다. 이러한 부버의 관점에 터하여 '부버학습집단'의 학생들은 부버의 대화철학을 학습하고, 각자가 대화적으로 관계하는 법을 학습한다. 그리고 나서 실존주의 저작들이나 유대—아랍인의 갈등에 관계된 문제들을 대화적 분위기 속에서 토론한다. 이처럼 대화란 학습 교과목일 뿐만 아니라 집단 내에서의 관계방식이기도 하다. 그래서 대화는 사람으로 하여금 평화에 대한 책임을 지도록 조성작용을 한다.

여기서 언급하는 '부버학습집단'은 상투적인 학급이나 '집단역학'의 집단과는 다르다. 즉, '부버학습집단'은 인간관계에 관한 존재론적 가정에서 '집단역학'의 집단과 다르다는 것이다. 하나의 예를 들자면 '부버학습집단'에서의 토론은 참여자들의 감정(feeling)에 집중하지 않는다. 말하자면 그들의 감정은 단지 토론되고 있는 실존적 관계들의 한 요소로서만이 집단에 관여할 뿐이라는 것이다. 그리고 '부버학습집단'의 리더는 실존주의 저서 및 부버 철학에 정통해야 하며, 인간관계의 실현을 위해 활동하면서 동시에 대화적으로 관계할 수 있어야 한다.

부버에 의하면, 대화란 타자와의 동일시가 아니라 때로는 타자의 감정과 사상을 부정하면서도 그를 타자로서 수용하는 것이다. '부버학습집단'에서 교육과정의 초점은 바로 이러한 것, 즉 타자를 직면하는 것에 있다. 대화는 심리적인 관계가 아니라 존재론적 관계이다. 타자를 직면함으로써 인간은 그가 대처해야 하고 반응해야만 하는 존재론적 상황을 창조해 낸다. 따라서 '부버학습집단'의 성공 여부도 참여자들의 대화적 반응 유무에 달려 있다고 볼 수 있다.

그러면 고오든이 개발한 '부버학습집단'에 관해 구체적으로 살펴보기로 하자.

고오든은 '부버학습집단'에서의 학습과정 및 발달단계를 5단계로 구분하여 제시하였다. 이러한 단계를 보다 더 잘 이해하기 위해서는 다음과 같은 몇 가지 사항을 유념할 필요가 있다.

첫째, 다음에서 언급하는 5가지의 실존양상과 세계에 대한 관계 태도들은 부버의 개념에 근거를 둔 것이다.

둘째, 부버, 니체, 도스토옙스키, 그리고 기타 실존주의자들에 의하면 사람은 타자, 그것, 너와의 관계를 통하여 인격을 개발하고 실현한다고 하였는데, 바로 이것을 명심해야 한다. 따라서 다음의 단계들을 심리학자들(프로이드, 매슬로우 등)의 접근방법과 혼동하지 말아야 한다. 즉, 심리학자들은 인간의 정신구조를 기술하는 것으로 시작하기 때문에 인격발달의 근원을 인간의 관계방식에서 찾는 것이 아니라 정신구조 속에서 찾으려고 한다는 것이다.

셋째, 다음의 다섯 단계들은 인간의 삶 속에서 종종 뒤섞이기도 한다는 점이다. 여기서는 편의상 명료성을 위해 그 단계들을 분리하여 놓았다. 그리고 윗단계에 있다고 해서 아랫단계를 완전히 벗어날 수 있다고 보아서는 안 된다.

끝으로, 각 단계마다 도스토옙스키와 톨스토이의 소설 속의 인물 중 각 단계에 부합되는 인물을 예시하였다. 예컨대 니체의 자라투스트라(Zarthustra)는 대화적 교육가의 모범이라 할 수 있다.

제 1단계 | **인상형성인**(印象形成人, The Impression-Making Person)

이 단계의 사람은 우선적으로 타자들에게 갖게 되는 인상들과 관계한다. 일반적으로 그는 타자를 객체로서 관계하며 자연을 「그것」으로서 관계한다. 그는 자신을 타자에게 강요하며, 빈번히 고정관념에 의존하고, 솔직하게 말하지 않으며, 책임을 회피한다.

그는 여론에 민감하게 영향을 받으며, 종종 나쁜 신념을 가지고 생활한다.

이에 부합되는 문학 속의 인물로는 톨스토이의 「안나 까레리나」에서의 오블론스키(Oblonsky)와 「이반 일리히의 죽음」에서의 이반 일리히(Ivan Illich)를 들 수 있다.

제 2단계 의식인(意識人, The Conscious Person)

이 단계의 사람은 외관(인상)과 존재를 식별하며, 타자를 객체로 관계하는 것과 주체로 관계하는 것을 식별하고, 자연과의 인격적 관계형성 가능성을 의식한다.

그는 자기 자신을 타자에게 강요하는 것이 잘못된 것임을 인식하며, 그의 나쁜 신념의 순간을 인식하고 타자에게 자신의 결점을 기꺼이 드러내며, 자신의 고정관념에 회의를 품기 시작한다. 그는 자기교육에 흥미를 나타내며, 자신의 잠재력을 실현하고 있는지 아닌지를 생각하고 책임의 중요성을 인식하기 시작한다.

이에 부합되는 문학 속의 인물로는 톨스토이의 「전쟁과 평화」에서의 안드레이 왕자(Prince Andrey)와 도스토옙스키의 「까라마조프가의 형제들」에서 아버지를 살해한 죄로 고발된 그루센까(Gruschenka)이다.

제 3단계 자기교육인(自己教育人, The Person who Educates Himself to Relate Dialogically)

이 단계의 사람은 타자를 경청하는 것을 학습한다. 즉, 타자를 주체적으로 관계하려 하며, 타자를 신뢰하려 하고, 타자의 타자성을 인식하게 된다. 그는 우선적으로 자신의 존재와 일치되는 삶을 살고자 하며, 자신의 자발성을 허용하고, 고정관념을 싫어하며, 그 자신을 타자에게 강요하는 것을 억제한다.

266 마르틴 부버 만남의 교육철학

그는 솔직하게 말하며, 자연과 더불어 친교의 관계를 확립하기 시작한다. 그리고 자신의 자유를 인식하며, 자신의 파괴적인 성향을 인식하고 계속적으로 자신의 존재를 실현하기 위해 새로운 길을 탐색한다.

이에 부합되는 문학 속의 인물로 「안나 까레리나」에서의 결혼 후의 케티(Katy), 그리고 레빈(Levin)을 들 수 있다.

제 4단계 | 대화인(對話人, The Dialogical Person)

이 단계의 사람은 참된 대화를 개발할 수 있다. 즉, 그는 자기 자신을 타자에게 나타낼 수 있으며, 「너」에게 개방적이고 그리고 그의 삶을 인도하는 「나-너」 관계의 계기들을 허용한다. 그는 타자에게 신뢰로써 반응하며, 책임을 지고 타자를 다정히 받쳐주는 방법을 안다. 그는 자신의 파괴적인 성향을 건설적인 채널로 전향하게 하는 길을 모색하며, 그의 자유를 창조적으로 표현한다. 그리고 그는 인간관계의 비전을 탐색한다.

이에 부합되는 문학 속의 인물로 도스토옙스키의 「까라마조프가의 형제들」에서의 알료샤 까라마조프(Alyosha Karamazov)와 「죄와 벌」에서의 소냐 마르말라도프(Sonya Marmaladov)를 들 수 있다.

제 5단계 | 대화적 교육가(對話的 敎育家, The Dialogical Educator)

이 단계의 사람은 인격의 발달에 대한 명확한 방향을 가지며, 휴머니티의 비전의 수행에 대해 책임을 진다. 그는 타자의 능력과 실존적 상황을 직시하며, 휴머니티의 비전에 입각하여 타자의 인격실현을 위해 기꺼이 타자를 가르친다. 대화적 교육가는 타자에게 기꺼이 고통을 가져다주기도 한다. 왜냐하면 때때로 타자의 창의력 개발을 도울 수 있는 어떤 다른 방법이 없다는 것을 알고 있기 때문이다. 하지만 그는 타자가 겪는 고통과 아픔에 대해 센시티브하다. 그는 타자들과 세계를 신뢰하며 타자로부터 세계에 대한 요구들을 경청한다. 또한 그는 전존재로서 그의 학생들과 관계한다.

이에 부합되는 문학 속의 인물로 「까라마조프가의 형제들」에서의 조시마 장로(Father Zosima)와 니체의 자라투스트라(Zarathustra)가 있다.

이상에서와 같이 인상형성인으로부터 대화적 교육가에 이르는 다섯 단계를 개관하였다. 부버가 생각했던 바와 같이, 교육을 통해 사람은 전술한 단계들의 상향이동이 가능하다. 때때로 진리의 순간에 사람은 갑자기 인상형성인으로부터 의식인으로 고양될 것이며, 자기교육의 과정을 시작할 것이다. 전술한 문학작품 속의 인물 중 케티, 레빈, 조시마, 그루센까, 안드레이 왕자가 이러한 진리의 순간을 겪었으며, 그리하여 그들 자신들을 교육하기 시작했다.

교사의 지도 없이 전술한 단계들의 상향이동이 가능하긴 하지만, 대부분의 사람들은 그렇게 하기가 쉽지 않다고 본다. 그래서 '부버학습집단'의 존재가치가 드러나기도 하지만 말이다.

그러면 '부버학습집단'의 개발과정과 이 집단의 참가자들의 단계별 상향이동을 원조하는 2년간의 교육과정을 간략히 개관하여 보기로 한다.

"부버학습집단"의 개관

    '부버학습집단'은 부버의 대화철학을 일상생활에서 실현하기 위해 학습하고자 하는 사람들, 그리고 인간적·대화적인 목적을 수행하는 데 참여하고자 하는 사람들 중에서 신중하게 선정된 약 20명의 사람들로 구성되었다. 이들은 대부분 벤 구리온 대학교 학생들과 브엘 쉐바(Beer Sheva)지역의 교사들이었으며, 유대인과 아랍인의 비율은 거의 반반으로 구성하였다.

    이 집단에 참여한 사람들은 그들이 매일 만나는 사람들과 대화적 관계에 도달하도록 노력해야 한다. 또한 그들은 팔레스타인 지역에서의 아랍인과 유대인 간에 신뢰로운 관계를 확립한다거나, 혹은 북아일랜드에 있어서의 구교도들과 신교도들 간에 신뢰로운 관계를 확립한다는 등의 직접적인 대화적·사회적 목표를 실현하도록 그들 스스로가 헌신해야만 한다.

    이 집단의 참여자들은 부버사상에 조예가 깊고 실존주의 사상에 정통한 대화인(dialogical person)에 의해 가르쳐진다.

    처음의 일 년 동안은 부버의 개념들과 아이디어들을 충분히 학습한다. 그리고 이러한 개념들과 아이디어들에 일치되는 생활을 하도록 지도한다. 그 다음 해에 부버의 저작들 및 기타 실존주의자들의 저서들 속에서 자기교육을 위한 지도지침(guidance)을 발견하는 법을 학습한다. 동시에 참여자들은 집단의 조직목적을 실현하기 위해 어떻게 책임을 져야 하는지를 학습한다. 이러한 '부버학습집단'의 발달과정은 세 가지 학습단계로 구분되는데, 이 단계들을 개관하여 보기로 한다.

| 제1단계 | 개인들의 집합(Collection of Individuals) |

이 단계의 학습기간은 1.5~2.5개월 정도이다. 이 기간 동안 수차례(6~10)의 모임을 가진다.

교육과정 초기의 대부분의 참여자들은 인상형성인들이다. 초기의 학습모임들에서는 부버의 기본개념들을 잘 설명해 놓은 「인간 사이의 요소들」(*Elements of the Interhuman*)이라고 하는 부버의 에세이를 읽는 데 전념한다. 책을 읽는 동안에 교육가는 이러한 개념들이 드러내는 실존적 「만남」들을 지적한다. 이때 그는 종종 개인적인 사례들을 인용하기도 한다. 그리고 학급 내에서 이러한 실존적 「만남」들이 일어날 수 있도록 하기 위해 때로는 집단역학 심리학자들이 개발한 기법들을 이용하기도 한다. 요컨대 교육가는 각 참여자들의 삶이, 부버의 개념들이 묘사한 체험들을 포용할 수 있다는 것을 계속적으로 보여준다.

이 단계에서는 어떠한 집단정신도 없으며, 어떠한 공통의 방향도 없다. 모임을 갖는 동안에 상호작용하는 어느 정도의 '구심력과 원심력'을 특징적으로 지적할 수 있다. 즉, 구심력이란 학습과정에 있어서 참여의식을 고취시키는 태도, 흥미, 유인력 등을 말하며, 원심력이란 참여를 방해하는 두려움과 저항 등을 말한다. 이러한 힘들의 강도는 모임에 따라 다양하게 나타난다.

구심력의 경우, 어떤 사람은 부버사상에 지적 흥미를 느끼며, 부버의 인간주의적 메시지에 매료되고 새롭고도 흥미로운 체험들을 할 수 있는 선택된 집단에 속해 있다고 인식한다. 보다 복합적인 유인력은 그 집단을 지도하는 대화인(dialogical person)이다. 즉, 대화인의 삶의 방식은 참여자들로 하여금 부버의 아이디어에 따라서 생활하도록 고무하고 촉구한다.

한편 참여를 유도하는 개인적인 이유들도 있다. 즉, 어떤 참여자들은 자신들의 견해나 걱정거리 등을 털어놓으려는 광장을 희구하며, 어떤 참여자들은 자기 자신들을 새롭게 하기 위하거나 그들의 실존양식을 변화시키기 위한 광장을 희구하고, 어떤 참여자들은 타자들과 신뢰롭게 관계하기 위한 광장을 희구하기도 한다. 때로는 이런 모든 요소들이 한 개인에게서 동시에 나타나기도 한다.

원심력의 경우는 교육가 및 다른 참여자들을 불신하는 것, 인간의 실존양식에 관한 불쾌한 사실들을 학습하고 싶지 않은 것, 그리고 자기 자신을 변화시킬 필요가 없는 완결된 존재로 생각하는 것 등이다. 어떤 참여자들은 '부버학습집단'에 참여하는 것이 그들의 자유를 박탈할 것으로 보고 두려워하기도 한다. 특히 그들은 교육가와의 깊은 관계가 자유를 속박할 것으로 생각하며 두려워한다.

이러한 최초의 학습과정은 다소 막연하기는 하지만 대부분의 참여자들이 부버의 개념들과 아이디어들을 획득할 만한 가치가 있는 것으로 생각할 때 종료한다.

| 제 2단계 | 의식집단(The Conscious Group) |

이 단계의 학습기간은 첫 학년도 중 제 1단계에 할애되고 남은 기간이 된다.

이 기간 동안에 대부분의 참여자들은 의식인들(conscious persons)이 된다. 또한 이 기간에 상당수의 부버 저작들, 즉 '교육론(On Education)', '「하나님을 위하여」(For the Sake of Heaven)', '성격교육(The Education of Character)' 등을 읽으며 실존적 주제들을 다룬 기타 저작들, 즉 카프카, 톨스토이 등의 작품들을 읽는다. 독서한 것들을 토론하는 동안 교육가는 계속적으로 그 개념들이 일상생활과 어떻게 관련되어 있는가를 보여준다. 게다가 교육가는 각 참여자들로 하여금 부버의 개념들이 그들의 생활에 어떻게 나타나게 되는가에 대해 깊이 의식할 수 있도록 도와주고자 노력한다.

의식집단은 명확한 개발의 방향을 갖게 되는데, 그것은 부버의 철학에 따른 자기 교육이다. 10명 정도의 참여자들로 구성되어 매 6주마다 4~6시간 동안 갖게 되는 워크숍들은 각 개인으로 하여금 그러한 방향 속에서 자기 자신의 진전을 평가하도록 돕는다. 요컨대 워크숍은 교육가가 개개 학생의 실존적 상황을 파악하는 데 도움을 주며, 자기교육을 지도하는 데 도움을 준다.

자기교육을 촉진하는 또 다른 두 가지 활동이 있는데, 그것은 교육가와 매달 갖게 되는 개별 미팅(personal meeting)과 소그룹 활동이다.

개별 미팅에서 교육가는 학생을 참된 대화로 이끄려고 한다. 이때 대화의 초점은 학생이 그 자신을 교육해야만 한다고 배웠던 그러한 영역들에 놓여진다. 교육가는 신뢰롭고 진솔한 분위기를 만들어 내며, 성공적 미팅에서는 교육가와 학생이 전인으로서 관계한다. 또한 종종 이러한 모임들이 특히 교육가의 집에서 일어나게 된다면, 그는 학생으로 하여금 좀더 그 자신의 개인적인 사생활과 접촉할 수 있도록 해야 할 것이다.

소그룹의 주례모임(weekly meeting)들은 참여자들이 서로 서로를 더 잘 알 수 있도록 도와주며, 참여자들로 하여금 부버의 개념들과 아이디어들을 토론할 수 있는 기회를 추가로 제공해 준다. 보통 이 모임의 목적은 참여자들이 공동으로 간단한 리포트를 작성하게 하는 데 있다.

본 학년도의 중반 무렵에 집단조직의 인간적 목적과 관련되는 몇 가지 특수한 문제들이 제시되어 토론되어야 한다. 좀더 깊이 있는 토론들은 2차년도에 하게 된다.

본 학년도의 말경에 집단은 '시험적 체험(testing experience)'을 치루어야 한다. 즉, 참여자들은 수일 동안 새로운, 다소 난처한 환경에 놓여지게 되며 그러한 환경 속에서 대화적으로 관계해야 하는 도전에 직면하게 된다. 이러한 체험 중, 혹은 체험 후에 교육가는 참여자들의 잘잘못에 대한 평가를 해 준다. 동시에 교육가는 참여자들에 대한 평가활동을 통해 자신의 잘잘못을 평가할 수 있는 기회를 가지게 된다.

이러한 모든 활동들은 단지 부버의 대화철학의 실현을 학습하기 위한 체계일 뿐이다. 각 교육가는 특별한 개인이나 전체 학습집단에 도움이 된다고 생각되는 활동들을 첨가할 것이다. 학년도의 말기에 많은 학생들이 부분적으로나마 부버의 아이디어들에 따라 생활하기 위해 그들 자신을 교육한다면, 그리고 그들 자신의 실존적 상황을 묘사하기 위해서거나 다른 참여자들의 실존적 상황을 묘사하기 위해 부버의 개념들을 사용하는 것을 학습한다면 교육가의 목적은 달성된 것이다.

제3단계 | 책임집단(The Responsible Group)

2차년도에 운영되는 책임집단은 '부버학습집단'의 1차년도 기간에 전술한 바 있는 발달단계의 제 2단계(의식인)와 제 3단계(자기교육인)에 도달한 학생들이다. 그들은 자신들의 실존양식을 바꾸려고 하며, 이러한 의도를 행위로 옮기려는 용기를 지니고 있다.

책임집단의 두 가지 주요한 목적은 대화적 관계에서 필요로 하는 인격적 책임을 수용함으로써 부버사상에 대해 더욱더 폭넓고 깊이 있는 이해를 하는 것과, 주변 환경 속에서 인간적 목적을 실현하기 위한 출발점을 갖는다는 것이다. 따라서 각 참여자가 겪는 자기교육의 과정은 이 목적의 실현을 위한 필수조건이다.

교육방법은 제 2단계와 유사하다. 즉, 폭넓은 독서, 워크숍, 개별 미팅, 소그룹 활동 등이 이용된다. 그리고 이 집단이 천명한 사회적 문제들을 학습하고 토론하는 데 많은 시간이 할애된다. 즉, 그러한 문제들을 논의하기 위한 그리고 인간적 목적을 실현하기 위한 최초의 시도들이 이루어진다.

집단 속에서 각 참여자의 자기교육에 대한 요구는 더욱더 매섭고, 때로는 고통스럽기조차 하다. 왜냐하면 집단이 변화의 필요성을 지적함으로써 교육가를 도와야 하기 때문이다. 이제 교육가로서의 영향력이 사라지기 시작하며, 더 이상 그의 견해를 강력하게 부여할 수가 없게 된다. 대신 그는 참여자의 자문역할을 하게 된다. 상호학습과 상호고무적(mutual support)인 분위기가 신분표징(status symbol) 및 기타의 사회적 장벽들을 없애 준다. 따라서 교육가가 그 자신의 어떤 문제들을 집단의 참여자들과 함께 나누어 갖기도 한다. 진정한 대화의 영역을 지배하는 것은 평등주의이기 때문이다.

이 시기의 말에 친교가 가능하며, 참여자들은 집단이 원래 설정했던 인간적인 목적을 실현하는 데 대해 인격적 책임을 지는 방법을 안다.

이상에서 '부버학습집단'의 발달과정인 세 가지 학습단계를 개관하였다. 일반적으로 부버의 교육철학은 적어도 그 철학을 실현하기 위한 시도를 할 때 특정한 교육가의 인격을 반영한다는 점에서 인격적인 것으로 받아들여진다. 따라서 고오든이 시도한 '부버학습집단'도 예외가 아닐 것이다.

고오든이 '마르틴 부버의 철학에 기초한 평화교육', 즉 '평화교육 프로젝트'의 시작을 결정한 것은 다음과 같은 두 가지 믿음에 그 근거를 두었다.

첫째, 부버의 철학이 과거에 서로 불신해 왔던 사람들 간에 신뢰로운 관계를 확립할 수 있는 기초를 제공할 수 있다는 믿음이었다.

둘째, 유대-아랍인으로 구성된 '부버학습집단'을 구성함으로써 유대인들과 아랍인들 모두 다 그들의 상호관계들을 더 좋게 할 수 있고, 그들 사이에 놓여 있는 실존적 불신을 제거할 수 있으리라는 믿음이었다.

이러한 믿음 속에서 고오든은 부버철학에 기초한 '부버학습집단'을 개발하여, 그의 평화교육 프로젝트에 적용한 것이다. 그는 프로젝트 수

행의 결과를 다음과 같이 자평(自評)했다.

첫째, 행동이 의식을 선도할 수 있다는 점이다. 참여자들 중 흥미 있는 결과가 3명의 아랍인에게서 나타났는데, 그들은 제 3단계(자기교육인)를 통해 제 2단계(의식인)에 도달했다고 주장하였다. 즉, 그들은 대화적으로 관계하기 위한 자기교육을 통해 의식인의 단계에 도달하였다는 것이다.[2]

둘째, 많은 참여자들이 제시한 바에 따르면, 초기에는 그들이 평화교육의 복잡성을 인식하지 못했으나 지금은 그들 자신 및 타인종집단에 대해 많은 것을 학습하게 됨에 따라, 그리고 부버정신에 입각하여 자기교육을 함에 따라 팔레스타인 지역의 평화적 관계 확립에 공헌할 수 있을 것이라는 믿음을 가지게 되었다는 것이다.

셋째, '부버학습집단'에서 1년 과정을 마친 참여자들의 3분의 2정도가 학습체험을 통해 타인종집단의 참여자들에 대한 그들의 실존적 불신을 경감시켰다고 주장했기 때문에 이 학습집단의 주요 목적은 성취되었다고 본다.

넷째, 아랍인 참여자들의 경우, 그들의 실존적 불신을 묘사하는 학습과 부버사상을 실현하기 위한 학습을 할 때 큰 난관에 봉착하였는데, 이러한 난관의 원인이 탐구되어야 한다고 본다. 아마도 아랍 고유의 전통문화와 이스라엘의 현대문화가 공존하는 이중 문화구조가 그 한 원인이 될 수 있을 것 같다.

다섯째, 실존저 불신이 경감되었을 때, 많은 사람들은 타자들과의 관계에서 공백감을 느낀다는 점이다. 즉, 이전의 불신 때 작용하던 에너지들이 다시금 지향해야 할 건설적 방향을 항상 발견하는 것이 아니기 때문이다. 이러한 에너지들이 건설적으로 사용될 수 있는 방법을 제시하는 것이 교육가에게 주어진 책임이라고 본다.

---

2 부버의 논문에서도 이것을 뒷받침하는 내용이 *On Judaism*(1967b: 56f)에 언급되어 있다.

이상에서 개관한 고오든의 평화교육 방법론은 부버철학의 실제 적용이라는 측면에서 그 시도와 성과를 높이 평가할 만하다. 물론 다소간의 문제가 없는 것은 아니지만, 이것은 부버철학의 현실화 과정에서 앞으로 계속 논의·보완되어야 할 과제라고 생각된다.

고오든은 부버의 「만남」의 철학을 토대로 하여 평화교육의 측면에서 실제적인 접근을 하였다. 따라서 그의 프로젝트의 철학적 기반은, 인간실존의 기본적인 사실이 공존에 터해 있다고 보는 부버의 철학적 인간학에 있다. 공존의 가능성은 「나」와 「너」의 「만남」에 기초하고, 「만남」은 「나」의 「너」에 대한 신뢰와 개방에 터해 있다. 한 개인이나 집단이 다른 개인이나 집단에게 자신을 개방하고 신뢰로운 분위기를 형성하기 위해서는 진실한 태도와 용기, 상당한 수준의 원숙성 그리고 때로는 모험을 필요로 한다.

사실 한 인간의 타자에 대한 무지와 불신은 타자의 존재에 대한 부정일 수 있으며, 이것은 공존의 가능성을 위협하는 적신호이다. 이렇게 볼 때 상호무지와 불신은 공존의 상대개념이며, 동시에 공존의 가능성을 보장하는 개방과 신뢰의 상대개념이기도 하다. 이것을 다음과 같이 정리할 수 있을 것이다.

    개방, 신뢰 - 공존의 가능성 - 평화의 구축
    은폐, 의중유보, 무지, 불신 - 공존의 위협 - 평화의 파괴

평화연구의 세계적인 권위자인 갈퉁(Johan Galtung)도 평화의 조건을 논의하면서 이와 유사한 견해를 피력하였다. 그에 의하면 첫째, 분쟁은 상호간의 차이성을 부정하고 자신의 의사를 상대방에게 강요하거나 상대방을 자기식으로 획일화하는 데서 발생하며, 둘째, 상대방의 의사를 존중하면서 그들에게 필요한 도움을 주거나 선의의 지원과 교환을 늘려 나가며, 셋째, 그러는 과정에서 상호간의 우애와 신뢰의 관계를 계

속해 나갈 때 분쟁이 해결되고 평화가 성취될 수가 있다는 것이다(안정수 외, 1992: 192에서 재인용).

이러한 관점에서 볼 때, 평화를 위해 교육가가 행해야 할 당면과제는 인간 상호간에 형성된 실존적 불신을 제거하는 일과 신뢰가 뿌리내릴 수 있는 터전을 준비하는 일이다. 동시에 실존적 불신을 제거하기 위해서 각 개인은 자신을 위협하는 현실적 역경에 대해, 그리고 불리한 현실에 처해 있는 사람들에 대해 서로 다르게 그러면서도 신뢰롭게 관계하는 것을 학습해야 한다.

평화교육에 대한 고오든의 관심은 계속 승계·발전되어야 할 교육학의 과제이기도 하다. 고오든 자신도 평화교육 영역은 미개척 분야임을 지적하면서 교육가들이 이 분야에 무관심함을 개탄한 바 있다.

우리 나라와 같은 분단국가의 경우, 고오든의 평화교육 방법론은 우리에게 시사하는 바가 매우 크다고 본다. 동일민족으로서 이념의 차이로 인해 분단이 된 이후, 남한민족과 북한민족 간에 놓여진 실존적 불신은 그 골이 패일대로 패인 상태이다. 통일을 지향한 정치적 노력도 중요하지만, 무엇보다도 시급한 것은 차세대들에게 평화의식을 가슴 깊이 심어 주고 그것을 적극적으로 실현하기 위한 행동적 인간을 키우는 교육, 즉 평화교육이 우리의 교육 속에 자리잡아야 하는 것이라고 본다.

CHAPTER 07

부버철학의 현대교육적 평가

Martin Buber's Philosophy of Meeting

부버철학의 현대교육적 평가

오늘날 문제되고 있는 인간성의 상실이란 인간에 의해 구축된 거대한 문명, 즉 「그것」의 세계 속에서 모든 것을 「그것」화하여 예속시키는데 그 원인이 있다고 본다. 부버에 의하면, 이것은 「나-너」의 관계가 「나-그것」의 관계로 타락하고 있다는 것이다. 따라서 인간은 인격과 개성을 상실한 채 메커니즘의 피조물이 되어 하나의 기능적 존재, 즉 「그것」으로 전락하게 되었다. 이처럼 현대문명을 구성하고 있는 과학성, 기계주의, 물질주의 등은 비인간화 현상을 초래하기 위한 전제조건이 되기에 충분하다. 물신증(物神症)과 기계화의 노예가 된 현대인은 인간의 정신을 상실하고 자기도 모르는 사이에 자학, 자조(自嘲)의 심리에 빠지며 마침내는 생명보다 죽음 그 자체를 동경하고 추구하는 네크로필리아(necrophilia)의 증상에 사로잡힌다. 바로 이러한 것들이 현대문명의 위기이자 비인간화의 원인이며 교육적 불안의 원인인 것이다.

부버는 이러한 병든 시대의 위기의식을 절감하고, 무방향성의 딜레마에 빠져 있는 현대인에게 참된 방향을 제시하고자 노력했다. 그는 현대의 위기상황 속에서 잃어버린 인간의 본래적 모습을 인간과 인간 간의 참된 관계형성, 즉 「만남」을 통해 회복하고자 했다. 그가 주장한 인격적 「만남」에 의한 인간성 회복의 문제는 사람됨의 문제이며, 이러한 사람됨의 문제는 곧 교육의 문제이기 때문에 현대의 비인간화된 교육의 마당에서 「만남」이 중시되어야 하는 것이다.

부버사상의 핵심적인 두 요소는 「하시디즘」과 「만남」이다. 부버사상의 모태(母胎)라고 볼 수 있는 하시디즘에서 지향하는 목표는 믿음을 변화시키는 데 있는 것이 아니라 믿는 자를 변화시키는 데 있으며, 하시디즘의 강조점은 삶에 대한 환희와 이웃에 대한 사랑에 있다. 요컨대 하나님의 세계를 사랑하라는 가르침을 통해 부버는 진정한 삶의 의미와 인간공동체를 발견하였고, 이를 토대로 자신의 철학을 형성하였다.

부버의 철학은 「만남」의 철학 혹은 「관계」의 철학이다. 그는 관계의 개념으로 인간의 위치 및 본질을 파악하였다. 즉, 참다운 인간존재는 고립된 실존 속에 있는 것이 아니라 관계형성을 통해서 드러난다고 보았다. 결국 부버에게 있어서 인간이란 관계를 통해 그의 실존을 형성해 나가는 창조자로 파악된다. 따라서 그는 그의 철학적 인간학의 근본사상을 "인간실존의 기본적인 사실은 인간이 인간과 더불어 함께 있다는 것"으로 함축성 있게 나타낸다.

부버가 제시한 관계의 두 유형은 「나-그것」의 관계와 「나-너」의 관계이다. 그런데 현대사회는 「나-그것」의 관계가 확대되는 반면에 「나-너」의 관계의 힘이 상대적으로 감소하고 있어 인류의 장래를 불투명하게 하고 있다. 현대사회의 위기를 이렇게 진단하면서, 이러한 위기상황을 「나-너」의 관계회복을 통해 극복하고자 하는 것이 부버철학의 근본 메시지이다.

그러면 부버철학의 공헌점은 무엇인가? 이것을 몇 가지로 항목화하여 정리해 보기로 한다.

첫째, 인간이해의 새로운 지평을 열어 주었다는 점이다. 마르셀 (Gabriel Marcel) 등과 같은 사람들은 부버가 20세기의 인간들에게 '코페르니쿠스적 변화'를 가져다 주었다고 평가하는데, 그것은 부버가 주관-객관의 양분법에 사로잡혀 캡슐에 갇힌 우리의 사고를 해방시켜 주면서 주관과 주관의 상호관계 영역으로 우리를 이끌어 주었기 때문이다 (Bender, 1974: 91).

자기중심적인 고독한 인간은 타자 및 하나님과 관계할 수 없다고 보았기에, 부버는 인간이 타자 및 하나님과의 참된 대화 내지는 관계형성을 통해 참된 인간이 될 수 있다고 보았다. 즉, 그는 「관계」의 개념으로 인간을 파악하고자 하였다. 우리는 「관계」 속에서 「너」를 만날 때만이 진정한 인간성을 체험할 수 있다. 따라서 이 밖의 모든 것은 인간을 「그것」의 세계에 머물게 한다. 비록 「그것」의 세계가 안락하고 안전할지는 모르나, 그러한 인간은 정말로 인간적인 것이 무엇인지를 알지 못한다.

둘째, 살아 있는 인격적 신(하나님)을 발견한 것이다. 우리가 하나님의 형상을 접할 수 있는 것은 타자들 속에서 「너」를 만날 수 있을 때이다. 하나님은 우리가 만나는 낱낱의 「너」를 통해서 보여질 수 있고 말걸어질 수 있다는 것이다. 즉, 우리는 「너」의 연장선 속에서 살아 있는 하나님의 숨결을 느낄 수 있는 것이다. 다시 말해, 만날 수 있는 하나님을 부버는 발견한 것이다. 우리가 진정한 대화를 체험할 때마다 하나님은 현현한다. 바로 이것이 "우리가 어떻게 「영원한 너」를 만날 수 있는가?"에 대한 답변이 될 것이다. 즉, 우리가 타자들과 맺는 관계 속에서 자기자신을 개방함으로써 「영원한 너」와의 「만남」이 가능하다. 인간은 늘상 자기 자신과 타자들 간에 분리의 벽과 불신의 벽을 자주 쌓곤한다. 이것은 그의 삶이 「나-그것」의 수준에 안주할 때 일어난다. 하나님은 결코 소유될 수 없으나, 「너」와의 대화적 관계 속에서 만나질 수 있다.

셋째, 하시디즘을 재발견하고 그것을 철학적으로 승화·발전시킨

점이다. 부버는 퇴색해 가는 하시디즘을 새로운 시각에서 재정립하였다. 즉, 사라져가는 하시딕 설화들을 수집하고 정리하였으며, 그것을 자신의 독특한 방법론으로 해석하였다. 그는 하시디즘에서 진정한 공동체의 원형(原型)을 발견하였고, 그 속에서 형제애의 정신으로 뭉쳐 있는 하시드들을 보았다. 바로 이러한 하시디즘을 바탕으로 부버는 「만남」의 철학을 전개하였던 것이다. 그러므로 그의 철학적 인간학의 토대도 바로 하시디즘에 있는 것이다.

넷째, 신학 영역에서 교량역할을 한 점이다. 부버는 신약을 깊이 있게 이해하였으며, 역사상의 예수를 존경하였다. 비록 그가 유대인이지만 수많은 기독교 신학자들과 철학자들의 사고에 많은 영향을 미칠 수 있었던 것은 자신의 대화철학, 「영원한 너」로서의 하나님의 개념설정, 그리고 성서해석들에 그 원인이 있다고 본다. 이런 의미에서 유명한 구약성경학자인 뮐렌버그(James Muilenburg)는 부버를 "기독교 공동체에 대한 가장 으뜸가는 유대인 대변가"라고 평가하였다(Panko, 1976: 122).

이상에서와 같이 부버의 철학적 공헌을 몇 가지 정리하여 보았다. 그의 철학적 인간학이 오늘날 더욱더 우리 가슴에 깊숙히 와닿는 것은 우리의 삶이 그만큼 비인간화되어 가고 있기 때문일 것이다. 그러기에 인간화 교육은 현대교육이 걸머져야 할 중차대한 과제로 부각되어 있는 것이다.

그러면 다시금 부버의 교육철학적 입장을 정리해 본 후, 그의 교육철학이 현대교육에 주는 시사점들을 제시해 보기로 한다.

첫째, 비인간화되어 가고 있는 현대사회, 즉 「그것」의 세계로 치닫고 있는 현대사회를 「나-너」의 관계회복을 통해 전체로서의 인간성을 회복하고자 한다. 부버의 철학적 인간학은 '인간의 전체성'에 관한 탐구이기 때문에 그의 교육론의 주조음도 '학생의 전체성'에 관한 탐구, 즉 전인교육론에 있다.

둘째, 부버의 인간교육론은 크게 다섯 가지로 분석되는데, 그것은

① 아동은 무한한 가능성과 창조성을 지닌 하나의 현실이며, ② 세계 자체가 하나의 교육장이며, ③ 교육은 비에로스적이어야 하며, ④ 포용으로서의 교육을 강조하며, ⑤ 성격교육을 가치 있는 교육으로 강조하는 것 등이다.

셋째, 모든 올바른 가치는 하나님에게로 이르는 길 속에 있다. 즉, 하나님에게로 이르는 모든 길이 곧 참된 길이요, 올바른 방향이라고 본다. 이것이 부버의 가치관의 핵심이다. 그는 오늘날의 현대인들이 무방향성의 딜레마에 빠져 정신적인 표류를 하고 있다고 진단한다. 이러한 무방향성의 상태를 곧 악의 상태로 본다. 따라서 진정한 인격적「만남」을 통해 우리는 올바른 방향으로 전환할 수 있다.

넷째, 선과 악은 좌·우와 같이 대립되는 것이 아니라 악은 선의 보좌적 관계이다. 따라서 악이란 단지 선의 낮은 단계에 불과한 것으로서, 우리의 삶 속에 내재하는 존재양식이므로 이를 멀리하거나 피할 필요가 없다는 것이다. 부버를 낙관주의자로 보는 이유가 여기에 있다. 즉, 악은 인간이 진정한 힘을 회복하고 진정한 삶과 환희를 회복하면 정복된다는 것이다. 바로 이러한 역할을 교육가가 맡아야 한다.

다섯째, 여타의 실존주의자들과는 달리 인간을 고립된 실존으로 보지 않고 다른 인격과의 관계 속에서 사회적으로 실존한다고 본다. 따라서 인간실존의 근본적인 사실은 인간이 인간과 더불어 있다는 것이다. 이것이 부버의 철학적 인간학의 핵심이면서 동시에 그의 사회사상의 기본적인 출발점이기도 하다.

여섯째, 개인주의와 집단주의를 모두 부정하고 제 3의 대안으로 진정한 대화적 관계, 즉「나-너」관계에 근원을 둔 인간공동체를 제시한다. 개인주의와 집단주의에서의 인간은 인격적 책임을 회피한다. 따라서 교육의 과업은 학생들에게 인격적 책임을 일깨워 주는 것이다. 즉, 인간공동체 속에서 인간의 전체성에 관계하는 교육을 중시한다.

일곱째, 현대 사회주의의 대안으로 종교적 사회주의(religious sociali

sm)를 제시한다. 부버는 제도적 변화를 통해서는 인간관계의 근본적인 변화가 유발되기가 어렵다고 보면서 인간상호간의 실제적인 삶을 변화시키는 데 그 중요성을 둔다. 이를 위해서는 인간 자신이 먼저 변화되어야 한다. 그리하여 동등한 인격적 존재들 간의 「나-너」 관계가 토대가 되는 사회를 이룩하고자 한다.

여덟째, 현대사회의 위기를 극복하기 위한 한 방법으로 엘리트(정신적 인간)의 교육적·사회적 역할을 강조한다. 이러한 엘리트는 자신의 실존적 모범을 통해 동심원적 영향력을 방출한다. 따라서 사회교육의 목적은 핵심적 엘리트를 양성하는 데에 있다.

아홉째, 전쟁과 평화의 근본 동인은 인간이고, 인간의 문제는 교육의 문제이므로 평화의 문제를 교육에서 다루어야 한다. 즉, 평화를 이루는 일은 평화교육을 통해서 이루어져야 한다. 하지만 평화교육은 특정 교과나 특정교사에 의해 특정의 시간에서만 다루어져서는 안되고, 모든 교사가 모든 시간에 범교과적으로 다루어야 한다.

열째, 진정한 평화란 유기적 평화(organic peace)이며, 이것의 전제 조건은 민족들 간의 진정한 협력과 실존적 삶의 방식의 변화이다. 즉, 삶의 방식은 인지적 차원의 문제가 아니라 실존적 차원의 문제이므로 이 문제를 다루기 위해서는 존재론적 접근을 해야 한다. 현대사회의 위기는 단순히 사회경제적인 체제의 혼란에서 오는 것이 아니라 인간실존의 근본을 위협하는 데서 비롯되므로 실존적 불신을 해소하고, 참된 대화적 관계를 수립하며, 평화를 위해 실제적으로 활동할 수 있게끔 교육이 이루어져야 한다. 이러한 교육은 자기교육의 형식이 바람직하다고 본다.

열한째, 진정한 교육가는 대화적 교육가이며, 대화적 교육가는 평화를 이룩하는 일에 헌신하고 있으므로, 평화를 이루는 자이다. 따라서 교육가는 평화를 이루기 위해 대화철학을 교육의 마당으로 끌어들여야 한다. 결국 평화교육이 이루어지기 위해서 교육은 학생들이 대화적으로 관계할 수 있도록 촉진시켜 줄 수 있는 방향으로 나아가야 한다.

열두째, 부버의 교육관에 투영된 교사-학생 관계는 크게 여섯 가지로 분석되는데, 그것은 ① 상호인격적 친교의 관계, ② 구도적 동반자의 관계, ③ 상호포용적 관계, ④ 상호개방적 신뢰의 관계, ⑤ 상호개성의 조화적 관계, ⑥ 대화적 관계이다. 교사와 학생 간의 관계가「나-그것」의 비인격적 관계로 빠지게 될 때 교육은 본래적 의미를 상실하게 되며, 그 결과가 비인간화 현상(dehumanization)으로 나타난다. 따라서 진정한 의미의 교사-학생 관계의 확립은 교육의 가장 근본적인 핵심과제라고 볼 수 있다.

열셋째, 부버의 윤리론에 토대한 도덕/윤리교육의 핵심은 교사와 학생 간, 그리고 학생과 학생 간의 '관계' 회복이라고 볼 수 있다. 교사와 학생 간의 참된 관계는 모든 교육내용과 방법에 선행한다. 이런 점에서 교사는 하나의 모델이 된다. 그래서 교육가의 인격적 모범이 가장 좋은 교육방법이라고 부버는 주장한다.

열넷째, 성인교육의 목적은 참된 공동체 형성을 위한 전인적 인간의 양성, 즉 위대한 성격의 소유자의 양성에 있으며, 이를 위해 정신적·민족적 전통과 관련된 교과를 중시한다. 이러한 바탕 위에서 성인교육은 1) 정신적·문화적 전통의 수용 → 2) 대화적 관계의 형성 → 3) 자기교육 능력 형성의 순으로 이루어진다.

이상과 같은 부버의 교육철학적 입장을 바탕으로, 그의 교육철학이 오늘날의 교육에 주는 시사점들을 분석해 보기로 한다.

첫째, 학생을 수단적·도구적 존재로 보지 말고 목적적·인격적 존재로 보되, 학생의 전체성(totality)에 관여하는 교육, 즉 전인교육이 이루어져야 한다.

둘째, 교육의 주요 과업은 학생들의 인격적 책임을 각성시키는 일이 되어야 한다. 왜냐하면 인격적 책임을 벗어난 삶은 무의미하며 무방향성이기 때문이다. 현대사회의 위기는 현대인의 무의미한 삶과 무방향성에 있으므로 교육은 이에 대한 책임을 적극적으로 떠맡아야 한다. 즉, 교육의 인간화를 통해 사회의 인간화를 이루어야 한다.[1]

셋째, 교육의 목적은 인간다운 인간을 양성하는 데 두어야 한다. 교육은 더 이상 정보의 전달, 지적 능력의 개발에만 전념하지 말고 사람됨을 위한 교육으로 거듭나야 한다. 단편적 지식의 강요에 의한 단편적 지식의 맹목적 암기가 교육의 전부인 것으로 오해되어서는 안된다. 결국 그러한 교육에 의해 양산(量産)된 단편적 사고형의 인간, 즉 반쪽 인간은 국가사회의 미래를 어둡게 한다.

넷째, 현대사회의 위기극복을 위한 하나의 방법으로 평화교육이 적극적으로 이루어져야 한다. 평화문제는 우리의 생존문제와 관련된 절대 명제이기 때문에, 공생학습(共生學習)이 절박한 교육문제가 되지 않을 수 없다. 이를 위해 평화교육의 내용 및 방법이 다각적으로 개발되어야 하며, 동시에 평화문제연구소의 설치, 평화학을 탐구하는 학과의 설치, 평화교육을 담당하는 기구의 설치 등이 요청된다.

다섯째, 교사와 학생 간의 관계는 어느 한 편이 주도권을 잡는 일방적 관계가 아닌 양자가 상호작용하는 관계이어야 한다. 교사와 학생 간의 관계는 교육내용과 방법에 선행(先行)한다. 교사와 학생 간의 관계가 「나-그것」의 비인격적 관계로 이루어지면 교육의 본래적 의미는 상실되고, 그 결과는 비인간화 현상으로 나타나게 됨에 주목해야 한다. 따라서 교육의 인간화의 핵심과제는 교사와 학생 간의 참된 관계형성에 있다고 본다.

---

1 인간의 진리는 개인의 인격적 책임에 의존한다고 부버는 역설한다. 그런데 개인으로부터 책임감을 박탈하는 것이 곧 집단주의이다. 현대인은 집단에 몰입함으로써 인격적 책임을 회피하려 든다. 이와 같은 맥락에서 볼 때, 학생의 자유와 개성을 존중하지 않는 교육에서는 인격적 책임을 각성시킬 수가 없다. 따라서 학생의 지적 문제에만 관심을 쏟고, 학생의 실존적 문제는 등한시하는 한국교육의 풍토는 이같은 관점을 타산지석으로 받아들여야 할 것이다.

여섯째, 교육가의 모범이 가장 좋은 교육방법으로 권장되어야 한다. 부버가 생각하는 올바른 교수방법은 "전존재로부터 자발적·자연적으로 우러나는 인격적 모범"이다. 교사가 학생의 전존재에 실제로 영향을 미칠 수 있으려면 교사 자신의 전존재와 전적인 자발성에 의해서만 가능하다. 부버 그 자신도 성실하고 겸손한 교사의 모범을 보여주었다고 평가받고 있다.

일곱째, 학생들의 삶 그 자체를 가장 중요한 교육내용으로 직시해야 한다. 왜냐하면 인간교육은 삶 그 자체를 통해 이루어지기 때문이다. 삶의 방식은 변화될 수 있으며, 이것은 실존적 차원의 문제이므로 교사와 학생 모두의 실존적 각성이 요청된다. 따라서 지적 문제에만 치중하는 현대교육은 실존적 문제로 그 방향을 선회할 필요가 있으며, 이를 위해 교사양성 과정에서도 실존적 삶의 문제와 교육문제를 심도 있게 다루어야 한다. 학생들에게 교과만을 숙달하도록 가르치는 교사는 학생들로 하여금 교과의 진정한 본질을 깨닫게 하는 데 실패하고 있다. 진정한 학습은 정신적 체험에 있는 것이다. 그 속에서 학습자는 무한성과 만나게 되며, 창조에 참여하게 된다. 과학적 방법 —「나-그것」의 세계 속에서 지식을 획득하는 방법 —도 당연히 우수한 교수법이다. 하지만 학생들에게 삶과 학습에 대해 존경심을 부여해 줄 수 있는 것은 「나-너」관계의 체험인 것이다.

참 고 문 헌

〈저 서〉

강선보. 「마르틴 부버의 "만남"의 교육」. 서울: 양서원, 1992.

강선보. 「마르틴 부버 만남의 교육철학」. 서울: 원미사, 2003.

金恩雨. "實存主義 敎育哲學" 「敎育의 哲學的 理解」. 서울: 培英社, 1971.

金丁煥. 「敎育哲學」. 서울: 博英社, 1974, 1987(개정판).

_____. 「全人敎育論」. 서울: 世英社, 1982.

_____. 「現代의 批判的 敎育理論」. 서울: 博英社, 1988.

南正吉. 「마르틴 부버」. 서울: 大韓基督敎出版社, 1977.

大韓基督敎書會編. 「現代 神學者 20人」. 서울: 大韓基督敎出版社, 1977.

朴聖源. 「危機에 處한 者를 위한 相談方法의 硏究: 욥기를 중심으로」. 서울: 長
老會 神學大學 出版社, 1982.

박수자. 「이스라엘」. 서울: 양서각, 1986.

殷俊寬. 「敎育神學: 基督敎 敎育의 理論的 根據」. 서울: 大韓基督敎書會, 1976.

안정수·윤병익·한승조. 「통일을 위한 정치철학」. 서울: 을유문화사, 1992.

李奎浩. 「사람됨의 뜻」. 서울: 제일출판사, 1975.

_____. 「敎育과 思想」. 서울: 博英社, 1977.

洪雄善. 「初等敎育課程」. 서울: 敎學社, 1976.

Avnon, Dan. *Martin Buber: The Hidden Dialogue.* Oxford: Rowman &
Littlefield Publishers, Inc., 1998.

Bedford, Mitchell. *Existentialism and Creativity.* N. Y.: Philsophical Library,
Inc., 1972.

Bender, Hilary Evans. *The Philosophy of Martin Buber.* N. Y.: Monarch
Press, 1974.

Bollnow, O. F. *Existenzphilosophie und Pädagogik.* Funft Auflage. Stuttgart:
Kohlhammer, 1977.

Brown, James. *Kierkegaard, Heidegger, Buber and Barth.* 2nd ed. N. Y.: Collier Books, 1971.

Bruce, F. F. *That is That.* (구약의 신약적 성취). 권혁봉 역. 서울: 생명의 말씀사, 1975.

Buber, Martin. *Tales of Hasidism: Early Masters.* Translated by Olga Marx. N. Y.: Schocken Books, 1947.

_____. *Tales of Hasidism: The Later Masters.* Translated by Olga Marx. N. Y.: Schocken Books, 1948.

_____. *Images of Good and Evil.* Translated by Michael Bulloch. London: Routledge & Kegan Paul, 1952.

_____. *Between Man & Man.* Translated by Ronald Gregor Smith. Lodon: Routledge & Kegan Paul, 1954a.

_____. *Das Problem des Menschen,* Heidelberg: Verlag Lambert Schneider, 1954b.

_____. *Hasidism and Mordern Man.* Translated by Maurice Friedman, N. Y.: Horizon Press, 1958a.

_____. *I and Thou.* Translated by Ronald Gregor Smith. N. Y.: Charles Scribner's Sons, 1958b.

_____. *Ten Rungs: Hasidic Sayings.* Translated by Olga Marx. N. Y.: Schocken Books, 1962.

_____. *Israel and the World: Essays in a Time of Crisis.* 2nd ed. N. Y.: Schocken Books, 1963.

_____. *The Knowledge of Man.* Translated by Maurice Friedman & Ronald Gregor Smith. N. Y.: Harper & Row, Publishers, 1965.

_____. *Paths in Utopia.* Translated by R. F. C. Hull. Boston: Beacon Press, 1966a.

_____. *The Origin and Meaning of Hasidism.* Translated by Maurice Friedman. N. Y.: Harper & Row, Publishers, 1966b.

_____. *The Way of Man according to the Teaching of Hasidism.* N. J.: The Citadel Press, 1966c.

_____. *A Believing Humanism: My Testament 1902~1965.* Translated by Maurice Friedman. N. Y.: Simon & Schuster, 1967a.

_____. *On Judaism.* Edited by Nahum N. Glatzer. N. Y.: Schocken Books, 1967b.

_____. *The Legend of Baal—Shem.* Translated by Maurice Friedman. N. Y.: Schocken Books, 1969.

_____. *Ich und Du.* (나와 너). 表在明 譯, 서울: 文藝出版社, 1978.

_____. *Ich und Du.* (당신과 나). 金光植 譯, 世界의 大思想,. 21. 서울: 휘문출판사, 1973.

Burbules, Nicholas C. *Dialogue in Teaching: Theory & Pracrice.* N. Y.: Teachers College Press, 1993.

Cohen, Adir. *The Educational Philosophy of Martin Buber.* N. J.: Associated University Press, 1983.

Colin, Brown. *Philosophy and the Christian Faith.* London: Tyndale Press, 1969.

Davis, David. *Model for a Humanistic Education.* Columbus: Charles E. Merrill Publishing Co., 1971.

Diamond, Malcolm L. *Martin Buber: Jewish Existentialist.* N. Y.: Oxford University Press, 1960.

Dupuis, Adrian M. & Nordberg, Robert B. *Philosophy and Education: A Total View.* Milwaukee: The Blue Publishing Co., 1964.

Faure, Edgar: Herrera, Felipe; Kaddoura, Abdul—Razzak; Lopes, Henri; Petrovsky, Arthur V.; Rahnema, Majid; and Ward, Frederick Champion. *Learning to Be: The World of Education,* Today and Tomorrow. (人間化 教育). 吳基亨·金賢子譯, 서울: 一潮閣, 1980.

Friedman, Maurice, ed. *Meetings: Martin Buber.* Illinois: The Open Court Publishing Co., 1973.

_____. *Martin Buber: The Life of Dialogue,* 3rd ed. Chicago: The University of Chicago Press, 1976.

_____. *Martin Buber's Life and Work: The Early Years 1878~1923.* N. Y.: Elsevier—Dutton Publishing Co., Inc., 1981.

_____. *Martin Buber's Life and Work: The Middle Years 1923~1945.* N. Y.: E. P. Dutton Inc., 1983.

_____. *Martin Buber's Life and Work: The Later Years,*

1945~1965. N. Y.: E. P. Dutton, Inc., 1983.

Goldman, Ronald. *Religious Thinking from Children to Adolescence.* London: Routledge & Kegan Paul, 1977.

Gordon, *Haim. Dance, Dialogue, and Despair: Existential Philosophy and Education for Peace in Israel.* Alabama: The Univ. of Alabama Press, 1986.

Gordon, Haim & Grob, Leonard ed. *Education for Peace: Testimonies from World Religions.* N. Y.: Orbis Books, 1987.

Herberg, Will. *The Writings of Martin Buber.* Cleveland: The World Publishing Co., 1956.

Hodes, Aubrey. *Encounter with Martin Buber.* London: Allen Lane The Penguin Press, 1972.

Howe, Reuel. *The Miracle of Dialogue.* (대화의 기적). 金觀錫 譯. 서울: 대한기독교교육협회, 1978.

Keen, Sam. 「만남의 철학: 가브리엘 마르셀의 사상」. 徐培植 譯. 서울: 敎文社, 1984.

Illich, Ivan. D*eschooling Society.* N. Y.: Harper & Row, 1970.

Isaacson, Ben. *Dictionary of the Jewish Religion.* Edited by David Gross. New Jersey: SBS Publishing Co., Inc., 1979.

Jacob, Edmond. *L'Ancien Testament.* (舊約聖書入門). 金泰寬 譯. 三星文化文庫 132, 서울: 三星美術文化財團, 1979.

Johnson, Howard A. 「키르케고르의 실존사상」. 임춘갑 역. 서울: 종로서적, 1980.

Johnson, Paul E. *Psychology of Religion.* (종교심리학). 金寬錫 譯, 서울: 大韓基督敎書會, 1979.

Kierkegaard, Sören Aabye. *Philosophical Fragments or A Fragment of Philosophy.* (哲學的 斷片 및 斷片의 철학). 尹聖範 譯. 世界基督敎思想全集 2, 서울: 新太陽社, 1975.

Kneller, G. F. *Existentialism and Education.* N. Y.: John Wiley & Sons, Inc., 1958.

_____. *Introduction to the Philosophy of Education.* N. Y.: John Wiley & Sons, Inc., 1964.

_____. ed. *Foundations of Education.* N. Y.: John Wiley & Sons, Inc., 1971.

Landgrebe, Ludwig. *Philosophie der Gegenwart.* (現代哲學의 根本潮流). 崔東熙 譯, 서울: 法文社, 1961.

Lapp. Diane ; Bender, Hilary ; Ellenwood, Stephan; and John, Martha. *Teaching and Learning: Philosophical, Psychological, Curricular Applications.* N. Y.: Macmillan Publishing Co., Inc., 1975.

Lerner, Laurence D. *English Literature: An Interpretation for Students Abroad.* London: Oxford Univ. Press, 1954.

Manheim, Werner. *Martin Buber.* N. Y.: TWayne Publishers, Inc., 1974.

May, Rollo. *The Art of Counselling.* Nashville: Abingdon Press, 1967.

Moltman, Jurgen. *Mensch: Christliche Anthropologie in den Konflikten der Gegenwart.* (人間: 現代의 갈등 속의 基督敎人間學). 金京

Murphy, Daniel. *Martin Buber's Philosophy of Education.* Dublin: Irish Academic Press, 1988.

O'Dea. Thomas F. *The Socilogy of Religion.* (宗敎社會學入門). 權圭植 譯. 서울: 大韓基督敎書會, 1980.

Ornstein, Allan C. *An Introduction to the Foundations of Education.* Chicago: Rand McNally College Publishing Co., 1977.

Ott, Heinrich. *Gott.* (살아 계신 하나님). 金光植 譯. 現代新書 49. 서울: 大韓基督敎書會, 1979.

Ozmon, Howard & Craver, Sam. *Philosophical Foundations of Education.* Ohio: A Bell & Howell Co., 1976.

Panko, Stephen M. *Martin Buber.* Texas: Word Books, Publisher, 1976.

Patterson. C. H. *Humanistic Education.* New Jersey: Prentice–Hall Inc., 1973.

Power, Edward J. *Philosophy of Education: Studies in Philosophies, Schooling, and Educational Policies.* New Jersey: Prentice–Hall Inc., 1982.

Reimer, Everett. *School is Dead.* Harmondswoth: Penguin Books Ltd., 1971.

Rich, John Martin. *Humanistic Foundations of Education.* Worthington:

Charles A. Jones Publishing Co., 1971.

Roubiczek. Paul. *Existentialism: For and Against*. London: Cambridge Univ. Press, 1964.

Satre, J. P. *Existentialism and Humanism*. London: Methuen and Co., Ltd., 1948.

Schilpp, P. A. & Friedman. M. ed. *The Philosophy of Martin Buber*. Illinois: Open Court Publishing Co., 1967.

Shin, Roger L. *The New Humanism*. (새로운 人間). 박광해 譯, 서울: 태서출판사, 1981.

Silberman, Charles E. *Crisis in the Classroom*. N. Y.: Vintage Books, 1970.

Sills, David L. *International Encyclopedia of the Social Science*. Vol. 2. N. Y.: The Macmillan Co. & The Free Press, 1980.

Sire, James W. *The Universe Next Door: A Basic Worldview Catalog*. (기독교세계관과 현대사상). 김헌수 譯. 서울: 한국기독학생회출판부, 1985.

Smith, Ronald Gregor. *Martin Buber*. Atlanta: John Knox Press, 1975.

Stone, Frank. ed. *The New World of Educational Thought*. N. Y.: Mss Information Co., 1973.

Strain, John Paul. ed. *Mordern Philosophies of Education*. N. Y.: Random House, 1971.

〈정기간행물 및 논문〉

강선보. "「만남」에 대한 교육적 접근." 「高大文化」, 제 18집, 1978.

_____. "마르틴 부버의 「만남」의 敎育思想에 관한 연구" 碩士學位論文, 高麗大學校 大學院, 1981.

_____. "實存的 敎育觀에서 본 敎師 – 學生간의 關係本質에 관한 연구: 마르틴 부버의 「만남」의 哲學을 中心으로" 「韓國敎育」, 10, No. 1(1983): 5 – 24.

_____. "마르틴 부버의 平和思想과 敎育" 「韓國敎育」, 14, No. 1(1987): 195 – 210.

_____. "마르틴 부버의 「만남」의 敎育哲學에 관한 研究" 博士學位論文, 高麗大學校, 1989.

_____. "남북한 민족간의 실존적 불신 해소를 위한 평화교육의 한 방안" 「'93

북한 통일연구 논문집(1): 통일정책분야」. 통일원, 1993: 529-573.

_____. "부버와 로저스의 상담론 비교연구"「한국교육사학」. 제 15집, 한국교육학회 교육사연구회, 1995: 63-84.

_____. "부버의 성인교육론"「교육철학」. 제 14권 2호, 1996: 195-218.

강선보·신창호. "부버의 교사관과 유학의 교사관 비교연구"「한국교육」. 제 28권 2호, 2001: 113-136.

金秉玉. "人格敎育의 이념"「인적敎育의 理念과 方法」한국교육학회 교육사교육철학연구회 창립 17주년 기념 학술발표회 자료. 1981, 1-16.

김용자. "과르디니(G. Guardini)의 사상에 나타난 '만남'의 교육학적 의미"「교육학 연구」, 28, No. 1(1990): 95-106.

南宮達華. "삶의 意味追求와 敎育目的의 探究"「敎育哲學」, No. 5(1982), 1-11.

南正吉. "부버의 對話原理와 그 適用"「기독교 사상」, 1977. 7, 32-42.

오인탁. "평화교육과 기독인의 책임".「기독교 사상」, 1987. 3, 92-103.

_____. "평화교육의 이념과 내용".「기독교 사상」, 1988. 9, 100-113.

鄭世華. "實存主義的 만남과 Counsellind"「學生生活硏究」, 제 15권, 서울: 梨花女子大學校 學生生活硏究所, 1979.

鄭玜錫. "부버의 對話의 원리와 敎育的 適用에 관한 硏究"「碩士學位論文, 高麗大學校 大學院, 1987.

趙永植. "戰爭없는 人類世界를 바라보며"「世界平和는 과연 이루어질 수 있는가」, 서울: 國際平和硏究所, 1984.

Bender, Hilary Evans. "The Concept of 'world' in the Hasidic Writings of Martin Buber" S.T.D dissertation, The Catholic University of America, 1969.

Cahnman, Werner J. "Martin Buber: A Reminiscence" *Reconstructionist,* 31(1965): 7-12.

Dickman, Susan Frances. "The Ethical Theory of Martin Buber and Its Implications for Moral Education" Ed. D. dissertation, Columbia University, 1982.

Friedenthal-Hasse, Martha. "Adult Education and Crisis in the Thought of Martin Buber" *Education,* 43, 1990: 45-61.

Friedman, Maurice. "Martin Buber's Philosophy of Education" *Educational Theory*, 6(April 1956): 95-104.

Goodman, Ruth. "Dialogue and Hasidism: Elements in Buber's Philosophy of Education" *Religious Education*, 73(Jan. Feb. 1978): 69-79.

Gordon, Haim. "Would Martin Buber Endorse the Buber Model?" *Educational Theory*, 23(Summer 1973): 215-223.

_____. "Did Martin Buber Realize His Educational Thought?" *Teacher's College Record*, 81(Spring 1980): 385-394.

_____. "Buberian Learning Groups: A Response to the Challenge of Education for Peace in the Mideast" *Teachr's College Record*, 82(Winter 1980): 291-310.

_____. "Buberian Learning Groups: Existentialist Philosophy as an Ariadne Thread for Education for Peace-A Final Report" *Teacher's College Record*, 85(Fall 1983): 73-87.

_____. "Peacemaking in Action" In *Education for Peace: Testimonies from World Religions*. N. Y.: Orbis Books, 1987.

_____. "Beyond Fatalism: Education for Peace within Judaism" In *Education for Peace: Testimonies from World Religions*. N. Y.: Orbis Books, 1987.

Gordon, Haim & Demarest, Jan. "Buberian Learning Groups: The Quest for Responsibility in Education for Peace" *Teacher's College Record*, 84(Fall 1982): 210-225.

Hahn, Walter. "Book Reviews" *Comparative Education Review*, 29(August 1985): 420-421.

Hodes, Aubrey. "Buber and Areb-Jewish Understanding" *Jewish Spectator*, 35(January 1970): 172-185.

Kohn, Hans. "The Religious Philosophy of Martin Buber" *Menorah Journal*, 26(Spring 1938): 173-185.

Marcusen, Eric & Harris, J. B. "The Role of Education in Preventing Nuclear War" *Harvard Educational Review*, 54(1984): 282-303.

Misrahi, Robert. "Buber's Legacy for Peace" *New Outlook*, 9(Oct.-Nov.

1966): 25 – 34.

Rosenblatt, Howard S. "Martin Buber's Concepts Applied to Education" *Educational Forum*, 35(January 1971): 215 – 218.

Rotensreich, Nathan. "Buber's Dialogical Philosophy: The Historical Dimension" *Philosophy Today*, 3(Fall 1959): 168 – 175.

_____. "Some Problems in Buber's Dialogical Philosophy" *Philosophy Today*, 3(Fall 1959): 151 – 167.

Roubiczek, Paul. "Personal Relationships – Martin Buber" In *Existentialism: For and Against.* Cambridge: Cambridge University Press, 1966.

Schachter, Zalman S. "Hasidism and Neo – Hasidism" *Judaism: A Quarterly Journal*, Vol. 9(1960): 216 – 221.

Scudder, John R. Jr. "Freedom with Authority: A Buber Model for Teaching" In *The New World of Educarional Thought*, ed. Frank A Stone, N. Y.: MSS Information Co., 1973: 143 – 152.

Stone, Frank A. "Martin Buver's Life as an Existential Man" In T*he New World of Educational Thought*, ed. Frank A. stone. N. Y.: MSS Information Co., 1973: 138 – 142.

Sutherland, Neil. "History, Existentialism, and Education" *Educational Theory*, Vol 17, no.2, 1967.

Troutner, L. F. "Existentialism, Phenomenology, and the Philosophy of Education" Proceedings of the Twentieth Annual Meetings of the Philosophy of Eduction Society, 1964.

Weinstein, Joshua. "The Philosophy of Martin Buber: As the Keystone of Adult Education in Israel" *Lifelong Learning: The Adult Years, 1979:* 8 – 9 & 32 – 35.

Weinstein, Joshua & Schwartz, Marilyn Schlachter. "Values Eduation Without Indoctrination" *The Educational Forum*, 1979: 203 – 211.

찾 아 보 기

〈인명 색인〉

강 선 보(姜善甫)

고려대학교에서 부버연구로 1989년 교육학박사 학위를 취득하고, 강릉대학교 교수를 거쳐 고려대학교 교수로 부임. 이스라엘 벤 구리온대학교와 미국 위스콘신대학교의 연구교수, 고려대학교 교육문제연구소장과 학생처장, 고려대학교 사범대학장 겸 교육대학원장, 교무부총장 등 역임. 현재 고려대학교 사범대학 교수, 한국 교육학회 회장. 저서로「교육학개론」(공저, 박영사),「교육철학」(공저, 박영사),「교육의 역사와 철학」(공저, 동문사) 등이 있고, 역서로 마르틴 부버의「열계단」(공역, 대한기독교서회),「20세기 성인교육철학」(공역, 동문사),「대화와 교육」(공역, 교육과학사),「전인교육의 이론과 실제」(공역, 원미사),「성인교육철학」(공역, 원미사) 등이 있다.

마르틴 부버 만남의 교육철학

초판발행	2018년 2월 26일
중판발행	2018년 10월 20일
지은이	강선보
펴낸이	안상준
편 집	배근하
기획/마케팅	노 현
표지디자인	김연서
제 작	우인도·고철민
펴낸곳	㈜ 피와이메이트
	서울특별시 마포구 월드컵북로 400, 5층 2호(상암동, 문화콘텐츠센터)
	등록 2014. 2. 12. 제2015-000165호
전 화	02)733-6771
f a x	02)736-4818
e-mail	pys@pybook.co.kr
homepage	www.pybook.co.kr
I S B N	979-11-88040-42-1 93370

copyright©강선보, 2018, Printed in Korea

정 가   17,000원

박영스토리는 박영사와 함께하는 브랜드입니다.